KB266455

시장을 꿰뚫는
주식 투자의 기술

copyright ⓒ 2026, 이주영(상승효과)
이 책은 한국경제신문 한경BP가 발행한 것으로
본사의 허락 없이 이 책의 일부 또는 전체를 복사하거나
전재하는 행위를 금합니다.

26만 투자자가 선택한 3단계 올라운드 투자 전략

시장을 꿰뚫는 주식 투자의 기술

이주영(상승효과) 지음

한국경제신문

주식 투자의 목적은 살아남는 것이다

답을 찾아 헤맨 시간들

내 주식 투자 인생에 최초로 실패를 안긴 종목은 대우증권이었다. 2011년 당시 나는 주식 투자로 크고 작은 성공과 수익을 맛보며 '생각보다 쉬운데?'라는 자만에 빠져 있었다. 제대로 된 공부도 하지 않고, 수익을 냈다는 사실 하나만으로 근거 없는 자신감에 차 있었다. 그러다가 최소 2배 이상 간다는 친구의 말만 믿고, 사회생활로 모은 목돈을 대우증권에 몽땅 집어넣었다. '묻지 마 투자'의 결과는 참혹했다. 2배는커녕 투자금의 절반도 건지지 못한 채 빠져나왔다.

이후에도 수많은 시행착오를 반복했다. 금융권에서 기업심사와 재무제표 분석을 담당하던 나였지만, 실전에서는 무력한 실패를 반복했다. 변화가 필요하다고 생각하기는 했지만 무엇을, 어떻게 바꿔야 하는 건지 막막하기만 했다. 당시에는 실전에 도움이 되는 책이나 강의, 멘토를 찾기가 힘들었다.

'어떤 분야든 원리가 있고 앞서간 이들이 닦아놓은 길도 있을 텐데, 왜 주식 시장의 본질을 알려주는 책이나 강의는 없는 걸까?' 나는 열악한 환경에서 공부를 이어갔고, 수많은 의문을 품었다.

왜 항상 고점에서 사고 저점에서 손절하게 될까?

같은 PER인데 왜 어떤 종목은 오르고, 어떤 종목은 내릴까?

똑같은 차트 패턴인데 왜 어느 때는 기술적 분석대로 가고, 어느 때는 통하지 않는 걸까?

주식 시장에서 살아남는 핵심 원리는 무엇일까?

그 물음들의 답을 찾는 길은 단 하나, 정면 돌파뿐이었다.

당시 나는 야근이 잦은 직장인이었다. 밤늦게 퇴근한 후, 잠을 줄여가며 새벽 2~3시까지 주식 공부에 매달렸다. 내가 가진 기업분석 지식이 왜 시장에서 힘을 발휘하지 못하는 것인지 끝없이 고민했고, 실전에서 통할 수 있는 단서를 찾기 위해 기업 실적과 주가의 인과관계, 상승하는 종목들의 숨은 공통점을 찾고자 고군분투했다. 출퇴근길 지하철에서도 손에서 휴대전화를 놓지 않았다. 저장해둔 수백 개의 차트를 반복해서 들여다보며 눈에 익혔다.

그 시절의 나는 오직 생존을 위해 몰입했고, 누구도 정답을 알려주지 않는 이 시장에서 스스로 살아남아야 한다는 절박함으로 버텼다. 그리고 수많은 질문을 던지며 실전에서 해답을 하나씩 찾아나갔다.

황소걸음으로 완성한 투자 기준

오목을 두다 보면 여기저기 흩어져 있던 돌들이 어느새 줄을 이루고, 마지막 한 수로 다섯 알이 완성되는 순간을 맞이하게 된다. 인생도 이와 같다. 꾸준히 공부해서 쌓아 올린 지식에 실제 경험이 더해지고, 그 과정에서 경험하는 수많은 시행착오가 밑거름이 된다. 결국 어느 날 문득, 그 모든 것이 한데 모여 눈에 띄는 성장을 보여준다.

내 투자 인생도 다르지 않았다. 대학 시절 경제신문과 경제 서적을 탐독하며 주식에 눈을 뜬 순간부터 금융권에서 기업을 분석하며 감각을 키우고 절실한 노력 끝에 기술적 분석을 내 것으로 만든 과정까지, 그 모든 경험이 하나하나의 오목 돌처럼 쌓여 지금의 나를 만들어줬다. 그 덕분에 나는 지금까지 시장에서 살아남아 성장할 수 있었다.

사람들은 때로 지금의 나를 보며 '감각 있는 천재형'이라고 말한다. 하지만 나는 천재가 아니다. 오히려 복리 그래프처럼 차근차근 쌓아 올려 시간이 지날수록 커다란 성장을 이뤄내는 대기만성형에 가깝다. 내 성향상 스스로 완벽히 이해하고 체화해야만 움직일 수 있기 때문에 속도가 빠르지 않다. 그래서 긴 시간을 두고 뚜벅뚜벅 황소걸음으로 걸어왔는데, 이런 성향이 오히려 내 투자 인생에 든든한 자양분이 됐다.

하지만 투자 공부를 하는 과정에서 굉장히 넘기 힘든 산이 있었다. 분명 공부를 했음에도 실전에서는 적용되지 않거나 써먹을 수 없다는 것이었다. 재무제표를 공부해도, 이동평균선을 공부해도, 리포트를 아무리 많이 읽어도 소용이 없었다. 실패를 분석하고 되돌아본 결과, 승률이 문제라는 것을 깨달았다. 투자를 했을 때 수익을 낼 수 있는 근거와 가능성이 부족했던 것이다. 그 가능성이란 무엇일까? 기업의 실적이 될 수도 있고, 시장 상황이 될 수도 있고, 차트 분석이 될 수도 있다. 나는 마침내 이 모든 것을 조합해 모든 가능성이 모이는 구간에 투자하는 것이 승률을 높이는 최선의 방법임을 깨달았다.

1가지만 분석할 때보다 2가지를 분석할 때, 나아가 3가지 또는 5가지 이상 분석할 때 승률이 크게 올라갔다. 결국 주식 투자는 가능성의 영역이라는 사실을 깨달았고, 현재와 같은 '가능성 + 시나리오'에 근거한 투자 방식을 정립했다. 이는 올라운드(all-round) 투자를 가능케 하는데, 운동 경기에서 다양한 포지션을 소화하는 선수처럼 여러 가지 분석을 통해 모든 장세에 최적으로 대응할 수 있는 투자자를 올라운더(all-rounder)라고 한다.

나는 올라운더가 되기 위해 거의 모든 투자 방식을 실전에서 직접 부딪치며 경험했다. 가치 투자, 주도주 매매, 수급 중심 단기 매매, 기술적 분석 기반 트레이딩까지. 그리고 이 모든 경험을 흡수해 마침내 나만의 투자 스타일을 구축했다. 그 결과 기본적 분석과 기술적 분석을 유기적으로 접목하고 시장 전체의 흐름까지 읽어내는 투자자로 성장했다. 실적과 사이클로 종목을 고르고, 기술적 분석으로 매매 타이밍을 잡으며, 시장 흐름까지 보는 올라운더의 길로 들어선 것이다. 기본적 분석으로는 부족한 타이밍 포착 방법을 기술적 분석으로 보완하고, 기술적 분석의 불안정성은 기본적 분석으로 보완했다. 가능성이 큰 자리에는 집중하고, 리스크가 높은 구간에서는 철저히 투자 비중을 줄였다.

10년 넘게 시장에서 버티며 나만의 투자 스타일과 기준을 확립한 뒤 깨달은 사실은 단순하다.

기업을 보는 눈은 달라도 고수들은 결국 가치 있는 종목을 찾아낸다. 파동, 지지-저항, 이동평균선 등 분석 방법은 달라도 고수들은 승률 높은 자리에서 매수해 수익을 낸다. 중요한 것은 어떤 지식과 무기를 갖고 있느냐가 아니라 그것을 얼마나 철저히 내 것으로 체화했느냐다. 기법이 아닌 체화에 답이 있다는 이야기다.

나 역시 오랜 집중과 몰입, 체화의 시간을 거쳐 성과를 내기 시작했다. 가능성에 기반해 확률 높은 구간에서만 투자하는 방식을 확립하면서 하락장에서도 계좌를 안정적으로 지킬 수 있었다. 특히 파동 분석을 통해 가장 강한 상승이 나오는 구간에만 집중 투자하는 방식으로 효율적인 투자 패턴을 정착시켰다. 또한 실적과 업황의 사이클을 기준으로 종목을 선별하고, 여기에 기술적 분석으로 정밀한 타이밍을 더하는 전략은 중장기 수익률을 끌어올리는 원동력이 됐다. 투자 방식을 체계화한 후에는 다양한 매체를 통해 유의미한 실전 전략과 투자 인사이트를 수강생, 투자자들과 공유해왔다.

누구나 시장에서 방향을 잃고 헤맨다. 그러나 누군가가 오랜 시행착오를 거쳐 정교하게 다듬은 지도와 나침반을 당신 손에 쥐여준다면, 당신 또한 더 쉽게 올바른 방향으로 나아갈 수 있다. 이 책이 그 지도와 나침반의 역할을 할 수 있으리라 믿는다.

지속 가능성이라는 투자 철학

성공한 투자자들은 자신만의 무기를 체화한 사람들이다. 재무제표, 차트, 수급, 뉴스 등 모두 똑같은 재료를 보지만 누구는 수익을 내고 누구는 손실을 본다. 그 차이는 자신만의 기준이 있느냐, 아니냐에서 갈리며, 기준 없이 남의 말에 휘둘리며 이리저리 기웃거리는 사람은 절대 이 시장에서 살아남지 못한다.

내공은 하루아침에 만들어지지 않는다. 실전에서 부딪치고, 실패하고, 개선하며 조금씩 다듬어지는 것이다. 내 기준도 그렇게 만들어졌다. 이 책은 바로 그 여정을 담은 진심 어린 기록이다. 나는 이 시장에서 기적이나 한탕을 기대하지 않는다. 다만 내 방식과 기준을 성실히 따르며 반복하면, 수십 년 동안 계좌를 키우며 살아남을 수 있다는 '지속 가능성'에 대한 확신을 갖고 있다.

상승장이 열리면 모두가 돈을 번다. 강세장에 편승해 수익을 인증하고, 매체에 등장하며, 책을 내고 강의하는 이들이 쏟아진다. 상승장마다 새로운 스타가 탄생한다. 하지만 상승장이 지나고 한파가 몰아치면, 그들은 어디로 갔는지 보이지 않는다. 중요한 것은 일시적인 수익이 아니다. 당신 앞에 놓인 수십 년의 투자 인생에서 끝까지 살아남는 것이 투자의 목적이어야 한다. 주식 시장을 떠나기 전까지, 상승장에 편승해 얻은 단기 성과는 아무 의미가 없다. 진정한 승리는 묵묵히 버티고 살아남은 사람에게 돌아간다.

우리는 끝없는 정보와 의도를 가진 자극 속에서 살아간다. 지금 이 순간에도 많은 사람이 검증되지 않은 고수익 기법, 레버리지의 유혹,

리딩방의 환상에 휘둘리고 있다. 그러나 주식 투자의 본질은 하나다.

부족하지만, 그 단순한 진리를 실천할 수 있는 기준을 이 책에 담고자 노력했다. 내가 말하고 싶은 메시지는 결국 하나다.

아직도 수많은 사람이 본질은 모른 채 단기 고수익만을 좇으며 불나방처럼 시장에 뛰어들고 있다. 그들 앞에는 수많은 실패와 시행착오가 기다리고 있다. 나는 적어도 이 책을 읽는 사람들만큼은 그런 시행착오와 시간 낭비 없이, 더 빠른 지름길로 나아가길 바란다.

나의 집필 과정을 지켜본 지인과 동료 작가들은 종종 놀라며 묻는다. "책을 꼭 그렇게 힘들게 써야 하나요?" 하지만 나는 믿고 있다. 작가와 책에는 독자의 인생을 바꿀 책임이 있다는 것을.

이 책은 내 첫 저서인 재테크 총론서 《부의 알고리즘》에 이어, 내 투자 인생의 중요한 테마를 집약한 두 번째 결과물이다. 나는 이 책이 단발성 유행서가 아닌 수많은 투자자의 책장에 오래 머무르며 힘을 주는 투자의 동반자가 되기를 바란다. 당신이 이 책을 통해 실전 기준을 세우고, 그것을 온전히 자신의 것으로 체화하기를 바란다. 눈앞의 수익보다 지속 가능성을 바라보는 진짜 투자자로 성장하는 데 이 책이 길잡이가 되기를 바란다.

새롭게 열릴 당신의 투자 여정을 기대하며 책을 시작한다.

– 이주영(상승효과)

1부

부의 시나리오를 쓰는
'투자의 기본'

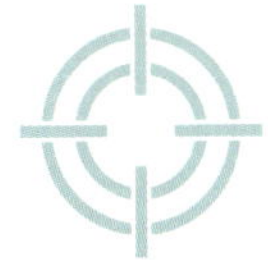

올라운더는 시장을 이렇게 분석한다

나는 올라운더다. 올라운더는 1가지 분석으로 투자 판단을 하는 것이 아니라 시장·기업·차트를 모두 보고 통합해 해석한다. 각 분야를 종합해 가능성과 승률을 높이는 데 최고의 효율을 만드는 방식이다.

주식 시장에서 살아남으려면 한두 번의 적중이 아니라 동일한 승률을 반복할 수 있는 구조를 갖춰야 한다. 그래서 이 책 전체를 관통하는 개념인 올라운드 투자가 실제 시장에서 어떻게 작동했는지, 나의 3가지 실전 사례를 통해 보여주려 한다. 앞으로 제시할 실전 사례들과 인사이트를 통해 누구나 올라운더가 될 수 있다는 동기를 부여하고, 학습을 통해 지속 가능한, 시장을 이기는 투자 판단을 할 수 있다는 사실을 알리기 위해서다.

첫째는 2022년 10월 증시 최저점 매수 의견, 둘째는 2024년 8월 테슬라 급등 직전 매수 의견, 셋째는 2025년 5월 이차전지 바닥권 매수 의견 등 큰 수익으로 연결될 수 있는 변곡점에서 내가 대중에게 내놓은 분석 사례들이다. 우연히 들어맞은 예측이 아니라 시장·기업·차트 분석을 통해 자연스럽게 도출된 결과물이다.

2022년 10월, '증시 바닥 + 대세 상승장'을 전망한 이유

2022년 10월은 많은 투자자가 시장을 떠나던 시점이었다. 당시 나는 증시 바닥권이라는 판단하에 매수 관점과 대세 상승장을 전망하는 분석을 내놓았는데, 그 판단의 근거가 무엇이었는지 시장·기업·차트 관점에서 모두 공개한다.

당시 시장은 인플레이션, 급격한 금리 인상, 경기 침체 공포가 동시에 겹치며 투자자들의 심리가 완전히 무너진 상태였다. 대다수가 추가 하락을 예견했고, 대중은 공포에 질려 투매하고 있었다. 그러나 나는 그 시점을 위기가 아닌 기회의 구간으로 접근했다. 이는 단 하나의 지표가 아니라 시장 전체의 흐름을 동시에 바라본 결과였다. 특히 2022년 하락장의 끝은 새로운 AI(Artificial Intelligence, 인공지능) 사이클의 초입으로 대세 상승 랠리가 시작되는 지점이었기 때문에 이 하락장의 끝을 예측하고 베팅한다는 것은 새로운 상승 사이클을 공략한다는 점에서 매우 중요한 의미를 지녔다. 내가 공포의 한가운데서 상승 시나리오를 세운 근거와 메커니즘은 모두 이 책에서 소개할 내용을 바탕으로 이뤄졌다.

시장을 통한 시나리오

• 하락장 특성에 따른 하락폭 결정

금융 시장의 역사를 돌아볼 때 하락폭이 이례적으로 컸던 이벤트들을 성격별로 묶어 분류하면 다음과 같다(8장에서 자세히 설명한다). 미국 대표지수인 S&P500의 상황별 하락폭이다.

1. 금융 시스템 또는 버블의 붕괴: 50% 이상 하락

2. 전 세계적으로 영향을 주는 큰 이벤트: 30% 이상 하락

3. 금리 인상 및 경기 침체: 25% 이상 하락

4. 전쟁, 지역별 또는 일회성 이벤트: 15~20% 이상 하락

5. 단순 조정: 0~15% 하락

2022년의 주가 하락은 고물가 환경으로 인한 금리 인상과 경기 침체 우려가 원인이었다. 앞의 구분에서 볼 수 있듯이, 역사적으로 금리 인상 및 경기 침체 이벤트는 25% 이상의 낙폭을 기록했는데 그 수준의 하락이 발생할 것으로 예상해볼 수 있었다.

• 유사 환경에서의 프랙탈

프랙탈은 동일한 주가 흐름이나 상황이 반복되는 현상으로, 주식 시장에서 상당히 많이 발견된다. 실제로 1981년 고물가와 20%에 달하는 금리 인상으로 경기가 심각한 침체를 겪었고, 그 여파로 S&P500 지수는 28% 하락했다. 2022년에 발생한 주가 하락 역시 고물가를 잡

기 위해 금리를 인상함으로써 발생한 경기 침체성 주가 하락이었다. 2022년 주가 하락의 원인이나 증시 환경이 1981년과 상당히 유사했고, 다만 심각성 정도에서 1981년보다는 양호한 상황이었다. 그래서 2022년 주가 하락은 1981년의 하락폭인 28% 이내에서 멈출 것으로 봤다.

• 밸류에이션

당시 미국 S&P500 지수의 PER(Price Earnings Ratio, 주가수익비율. 주가를 기업의 순이익으로 나눈 값. 기업의 순이익과 비교해 주식이 몇 배에 거래되는지를 나타낸다)은 15배 수준으로, 10년 평균인 18배 수준에 한참 미달하는 저평가 구간에 접어들었다. 이런 저평가 국면은 자주 오지 않고, 일시적으로 물리더라도 분할 매수로 접근하면 수익으로 전환될 가능성이 매우 크다. 특히 투자 기간이 길어질수록 밸류에이션과 주가의 상관성이 커지므로 중장기 관점에서 상당히 좋은 매수 기회였다.

당시 나는 대중에게 '휴대전화를 실수로 변기에 빠뜨렸더라도, 바로 건져내면 살릴 수 있다'는 예시를 들어 설명했다. 여기서 '변기'는 '저평가 폭락 국면', '휴대전화'는 '계좌'다. 이런 저평가 국면은 휴대전화가 변기에 빠진 상황과 유사해 절대 오래가지 않으며, 오히려 추가 매수했을 때 반드시 계좌를 살릴 수 있다는 메시지였다.

• 하락 원인의 해소(물가의 피크)

2020~2021년 코로나19 팬데믹에 대한 대응으로 미국은 사상 최대 규모의 유동성을 풀었다. 그 결과 '돈 가치 하락 + 소비·수요 폭발

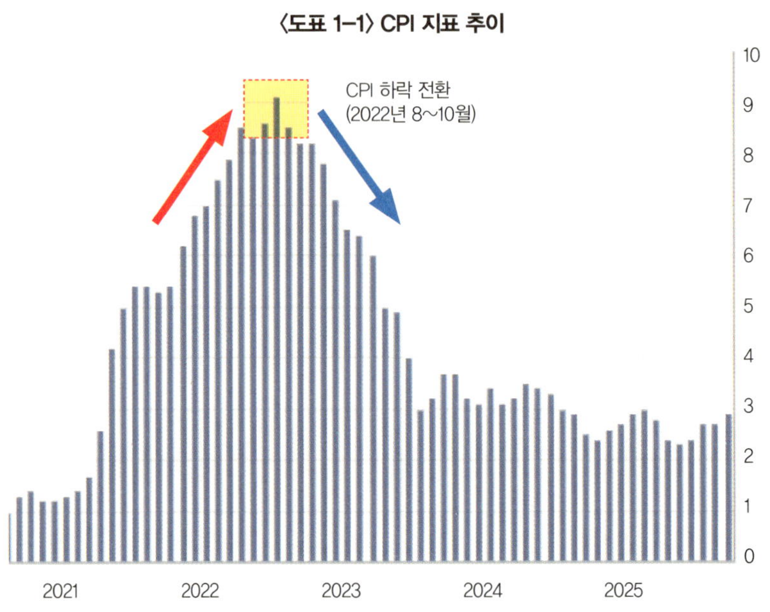

+ 공급 부족'이 맞물리며 소비자물가지수(Consumer Price Index, CPI)가 9.1%까지 치솟았다. 이에 미 연준(Federal Reserve System, Fed, 연방준비제도)은 공격적 긴축으로 대응했고, 그 충격으로 2022년 1월부터 하락장이 시작됐다. 시장의 관심이 물가에 쏠렸고, CPI 발표만 바라보던 시기였다. 이윽고 7월에 CPI가 피크를 찍었고, 8월부터 하락 반전했다.

물론 CPI 하락 전환이 즉각적인 금리 인상 중단 신호는 아니지만, 중요한 것은 주식 시장이 선반영하는 곳이라는 점이다. 인플레이션 피크는 곧 긴축 완화 기대로 연결될 것이고, 이것은 2022년 10월에 나온 반등이 진짜 반등일 것이라는 신뢰를 주기에 충분했다.

하락장의 원인이 된 인플레이션이 꺾인다면 곧 금리 인상도 멈출 것이고, 그러면 하락장도 끝날 것이다. 미국의 금리 인상은 2023년 7월까지 이어졌지만, 증시는 물가와 금리의 피크아웃을 선반영해 2022년 10월 바닥을 찍고 상승 랠리를 시작했다. 정리하자면, 'CPI 하락 전환 → 긴축 종료 전망 → 증시 바닥 형성'이 진행된 것이다.

• 대중심리와 시장 지표를 통한 판단

2022년 10월, 대중에게 "싼 구간이기 때문에 분할 매수하면 수익으로 전환할 수 있다"고 이야기했을 때 비관적으로 반응하는 사람이 많았다. 투자자들의 멘탈이 많이 무너졌고 비관 상태라는 것을 느낄 수 있었다. 무엇보다 패닉과 공포 이후에 찾아오는 포기 단계의 느낌이 상당히 강했다. 이처럼 너무도 뚜렷한 대중심리를 바탕으로 시장의 바닥권을 예측할 수 있었다.

증시 최저점이었던 10월, VIX(Volatility Index, 변동성지수. 시장이 급락할 때 상승하므로 '공포지수'라고도 한다)가 최고 33.6까지 올라갔다. VIX 기준으로 볼 때 매수 가능한 구간이었다(VIX 지표의 구간별 의미는 4장 참조). 극단적 공포 상태를 나타내는 35 이상으로 급등하지는 않았다.

하지만 시장이 장기간에 걸쳐 계단식으로 하락할 때 VIX가 급격히 치솟지 않는다는 점을 고려하면, 33.6은 매수 관점에서 충분히 매력적인 수치였다.

기업을 통한 시나리오

• 실적 사이클: 하락 전환의 변곡점

증시 바닥이었던 2022년 10월에는 미국 빅테크 주도주들의 실적

하향 속도가 둔화되고 있었다. 증시는 실적의 함수이기 때문에 결국 실적의 방향을 따라간다.

2022년 상반기에 기업들의 EPS(Earnings Per Share, 주당순이익. 기업의 당기순이익을 유통주식 수로 나눈 값으로, 주당 창출한 이익이 얼마인지를 나타낸다) 전망치는 계속 하향 조정됐다. IT·반도체(엔비디아, AMD) 부문에서는 PC·게이밍 수요 급감으로 마진 쇼크가 나타났고, 소비재(나이키, 스타벅스) 부문은 원가 상승과 달러 강세로 이익률이 압박을 받고 있었다.

하지만 2022년 10월은 실적 악화 속도가 둔화되면서 실적 턴어라운드가 예상되는 시점이었다. 증시는 실적을 6~12개월 정도 선반영하는 특성이 있다. 실적이 본격 턴어라운드하기 전에 적자폭이 감소한다든가 실적 하향 속도가 둔화한다든가 하는 시그널에 따라 주가가 미리 반등하곤 한다.

밸류에이션이나 기술적 분석, 시장 지표 등 여러 시그널과 함께 기업 실적이 조만간 턴어라운드할 것으로 예상할 수 있었고, 증시는 곧 AI 모멘텀의 폭발과 함께 상승 랠리를 시작했다. 그리고 역시나 기업 실적이 폭발하기 시작했다.

● 밸류에이션: 시대 주도주들의 역사적 저평가 구간

앞서 말한 대로, 당시 S&P500의 PER은 평균치를 크게 밑도는 15배 수준이었다. 애플, 엔비디아, 메타 등 대표적 기업들의 주식 또한 역사적 저평가 국면에 접어들었다. 실적이 부진하긴 했지만, 그보다 주가 하락 속도가 더 빨랐기 때문이다. 〈도표 1-2〉는 2022년 10월 애플의 선행 PER(Forward PER, 현재 주가를 향후 12개월간 예상되는 주당순이익으로 나눈

 시장을 꿰뚫는 주식 투자의 기술

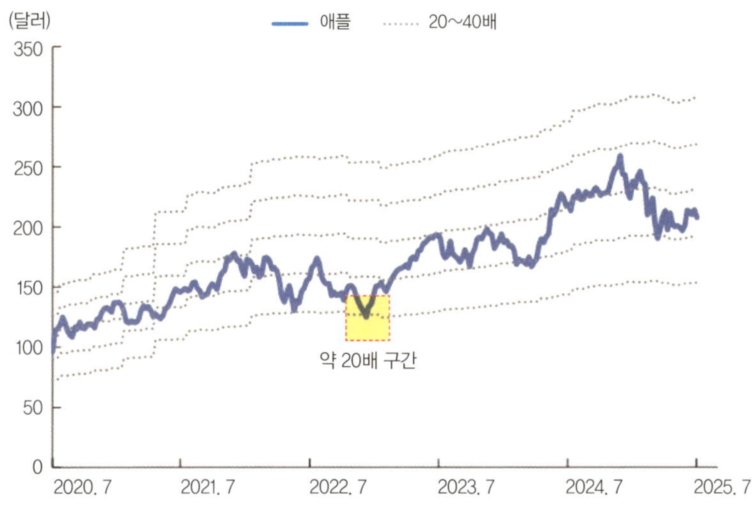

※ 출처: LSEG, 현대차증권

값. 일반 PER보다 선행 PER이 낮다면 시장이 해당 기업의 실적이 좋아질 것으로 믿는다는 뜻이다) 밴드 차트다.

약 25~30배를 오가던 애플의 PER은 2022년 하락장을 거치며 20배 구간까지 하락했다. 밸류에이션 또한 과거의 저점에서 지지받고 과거의 고점에서 저항을 받는 특성이 있는데, 애플의 PER 20배 구간은 직전 밸류에이션 저점이었다.

이런 밸류에이션 급락은 애플뿐만이 아니었다. 메타, 엔비디아, 마이크로소프트 등 시대 주도주들의 밸류에이션 모두 상당한 저평가 국면에 접어들었다(그나마 애플이 선방한 사례).

이와 같은 가치의 극단적 괴리는 저점권의 특성이며, 이런 구간에서 분할 매수한다면 시간문제일 뿐 반드시 수익 전환을 할 수 있다.

• 새로운 트렌드: AI 산업의 태동

AI 산업 본격 태동의 트리거는 2022년 11월 30일 공개된 챗GPT였다. 당시 반등하던 증시는 챗GPT가 공개된 이후 공교롭게도 조정을 맞았다. 하지만 강력한 AI 트렌드로, 10월이 최저점이라는 확신을 가질 수 있었다. 엔비디아, 마이크로소프트, 구글 등은 AI 연구개발 비용을 지속적으로 늘려왔지만, 투자자들은 경기 침체 우려와 투자 심리 악화로 이를 무시하고 있었다.

당시의 주가에는 AI 프리미엄이 전혀 반영되지 않았다. 큰 폭 조정의 한가운데서 향후 상당한 상승 랠리가 이뤄질 것이라고 말할 수 있었던 근거는 AI 산업의 본격 태동을 감지했기 때문이다. 아마도 AI의 장기 트렌드를 읽은 투자자라면 그 시기의 공포는 싸게 살 수 있는 마지막 매수 기회였다는 사실을 알 수 있었을 것이다.

기업의 실적을 급증시킬 AI라는 최신 기술 트렌드가 태동하고 있는데, 주가는 반대로 가고 있다면? 그 순간은 최고의 매수 기회가 된다. 그 시점이 바로 2022년 10월이었다.

차트를 통한 시나리오

2022년 10월, 미 증시는 바닥을 찍고 대세 상승장에 접어들었다.

2022년 10월 증시는 하락 종결을 볼 수 있는 커다란 세 덩어리 파동으로 하락했고, 최소 하락에 대한 기술적 반등이라도 나올 수 있는 구간이었다. 그리고 상승장으로 본격 전환한다면 2년 이상의 대세 상승장을 예상할 수 있는 구간이었다.

즉, 하락 파동이 끝나고 본격 상승으로 전환되는 대세 상승장을 전

망할 수 있었다는 것인데, 파동 분석이 아니라면 이런 예상은 쉽지 않다. 다음 쪽의 〈도표 1-4〉는 당시 공개했던 나의 파동 분석 내용이다.

파동 분석 외에도 추가적인 기술적 근거들이 있었다. 증시 최저점은 2020년 3월 최저점부터 올라온 상승폭의 2분의 1(50%) 구간에서 반등했으며, 이동평균선(이하 '이평선') 기준으로도 자주 오지 않는 60개월 이평선 지지 구간이기도 했다. 차트의 형태와 여러 강력한 지지가 겹쳐지는 구간이었던 것이다.

테슬라, 급등 직전의 바닥을 해석한 방법

나는 2024년 8월 테슬라 매수 맥점(지지-저항의 강력한 변곡점)을 대중에게 알렸고, 그 시점을 최저점으로 테슬라 주가는 약 4개월 만에

2023년 주식 시장 전망은?

먼저 아래는 S&P500의 차트입니다.
가장 왼쪽 상단에는 2021년 말의 최고점, 우측 하단에는 최저점이 있죠?

기술적 분석이나 파동에 대해 공부해보신 분들은 대략 이해하실 수 있으실 텐데, 일단 약 1년간의 하락이 마무리되고 2022년 10월의 최저점 이후 반등 파동이 시작되었다고 보고 있습니다. 세부적으로 보면,

1. 최고점에서 최저점 하락
– WXYXZ 조정 파동 혹은 ABC 조정 파동

2. 현재 최저점에서 현재 진행 중인 반등
– 12345 상승 파동의 시작 또는 지난 1년간 하락에 대한 ABC 조정 반등 파동 시작

어려우시죠? 간단히 말씀드리겠습니다.
여기서 공통적인 부분은 상승 3파 또는 조정 C파의 진행 중인 상태로, 상승이 보여지는 공통 구간이라는 점입니다. 즉, 지난 최저점인 3,291p 바닥이 깨질 가능성은 매우 적고, 현재는 반등의 가운데 있는 구간이란 점입니다.

저는 3, 4월 증시를 좋게 보고 있습니다. 가장 강력한 임펄스 3파동 또는 조정 C파동이 진행 중인 구간으로 보고 있기 때문인데요.

만약 지난 1년간의 하락에 대한 조정이 아니라 본격 상승 5파가 남은 것이라면, 올해 반등 여력이 클 수 있습니다. 이 과정에서 개별 종목의 상승폭도 큰 종목들이 다수 나올 것이구요.

시장을 꿰뚫는 주식 투자의 기술

168% 상승했다. 급등 전까지 테슬라는 3년 넘게 횡보하고 있었다. 당시 분위기는 '테슬라 시대는 끝났다', '이미 모든 호재는 선반영됐고 하락만 남았다'와 같이 부정적이었고 대중의 관심도 서서히 줄고 있었다. 나는 어떻게 3년이나 횡보하던 테슬라 주가의 바닥을 급등 직전에 잡아낼 수 있었을까?

시장을 통한 시나리오

테슬라는 대표적인 성장주다. 즉, 금리에 가장 큰 영향을 받는 종목이라는 의미다. 미 연준은 2023년 7월 마지막 금리 인상 후 2024년 7월까지 금리를 동결했고, 2024년 9월에 처음으로 인하했다.

테슬라의 급등 직전 바닥인 2024년 8월은 CPI가 점차 하락 안정화되는 추세여서 금리 인하 기대감이 높아지는 시기였다. 당시 실적 모멘텀은 없었지만, 동일한 실적이라도 금리가 인하될 경우 성장주인 테

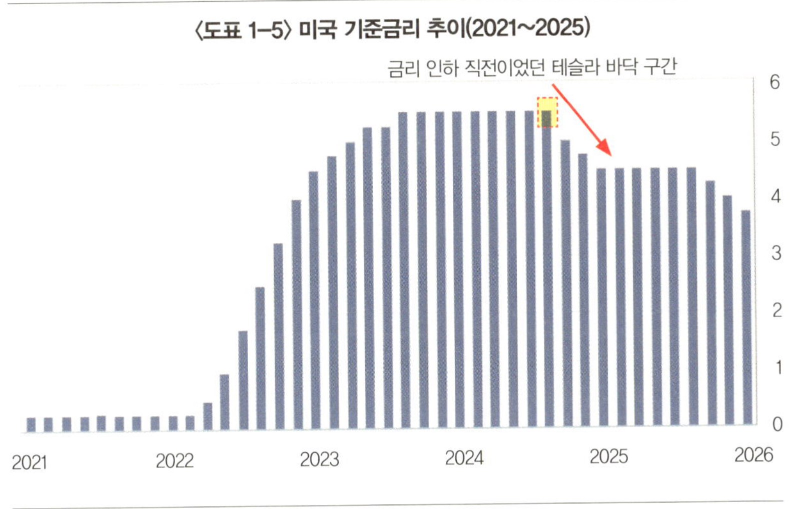

※ 출처 investing.com

슬라는 '주가는 실적과 금리라는 두 축에 좌우된다(이를 '주가 = 실적 ÷ 금리'라고 표현하기도 한다)'는 명제에 따라 금리 인하 호재를 가장 열정적으로 선반영해 상승할 수 있는 종목이었다.

게다가 지속적으로 시장을 짓누르던 경기 침체 우려가 점차 완화되고 테슬라의 판매량 증가 기대까지 높아졌기에 억눌려 있던 테슬라 주가는 반등할 여력이 충분했다.

기업을 통한 시나리오

2024년 7월 당시는 전기차 시장의 캐즘(chasm, 대중화 직전의 정체기) 구간으로, 테슬라 실적에 큰 모멘텀이 없었다. 판매량과 매출의 증가가 다소 정체된 국면으로, 주가가 상승하기 위해서는 실적이 올라가거나 PER이 올라가며 주가를 들어 올려야 했다. 전기차 자체의 판매 실

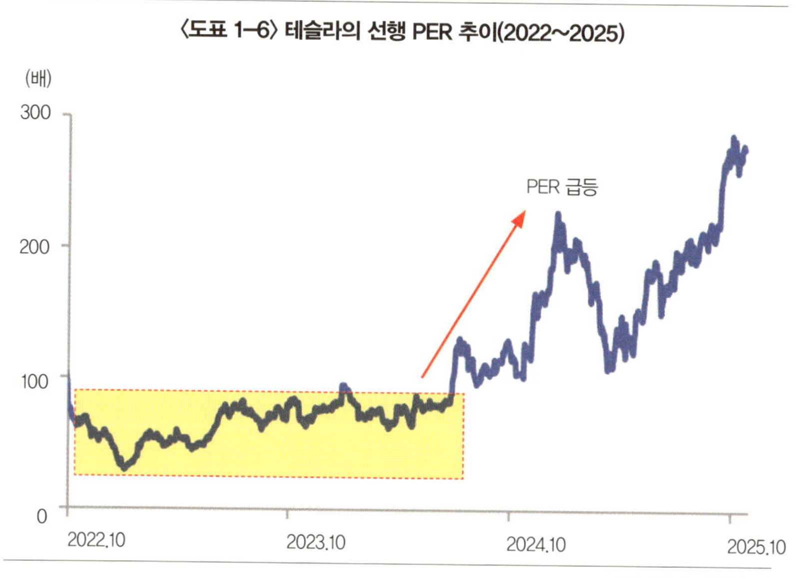

〈도표 1-6〉 테슬라의 선행 PER 추이(2022~2025)

※ 출처: 블룸버그, 현대차증권

시장을 꿰뚫는 주식 투자의 기술

적은 크게 기대하기 어려운 상황이었기 때문에 테슬라 주가를 들어 올릴 수 있는 것은 2025년부터 서서히 나타날 추가 모멘텀들이었다.

테슬라는 특히 2024년 하반기 로보택시 관련 행사를 비롯해 2025년 이후 저가 모델 출시, 자율주행 서비스 확대 등 미래 실적 모멘텀을 가지고 있었다. 성장주가 호재를 6~12개월 정도 선반영한다는 특성을 고려할 때, 금리 인하나 기술적 수급만 받쳐준다면 시세를 분출할 가능성이 있었다.

지금 당장 본업인 전기차에서 실적 모멘텀을 보여주지 못하더라도 미래 실적 모멘텀인 로보택시와 향후 금리 인하에 따른 PER 오버슈팅(overshooting, 고평가) 가능성은 테슬라가 주가 변곡점에 이르렀음을 의미한다. 즉, 3년간의 횡보를 끝내고 상승으로 전환할 수 있다는 뜻이다.

차트를 통한 시나리오

나는 2024년 8월 대중에게 공개한 분석에서 지금이 매수 맥점임을 알렸는데, 이는 급등 바로 직전 구간이었다. 어떻게 이 맥점 구간을 잡아낼 수 있었을까? 〈도표 1-7〉은 당시 공개했던 테슬라의 매수 맥점

〈도표 1-7〉 2024년 테슬라 매수 맥점 분석

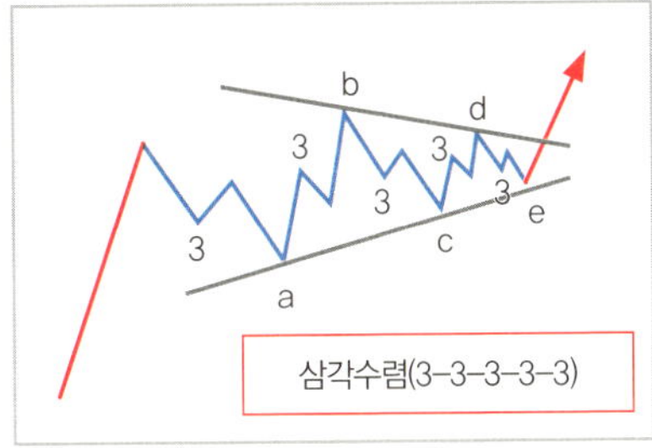

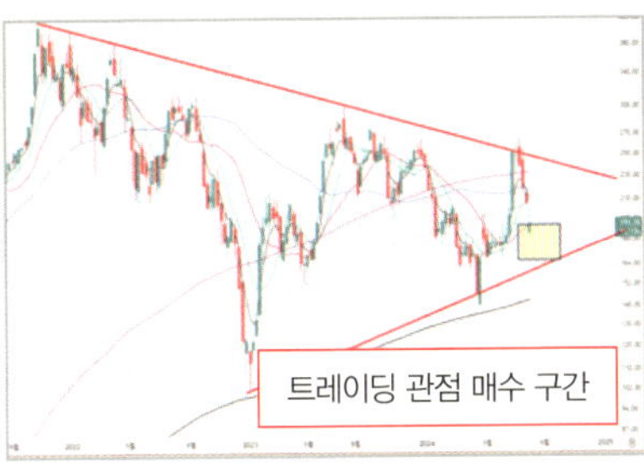

분석이다.

일반적으로 파동상의 수렴 조정은 다섯 파동(abcde)으로 이뤄지며, 테슬라의 2024년 8월 저점(오른쪽 그림 노란색 박스)은 수렴의 마지막 단계인 'e' 파동 자리였다. 즉, 주가 반전이 일어난다면 이후는 수렴 상단을 돌파하며 강한 시세가 분출될 수 있는 자리였다.

실제로 그 자리는 급등 직전의 최저점이 됐으며, 이후 테슬라는 약 4개월 만에 168% 급등했다(도표 1-8).

파동 분석 외에도 당시 저점은 200일 이평선 지지 구간으로, 매수세가 들어올 수 있는 자리이기도 했다. 또한 3년이 넘는 장기간의 횡보로 개인 투자자들의 관심이 줄고 매수세가 많이 떨어져 나가, 주가가 횡보권을 벗어난다면 강한 상승세가 나타날 수 있는 상황이기도 했다.

테슬라의 사례는 올라운드 투자 방식의 장점과 높은 가능성을 명확히 보여준다. 대충 '이럴 것 같은데?' 식의 감으로 하는 투자와 모든 가능성이 한 점으로 모이는 곳에서 확신을 갖고 하는 가능성 기반의 투

〈도표 1-8〉 테슬라 주가 추이(2020~2024)

시장을 꿰뚫는 주식 투자의 기술

자는 결과가 극단으로 갈릴 수밖에 없다.

이차전지 바닥, 모두가 떠난 뒤에 남은 신호

이차전지 섹터는 한때 한국 시장을 뜨겁게 달군, 국내 증시의 명실상부한 중심이었다. 그러나 이 섹터는 2023년 7월 고점을 찍고 LG에너지솔루션 -57%, 에코프로 -87%, 포스코퓨처엠 -86% 등 엄청난 하락과 함께 투자자를 공포와 패닉에 빠뜨렸다.

이차전지 산업은 어느 순간 거품으로 불리며 투자자들에게 외면받기 시작했고, 고점에 물려 반등만을 기다리며 2년 가까운 시간을 보내던 투자자들은 하나둘 손절했다. 그렇게 많은 사람이 포기하고 떠나가던 2025년 5월, 시장은 반등을 시작했다.

시장을 통한 시나리오

2023년 7월 미 연준이 마지막 금리 인상을 단행했고, 이 시점을 계기로 이차전지 섹터는 하락장을 맞았다. 고금리 환경과 유동성 경색으로 성장주 섹터에 불리한 국면이 시작된 것이다. 이후 2024년 9월 금리 인하 전까지 5% 중반대의 고금리 구간이 유지됐다.

이차전지 섹터가 반등을 시작한 2025년 5월은 장기간에 걸친 고금리 기간이 끝나고, 금리 인하가 진행되던 시점이었다. 이차전지가 같은 성장주 섹터이자 연관 섹터인 테슬라(전기차)보다 반등이 늦었던 이유는 주가의 과도한 오버슈팅에 따른 밸류 부담과 재고·가격·실적 문제의 해소까지 시간이 걸렸기 때문이다. 하지만 약 2년에 걸쳐 큰 폭의 조정이 지속되며 많은 악재(고금리, 전기차 수요 둔화, 중국의 공급 과잉 등)가 주가 하락에 충분히 반영됐다.

특히 이차전지는 제조업과 성장주의 성격을 동시에 갖고 있어 금리 인하 전환은 밸류 부담 완화뿐 아니라 수요 회복과 실적 개선 기대를 높여 주가에 긍정적 영향을 줄 수 있다. 게다가 고점에 물려 상당한 손실을 보고 있던 개인 투자자들의 심리는 공포를 거쳐 포기에 이르는 심리 사이클 막바지에 도달했다고 볼 수 있었다. 개인이 포기할 때, 주가가 바닥을 칠 확률은 크게 올라간다.

여러 가지 근거로 봤을 때, 이차전지 섹터는 이미 상승폭을 상당한 조정을 거치며 되돌렸고 추가 하락을 가져올 만한 이슈는 두드러지지 않은 상황이었다.

기업을 통한 시나리오

이차전지 섹터는 특히 미래 성장에 대한 과도한 기대로 실적 대비 과도한 상승이 일어났다. 예컨대 주가가 최고점이었던 2023년 7월, LG에너지솔루션의 선행 PER은 120배를 넘어섰다.

〈도표 1-9〉를 보자.

LG에너지솔루션의 실적은 2023년 초 피크를 찍었고 이후 점진적 하락세를 보였다. 이런 실적 하락세에도 이차전지 섹터는 미래에 대한 과도한 기대감과 대중의 광기로 2023년 7월까지 무섭게 상승했지만, 곧 급락으로 이어졌다. 이후 2024년 말부터 영업이익과 매출의 회복세가 나타나기 시작했는데 이는 주가 반등의 시기가 다가왔음을 의미하는 변곡점이었다.

시장을 꿰뚫는 주식 투자의 기술

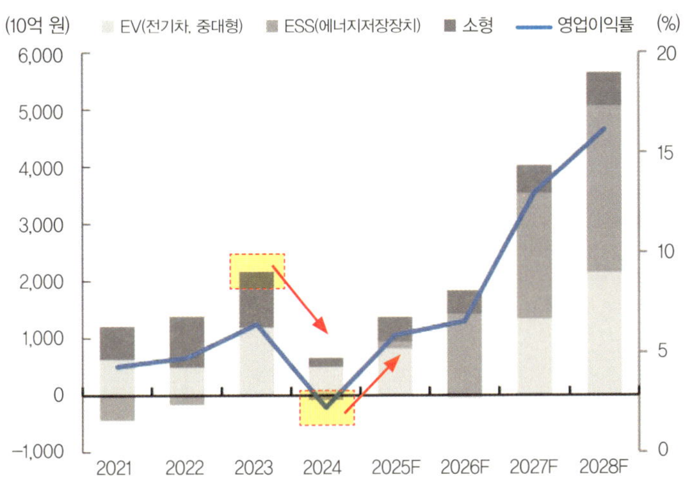

※ 출처: LG에너지솔루션, iM증권 리서치본부

차트를 통한 시나리오

2025년 5월, 나는 코스피의 급등 가능성과 함께 이차전지 섹터의 바닥권 매수 의견을 제시했다(도표 1-10).

당시 LG에너지솔루션 주가는 28만 원대였고, 이후 5개월 만에 약 86% 상승하며 53만 원에 육박했다. 그렇다면 나는 어떻게 이차전지 섹터가 바닥권이라고 확신할 수 있었을까?

주가가 한창 하락 중이던 2025년 초 33만 원대 시점에 이차전지 섹터 매수에 대한 질문을 받고 시간이 좀 더 필요할 것이라고 답변했는데, 한 파동의 추가 하락을 보던 구간이었기 때문이다. 그리고 한 파동 추가 하락이 나온 이후, 5월 26만 원대에서 바닥이 나왔다.

내가 매수 의견을 제시했을 때 LG에너지솔루션의 차트는 파동 분석상 하락이 종결되는 구간이었고, 동시에 하락쐐기 패턴의 종결 마지

2. 이차전지의 반등 예상

2023년 중반부터 이차전지 관련주들이 어마어마하게 폭락했죠. 과도한 기대감에 따른 말도 안 되는 오버슈팅이 끝났기 때문인데요. 대파동 1~5파동 모든 상승이 종료된 후 나오는 ABC 조정은 바닥을 예측하기 어려운데, 이는 업황과 실적에 따라 결정됩니다. 추후 실적 발표 시 이차전지 섹터의 모멘텀의 변화를 체크해드리겠지만, 기술적으로 바닥권 턴어라운드 가능성이 있는 구간에 도달해 매수 가능권으로 보고 있습니다.

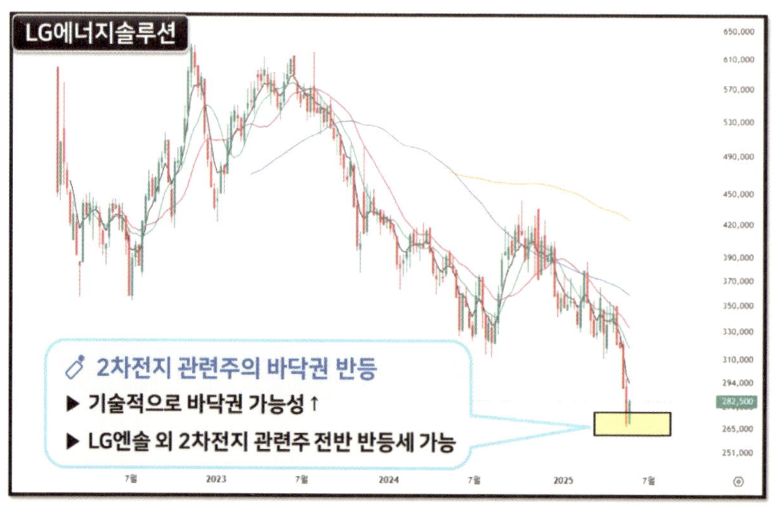

막 구간이자 주봉상 상승 다이버전스[divergence, 하락 추세 마무리로 해석할 수 있는 신호. 주가와 RSI(Relative Strength Index, 상대강도지수)의 저점이 달라질 때를 말한다]가 나타난 자리였다. 상승에 대한 여러 가능성이 중첩되는 구간으로, 상승 가능성이 매우 커졌음을 알 수 있었다.

지금까지 시장·기업·차트를 분석해 실제 투자 시나리오를 세웠던 과정과 근거를 설명했다. 이 사례들을 통해 당신도 올라운드 투자 방식의 높은 신뢰도와 효율성을 간접적으로나마 경험했을 것이다.

주식 투자는 가능성의 영역에 베팅하는 것이다. 가능성이 큰 구간에서는 큰 비중으로 투자하고, 가능성이 작은 자리라면 관망하거나 작은 비중으로 투자한다. 시장·기업·차트가 동시에 말해주는 방향을 기다리는 인내의 투자 방식이다.

이것은 신뢰도 높은 시나리오이자 당신이 이 책을 통해 획득할 투자 인사이트이기도 하다. 이 책에 녹여낸 나의 경험과 인사이트를 충실히 숙지하고 다듬어간다면, 당신도 분명 올라운더의 길에 한 걸음 다가설 수 있을 것이다.

주식에 사이클이 존재하는 이유

주식 시장은 사이클을 그리며 움직인다. 주식 투자를 오래 해온 사람이라면 1997년 IMF, 2000년 닷컴 버블, 2008년 글로벌 금융위기, 2020년 코로나19 팬데믹 등과 같은 굵직굵직한 하락장을 한두 번은 직접 겪었을 것이다.

시장은 한 방향으로만 움직이는 것이 아니라 이렇게 하락과 상승을 오간다. 주식 시장이 이런 굴곡과 사이클을 겪는 이유는 무엇일까? 이를 이해하기 위해서는 주가가 움직이는 원리부터 알아야 한다.

주식 시장은 기업 실적을 선반영한다

주가는 기업 실적을 6~12개월 정도 먼저 반영하는 경향이 있다. 이 과정에서 주가는 (실적을 기준으로 형성되는) 적정 가치를 넘어 오버

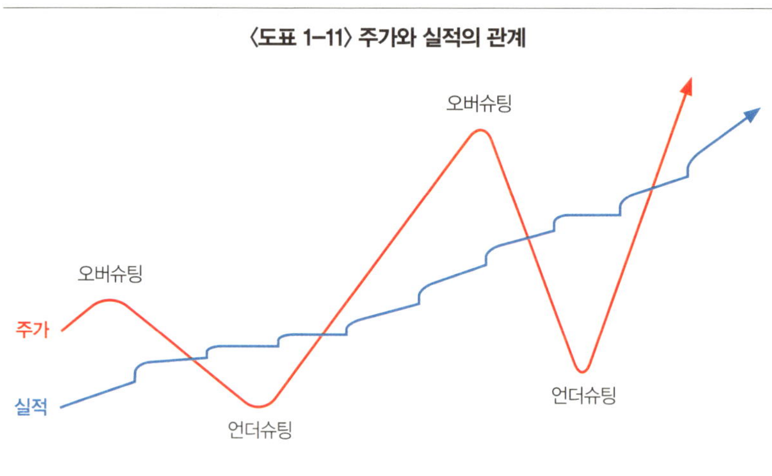

〈도표 1-11〉 주가와 실적의 관계

시장을 꿰뚫는 주식 투자의 기술

슈팅으로 치닫기도 하고, 반대로 언더슈팅(undershooting, 저평가) 구간을 만들기도 한다.

투자는 이 과정에서 가치 대비 가격의 괴리를 판단해 적절한 매수와 매도를 반복하거나 모멘텀이 유지되는 한 지속 보유를 통해 기업 가치의 상승을 함께 누리는 행위다.

다만 기업의 실적은 개별 기업의 노력만으로 결정되지 않는다. 특정 시기에는 한 국가를 넘어 전 세계 기업들의 실적에 공통으로 영향을 미치는 구조적 요인이 등장하며, 이런 변화는 주가의 흐름을 더욱 크게 왜곡하기도 한다. 대표적인 요인들은 다음과 같다.

• 기술 트렌드의 변화

PC의 보급, 온라인 상거래의 일반화, 스마트폰의 확산, 전기차의 도입, AI 산업의 등장처럼 산업 구조와 소비 패턴 자체를 바꾸는 기술 트렌드의 변화는 전 세계 기업들의 실적과 주가 흐름을 동시에 뒤흔든다. 이런 변화는 한편으로는 버블을 만들지만, 다른 한편으로는 장기적인 부의 이전이 발생하는 기회가 되기도 한다(이에 대해서는 뒤에서 자세히 다룬다).

• 경제 사이클, 환경의 변화

경제 사이클이나 경제 환경 변화에 따른 물가·유가의 급변, 금리 인상·인하, 유동성의 변화, 수요 공급 요인의 변화, 금융 시장 붕괴, 기업 연쇄파산, 경제위기 발생 등. 역사적으로 오일 쇼크, 블랙먼데이, 글로벌 금융위기 등의 사건이 있었다.

• 개별 국가 이슈

한 국가나 지역의 개별 이슈로 인한 악재나 호재 발생. 한국의 IMF 외환위기, 미국 신용등급 강등, 유럽 재정위기 등이 대표적인 예다.

• 일회성 사건·이슈 발생

금융 이슈, 테러, 전쟁, 전염병 등 일회성 외부 요인. 블랙먼데이, 9·11테러, 사스, 신종플루, 메르스, 코로나19 팬데믹 등이 대표적인 예다.

이런 사건들은 한 나라 또는 기업 이익에 영향을 주며, 이에 따라 이익을 내는 기업 집단이나 업종이 크게 바뀔 수도 있다. 돈을 벌 기회는 시대의 흐름이 바뀌는 변곡점이나 시장이 크게 하락한 시점에 오기 때문에 주식 투자자라면 이런 이슈들에 관심을 가져야 한다. 특히 경제활동은 수요와 공급의 변화에 따라 몇 년 주기의 사이클을 타는데, 기업이 내는 실적 또한 그에 연동해 증가와 감소를 반복한다. 이에 따라 주가도 사이클을 만들며 움직인다. 그리고 앞서 언급한 여러 요소로 인한 단기적, 일회성 주가 등락이 모여 시장의 큰 사이클을 만들어낸다.

기술적 분석 방법으로도 유명한 엘리엇 파동이론, 다우 이론, 사케다 오법(6장 참고) 등을 보더라도 시장은 상승과 하락의 사이클을 반복하며 움직인다.

당연히 우리의 목표는 상승 초입에 사서 상승 말미에 팔며, 조정 추세에서는 현금을 보유하는 것이어야 한다. 하지만 이를 정확히, 오차

시장을 꿰뚫는 주식 투자의 기술

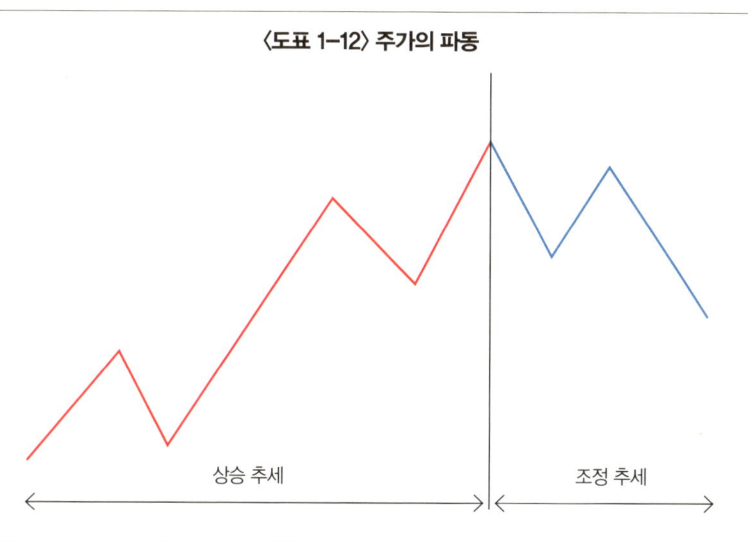

없이 실행하기는 쉽지 않다. 따라서 사이클의 원인과 특성을 파악해 최대한 저점 매수, 고점 매도를 할 수 있는 근거를 갖추는 것이 중요하다.

주식 시장에 사이클이 존재하는 이유

• 경기와 산업에 사이클이 존재한다

경기는 호황과 불황의 사이클로 움직이고, 산업은 태동하고 쇠퇴하며, 경기와 산업의 사이클은 기업 실적에 영향을 주고, 주가는 기업 이익에 따라 움직인다.

메이저 세력이 경기와 산업 사이클 초입에 주식을 매집하고 사이클이 끝나기 이전에 자금을 빼기 때문에 주식 시장에도 사이클이 생겨나는 것이다.

• 메이저 세력의 목적은 시세차익을 내는 것이다

시장과 종목을 움직이는 메이저 세력은 투입한 자금 대비 가장 큰 수익, 효율을 얻는 것이 목적이다. 그러기 위해서는 저점에서 매수해 고점에서 매도해야 한다. 바로 이 수급 변화로 시장의 상승·하락 사이클이 발생한다. 물론 이 수급도 기업의 실적 흐름에 맞춰 일어난다.

• 대중의 심리가 작용한다

대중은 주가 상승과 하락으로 인한 탐욕, 공포에 따라 움직인다. 상승이 가파르고 환희가 넘치는 고점에서는 미친 듯이 주식을 사고, 정작 주가가 하락해 싸졌을 때는 공포에 휩싸여 미친 듯이 주식을 판다. 이런 추세가 오버슈팅과 언더슈팅을 만들며 주가의 사이클을 더욱 증폭시킨다.

특히 주식 시장은 기업 실적과 경기·산업 사이클을 선반영하고, 인간의 심리와는 정반대로 움직이기 때문에 초보 투자자가 아무 준비 없이 수익을 내기란 하늘의 별 따기와 같다. 급등장일 때 들어와 수십 수백 퍼센트의 수익을 내며 자만심에 취했지만, 연이어 찾아오는 하락장에서 반 토막, 심지어 3분의 1토막이 난 주식을 눈물을 머금고 팔아치우고 시장을 떠나는 개인 투자자들이 지금도 드물지 않다.

주식 투자에는 공부하기 싫어하는 개인 투자자가 가장 선호할 만한, '이렇게 하면 무조건 돈 번다'라는 절대 기법은 존재하지 않는다. 이런 기법을 바라고 시장에 들어왔다면 일찍 포기하는 것이 지금 있는 돈이나마 지키는 길이라는 사실을 말해주고 싶다.

주가 흐름의 원리와 특성, 대중의 심리, 기업과 산업, 기술적 분석 등을 전혀 공부하지 않고 수익을 바라는 것은 총탄이 빗발치는 전쟁터에 빈손으로 나가 싸우려는 것과 같다. 주식 투자는 운이 아닌 실력에 좌우되며, 내가 공부하고 가다듬은 것들을 실전에 적용해 '이렇게 했더니 돈이 벌리더라'를 입증하면서 투자 원칙과 수익 모델을 찾아가는 과정이다.

주식 시장의 3단계 사이클

시장에 참여하는 대중과 시장의 흐름을 주도하는 메이저 세력의 심리, 자금 이동을 중심으로 주식 시장의 사이클을 구분하면 46~47쪽의 〈도표 1-13〉과 같다.

주식 시장 또는 개별 기업의 주가는 크게 '매집 → 상승 → 조정'이라는 3단계를 거치며 한 사이클을 마무리한다.

단계별 특성을 살펴보자.

매집

주가는 바닥권이며, 변동폭이 작다. 연이은 하락장을 거쳐 대중은 이미 손절 후 시장을 떠났거나 포기한 상태다. 장기간 하락에 지쳐 팔 사람은 이미 다 팔았기 때문에 파는 사람도 적고 사는 사람도 적다. 모임 등에서 주식 이야기를 하는 사람을 찾아보기 힘들다. 일간신문 1면에서는 경제 전반이나 개별 기업의 악재가 널려 있고 호재를 찾아보기 힘들다.

하지만 새로운 트렌드가 태동하기 직전이며 태풍의 눈과 같이 상승을 준비하는 폭풍전야다.

경제 사이클의 반등과 기업 실적의 증가를 앞둔 시점으로, 이런 주가 상승 모멘텀을 알고 있는 메이저 세력은 상승 사이클을 준비하며 매집을 시작한다. "동트기 전이 가장 어둡다"라는 격언에 가장 잘 어울리는 구간이다.

상승

주가가 본격적으로 상승하는 시기로, 매집을 마친 메이저 세력이 시세를 부양하고 기업 실적과 산업 트렌드가 본격적인 상승 사이클을 타는 시점이다. 이 단계를 세분화하면 다음과 같다.

첫 상승

메이저 세력이 매집한 가격의 박스권을 강한 거래량과 함께 돌파한다. 오랜 하락장과 바닥 박스권을 거쳐왔기 때문에 대부분의 시장 참여자는 이를 가짜 상승으로 생각한다. 기존에 물려 있거나 바닥권에 매수했던 일부 투자자 역시 재하락을 우려하며 이 상승 구간에서 매도한다. 하지만 이는 진짜 상승의 초입이며, 이 국면에서 하는 매도는 하락장에서 상승장으로 전환되는 과정에서 개인 투자자들이 가장 많이 저지르는 실수이기도 하다.

반면 일부 스마트한 개인 투자자는 이때 오히려 매수를 시작한다. 시장에는 호재나 긍정론은 많지 않다. 기업 실적도 바닥권이어서 본격 회복은 일어나지 않았고, 시장에는 여전히 비관론이 득세하고 있다.

또 일부 새로운 기술이나 테마 등이 태동하며 테마주의 주가 상승이 나오지만, 실적이 없는 테마성 상승이어서 본격 랠리로 연결되기 어렵다.

첫 조정

첫 상승 후 나타나는 첫 조정은 대체로 하락폭이 깊은 경우가 많다,

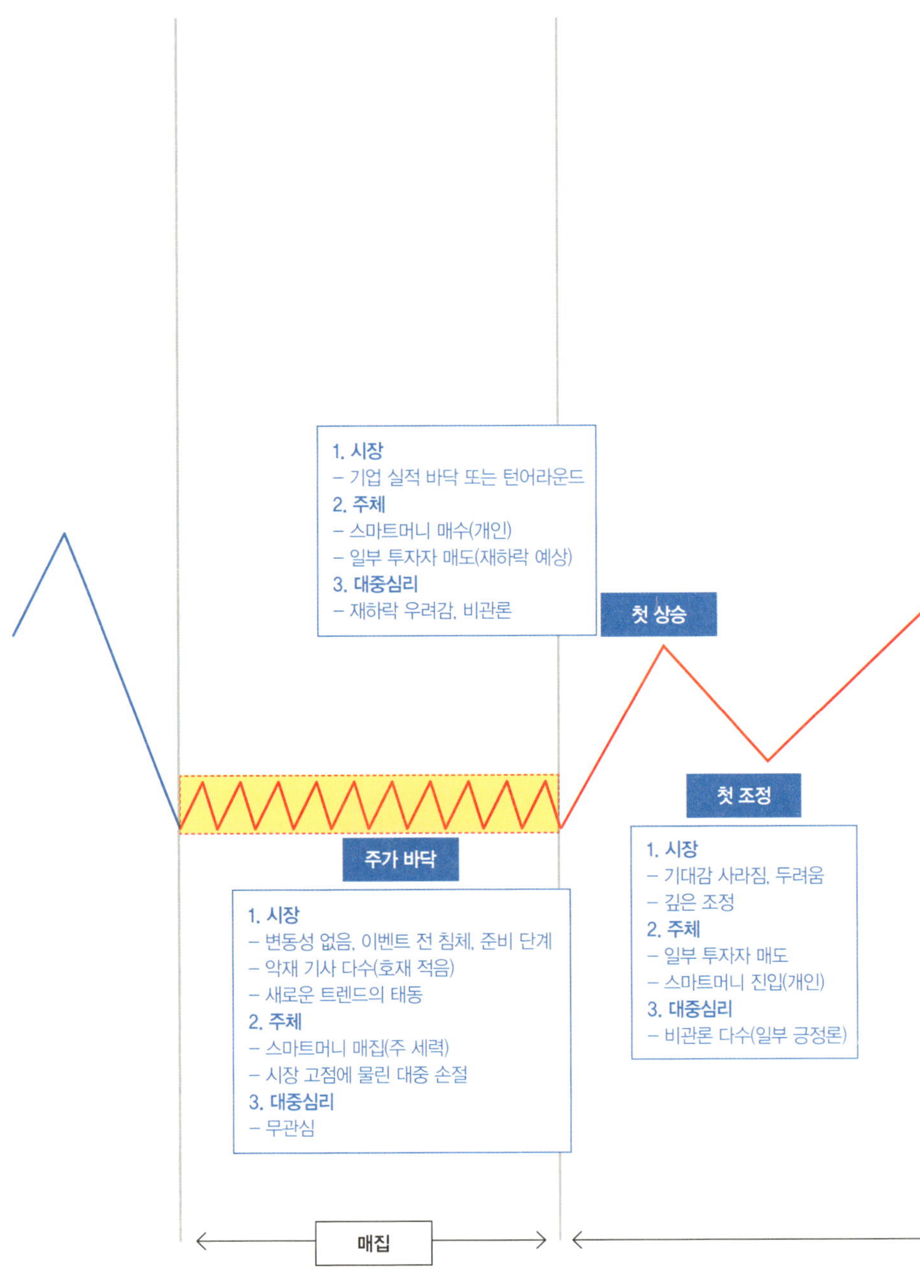

시장을 꿰뚫는 주식 투자의 기술

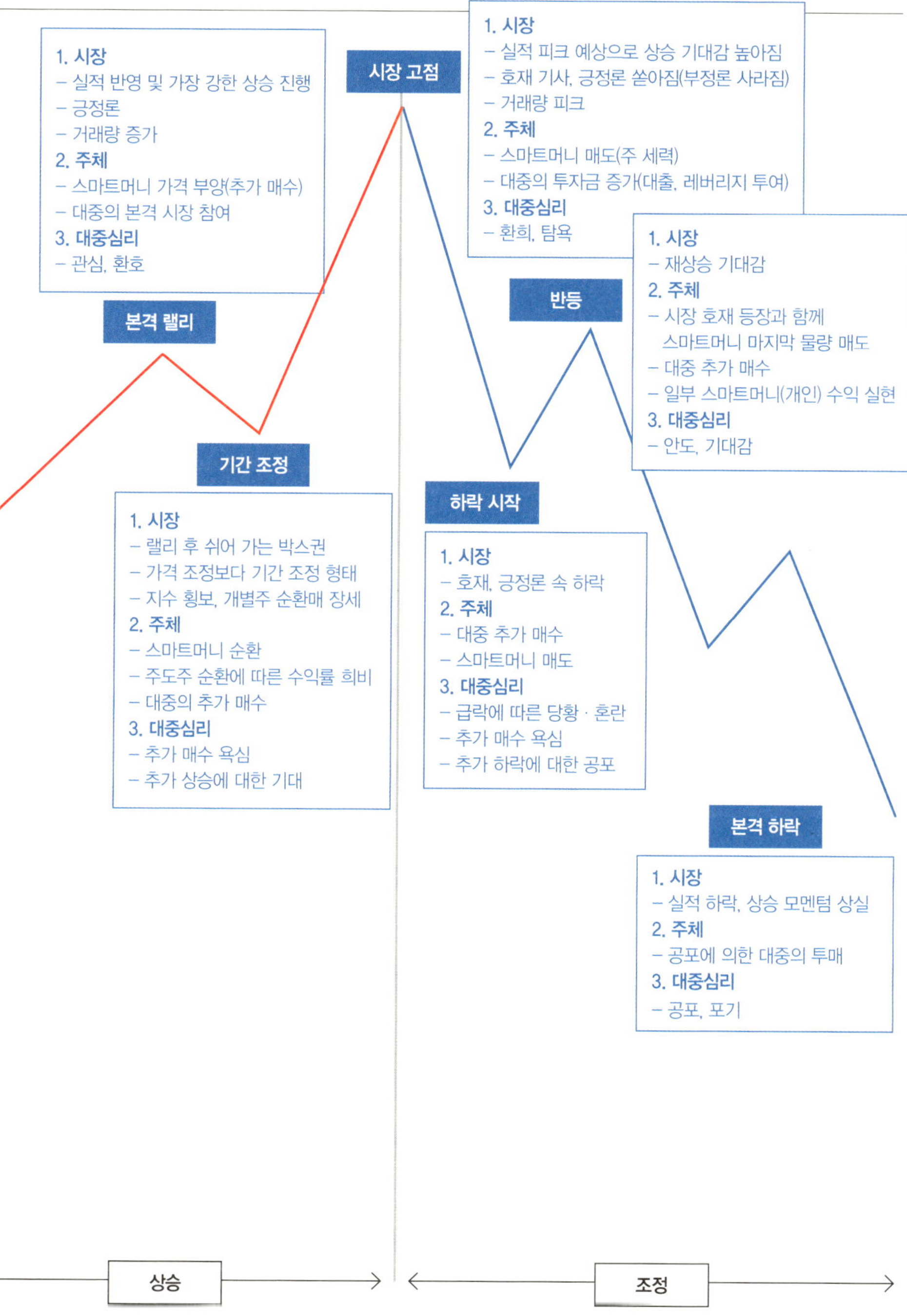
본격 랠리
1. 시장
– 실적 반영 및 가장 강한 상승 진행
– 긍정론
– 거래량 증가
2. 주체
– 스마트머니 가격 부양(추가 매수)
– 대중의 본격 시장 참여
3. 대중심리
– 관심, 환호
시장 고점
1. 시장
– 실적 피크 예상으로 상승 기대감 높아짐
– 호재 기사, 긍정론 쏟아짐(부정론 사라짐)
– 거래량 피크
2. 주체
– 스마트머니 매도(주 세력)
– 대중의 투자금 증가(대출, 레버리지 투여)
3. 대중심리
– 환희, 탐욕
반등
1. 시장
– 재상승 기대감
2. 주체
– 시장 호재 등장과 함께
  스마트머니 마지막 물량 매도
– 대중 추가 매수
– 일부 스마트머니(개인) 수익 실현
3. 대중심리
– 안도, 기대감
기간 조정
1. 시장
– 랠리 후 쉬어 가는 박스권
– 가격 조정보다 기간 조정 형태
– 지수 횡보, 개별주 순환매 장세
2. 주체
– 스마트머니 순환
– 주도주 순환에 따른 수익률 희비
– 대중의 추가 매수
3. 대중심리
– 추가 매수 욕심
– 추가 상승에 대한 기대
하락 시작
1. 시장
– 호재, 긍정론 속 하락
2. 주체
– 대중 추가 매수
– 스마트머니 매도
3. 대중심리
– 급락에 따른 당황 · 혼란
– 추가 매수 욕심
– 추가 하락에 대한 공포
본격 하락
1. 시장
– 실적 하락, 상승 모멘텀 상실
2. 주체
– 공포에 의한 대중의 투매
3. 대중심리
– 공포, 포기
상승
조정

첫 상승이 진짜 상승장의 시작인지, 단순 기술적 반등인지 확인하기 어렵고, 기존 하락장의 추세를 한 번에 상승으로 전환하기가 어려우므로 첫 상승 후 그에 대한 조정폭이 큰 것이다. 이 조정에서 투자자들은 공포에 휩싸이며 '역시 가짜 상승이었어'라는 생각에 주식을 팔기도 한다.

시장에서는 비관론과 공포 심리가 더 강화된다. 이때 일부 스마트한 개인 투자자나 세력의 매집, 상승 신호를 알아챈 일부 트레이더는 매수에 참여하기도 한다. 대중은 불안정과 혼돈의 심리가 강해 주가의 조정 형태가 깊거나 불규칙하게, 다양한 형태로 나타난다. 진짜 상승이라는 사실은 주가가 이전 첫 상승의 고점을 돌파할 때 확인할 수 있다.

본격 랠리

첫 상승과 첫 조정 이후 본격적인 랠리가 펼쳐진다. 첫 번째 고점을 돌파하며 상승이 확정되면 시세가 강력히 분출되는데, 첫 상승의 기울기를 능가하는 가파른 추세를 보이는 경향이 있다. 시장은 강한 상승 랠리로 활기가 돈다. 기업의 실적이 본격적으로 개선되고 매출로 연결되는 새로운 기술이나 트렌드가 등장하는 등 대규모 거래량과 함께 큰 폭의 주가 상승이 나타난다.

바닥권에서 매집한 메이저 세력은 본격적으로 추가 매수를 진행하며 주가를 부양하고 이 과정에서 거래량이 터진다. 그러면 주식 시장에 관심을 갖고 투자를 시작하는 개인 투자자들이 늘어나며, 시장은 상승에 환호한다. 큰 수익을 내는 투자자들이 생겨나고 주가가 상당히 오른 시점에서는 긍정론과 부정론이 어느 정도 균형을 이룬다.

 시장을 꿰뚫는 주식 투자의 기술

기간 조정

강한 랠리 후 나오는 쉬어 가는 조정으로, 기존의 상승 추세와 긍정적 시장 분위기로 가격이 크게 하락하기보다는 기간 조정의 형태를 띠는 경우가 많다. 지수는 크게 하락하지 않으면서 일정 수준을 유지하고, 상승한 주식의 자금이 다른 주식으로 이동하며 개별주의 상승이 번갈아 가며 나타나는 순환매 장세가 나타난다. 종목 선택에 따라 수익률 격차가 커질 수 있는 장세다. 조정을 기회 삼아 추가 매수에 나서는 개인 투자자가 많아지고 일부 주도주가 돌아가며 급등하는 장세로, 투자 심리는 나쁘지 않다.

시장 고점

주가의 마지막 랠리로, 시장이 계속 올라갈 것이라는 환희에 가득 차 있는 단계다. 조정 후 재상승이 이어지면서 긍정론이 만연하고 개인 투자자들은 수익에 취해 투자금을 더 늘린다. 집을 팔거나 퇴직금·보험금·적금 등을 깨 주식에 넣거나 대출을 받아 투자하는 등 레버리지 규모도 커진다. 신용잔고 역시 매우 가파르게 증가한다. 그도 그럴 것이 이때까지 모든 조정 이후에는 반드시 상승이 나타났기 때문이다. 지금까지 상승에 대한 관성으로, 대중의 주식 투자에 대한 자신감과 시장에 대한 믿음이 하늘을 찌른다. 조정이 나와도 사서 조금만 버티면 수익을 낼 수 있다고 확신한다.

게다가 기업의 이익은 점점 늘어나고 장밋빛 실적 전망에 대한 기대감이 증폭된다. 시장에는 부정론이 사라지고 긍정론 일색이다. 대중은 환희와 탐욕에 가득 차 있으며 부정론자의 입지가 좁아진다. 여기서 더 크게 올라갈 것이라는 전망과 함께 심지어 부정론자들조차 긍정론으로 돌아선다. 증권사의 목표 주가도 꾸준히 올라가고, 큰 수익을 맛본 개인 투자자들은 전문가처럼 주변인들에게 주식 조언을 한다. 식당, 모임 등에서는 너도나도 주식 이야기를 한다.

하지만 이 시점에 메이저 세력은 개인 투자자들에게 물량을 넘기고 시장에서 빠져나오기 시작한다. 넘치는 긍정론 속에서 살 사람은 이미 다 산 만큼 더 비싸게 사줄 사람이 없기 때문이다. 이 물량 넘기기 과정에서 거래량이 최대치를 보이는 경우가 많고, 주가가 피크를 찍은 뒤 본격적인 하락이 시작된다.

조정

상승 랠리가 끝나고 하락장으로 넘어가는 시기다. 메이저 세력이 본격 이탈하는 시점으로, 대중의 혼란이 시작되고 주가가 본격적으로 하락하며 하락의 속도는 점차 가팔라진다.

하락 시작

메이저 세력이 본격적으로 주식을 팔기 시작하면서 급등하던 시장이 급락으로 돌변한다. 지금까지의 상승 중에 나타난 조정폭을 뛰어넘는 큰 폭의 하락이 나타나며 대중은 혼란에 빠진다. 하지만 시장에는 여전히 호재가 넘치고 실적도 좋다.

'호재도 많고 실적도 좋은데 주가가 왜 내려가지?'라는 의문과 불안함도 있지만, 지금까지 해온 것처럼 조정 시 추가 매수를 실행한다. 이

 시장을 꿰뚫는 주식 투자의 기술

때 대중의 심리는 급락에 따른 당황, 조급함과 함께 추가 매수에 대한 욕심, 추가 하락에 대한 불안감 등이 복합적으로 나타난다.

반등(가짜 상승)

하락 이후 시장이 반등한다. 하지만 재상승의 시작이 아닌 기술적 반등일 뿐이다. 이 반등으로 메이저 세력은 개미를 유혹하며 아직 정리하지 못한 물량을 마저 넘긴다. 일부 스마트한 개인 투자자는 이 과정에서 메이저와 함께 수익을 실현한다.

하지만 대중은 이 가짜 상승에 안도한다. '역시 내 생각이 맞았어', '조정이 끝났으니 이제는 상승이야'라며 추가 매수를 한다. 하지만 자금은 이미 이탈하고 있으며, 시장의 방향은 이미 하방으로 열린 상태다. 더 중요한 사실은 이 반등 이후 더 가파른 하락이 기다리고 있다는 것이다.

본격 하락

가짜 상승 이후 주가는 매우 빠르게 큰 폭으로 하락한다. 시장 고점에서 레버리지를 투여하고 투자금을 늘린 투자자, 뒤늦게 시장에 참여한 투자자들은 잠깐의 수익이 손실로 전환될 뿐 아니라 손실금이 빠르게 늘어나면서 패닉에 빠진다.

대중은 지금까지 나타난 조정에서는 매수했을 때 반드시 수익을 보는 경험을 했다. 그래서 여력을 다해 추가 매수를 해보지만 손실은 늘어만 간다.

대중은 공포에 휩싸이고 설상가상으로 경기와 기업 실적 또한 큰 폭으로 꺾이며, 시장은 상승 모멘텀을 상실한다. 주가를 부양하는 대규모의 메이저 세력이 이미 이탈했기 때문에 과한 하락에 따른 간헐적 기술적 반등이 나오더라도 주가는 다시 빠르게 하락으로 전환된다. 본격적인 급락, 하락장의 과정이다.

손실이 커짐에 따라 대중은 공포와 패닉 속에서 주식을 팔아치운다. 과한 레버리지를 썼거나 대출·신용·미수 등을 사용한 투자자들의 투매와 반대매매, 여기에 공매도 세력까지 합세해 시장의 하락세는 더욱 가팔라진다. 급기야 매물 폭탄이 등장해 마지막 하락의 불꽃을 태운다.

이 하락이 끝나면 시장은 시간을 두고 다시 매집 또는 대규모 자금 유입을 통한 재상승의 기반을 준비하게 된다.

주가 위치별 투자자의 대응

지금까지 설명한 주가의 위치별 특성에서 무엇이 보이는가? 우리가 주목해야 할 것은 바로 주가 위치별 주식과 현금 비중이다. 대부분의 투자자는 주가가 올라 고점에 가까울수록 대출까지 받아 레버리지를 사용해 공격적인 투자를 하고, 정작 주식을 사야 할 저점에서는 고점에 물린 주식을 들고 있다가 좌절해 손절하거나 시장을 떠난다.

- 주가가 고점에 가까울수록 공격적으로 주식을 산다.
- 주가가 저점에 가까울수록 패닉에 휩싸여 주식을 판다.

주식 시장 참여자 대부분이 돈을 버는 것과는 정반대의 형태로 투

　시장을 꿰뚫는 주식 투자의 기술

자한다는 사실에 집중해야 한다. 그리고 의도적으로 그 대열에서 빠져나와야 수익을 낼 수 있다는 사실을 깨달아야 한다.

여기서 중요한 것은 시장의 방향을 움직이는 메이저 세력도 시장과 경제 상황, 산업과 기업의 트렌드 변화와 호재를 이용해야만 수익을 최대치로 높일 수 있다는 것이다. 따라서 경제와 트렌드의 흐름을 잘 이해하고 돈의 흐름을 잘 읽는 투자자에게는 세력의 어깨에 올라탈 기회가 있다.

시장을 보는 투자자든, 기업을 보는 투자자든, 차트를 보는 투자자든 똑같다. 하나의 현상에 대한 본질을 읽고, 그 안에 숨겨진 반복되는 사이클과 인사이트를 발견하는 사람이 돈을 번다.

주식 시장은 할인 판매가 시작되면 손님이 빠져나가는 유일한 시장이다.

– 월가의 격언

나는 어떤 투자자인가

주식 투자란 무엇일까? 돈 놓고 돈 먹기 또는 급등주에 투자해 단기에 큰 수익을 내는 투기 등으로 생각하는 투자자가 의외로 많다. 기본적으로 주식은 기업의 지분이다. 주식 투자는 기업의 지분인 주식을 사고파는 행위다.

우리는 주가가 올라 돈을 벌고 주가가 하락해 돈을 잃는 결과만 보지만, 주식 투자의 본질은 기업의 운영권, 지분을 매입함으로써 그 기업의 주인이 된다는 중요한 의미가 있다(가치 측면). 이런 측면에서 본다면 우리는 좋은 기업을 저평가된 가격에 사서 제 가치에 팔거나 미래 성장성에 투자해 성장이 실현되고 가치가 올라갔을 때 파는 투자를 할 수 있을 것이다.

한편 실전에서는 무슨 일을 하는 회사인지 전혀 보지 않고, 재무제표 한 번 들여다보지 않고도 큰돈을 버는 트레이더들도 있다. 이들은

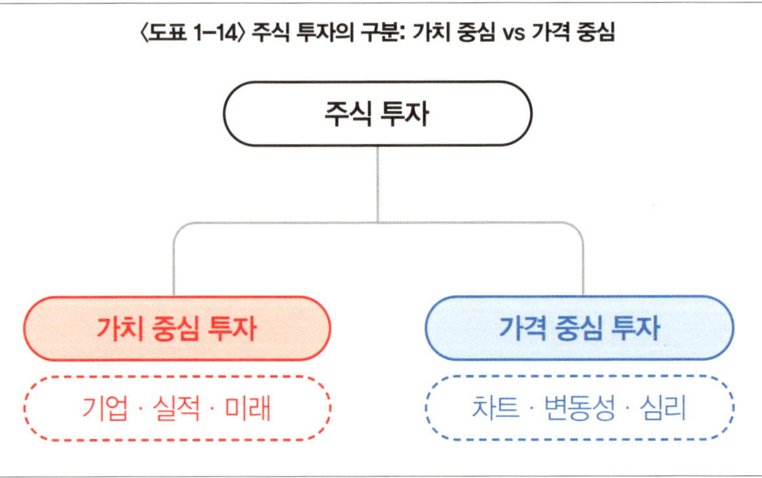

〈도표 1-14〉 주식 투자의 구분: 가치 중심 vs 가격 중심

기업의 가치가 아닌 가격의 변동성을 이용해 쌀 때 사서 비쌀 때 파는 형태의 투자자다(가격 측면).

가치 중심과 가격 중심으로 구분하는 기준은 무엇이 맞고 무엇이 틀린가라는 개념이 아니다. 투자자로서 우리가 해야 할 일은 주식 투자를 통해 나에게 맞는 방법을 찾는 것이다. 기업의 가치에 투자하는 가치 투자든, 가격만 보고 매매하는 트레이딩이든, 이 2가지를 모두 하든 상관없다는 뜻이다.

중요한 것은 어떤 방식의 주식 투자를 하든지 주식 투자로 돈을 불려가는 원리를 발견하는 것이다. 그것은 바로, 열 번 투자했을 때 여섯 번에서 여덟 번은 이길 수 있는 나만의 수익 모델을 말한다. 한마디로, 주식 투자는 학습·경험에서 농축된 '가능성 큰' 수익 모델을 만드는 과정이다.

그러려면 먼저, 내가 어떤 투자자인지 정의해야 한다.

우리는 물건을 살 때 최대한 싸게 사기 위해 손품을 팔아 인터넷 사이트를 뒤져 가장 싼 물건을 찾아내고, 세일 기간을 노리고, 가능한 상황이라면 가격 흥정도 해본다. 하지만 정작 수천만 원의 주식을 매수할 때는 비쌀 때 사서 쌀 때 파는 정반대의 행동을 한다. 주가가 9~10만 원으로 급등할 땐 비싸도 빚까지 내서 사지만, 4~5만 원으로 내려가면 오히려 팔아버린다.

이렇게 비쌀 때 사고 쌀 때 파는 비이성적 행위가 빈번하게 나타나는 곳이 주식 시장인데, 이 현상은 인간의 심리에서 생겨난다. '더 오를 거야'라는 욕심과 '더 내려갈 거야'라는 두려움이다. 이것은 내가 그 주식을 살 때 적정 가치에 대한 개념 없이 '잘 오르고 있으니 더 올라가

겠지'라는 단순한 심리로 주식을 사고, '내려가고 있으니까 더 내려가 겠지'라는 단순한 심리로 주식을 손절하기 때문에 나타난다.

'이 주식의 적정 가치는 얼마다'라는 기준으로 주식을 샀다면 오히 려 주가가 싸졌을 때 더 살 수 있다. 그리고 주가가 올랐을 때 파는 정 상적 매매를 할 수 있다. 당신이 가장 최근에 산 주식은 어떤 기준으로 샀는가? 적정 가치를 계산하고 그 가격에 근접할 때 샀는가? 아마 아 닐 것이다.

당신에게 이런 기준이 있다면 평소보다 20~30%, 심지어 절반 가격 으로도 살 수 있는 폭락장이 왔을 때 엄청난 바겐세일 기회를 준 시장 에 감사하며 설레는 마음으로 주식을 샀을 것이다. 하지만 대부분 그 러지 못한다. 기준이 아니라 본능대로 사고팔기 때문이다. 주식 투자 를 성공하는 방법은 간단하다. 싸게 사서 비싸게 파는 것이다. 다만, 이 는 심리와 본능에 역행해야만 할 수 있는 투자 방법이다.

주식으로 돈을 버는 과정

먼저 이 개념을 기억해야 한다.

주식 투자는 가능성을 높여가는 과정이다.

주식으로 돈을 번 사람들은 가치 투자자, 단기 트레이더 등 종류도 많고 수익을 내는 방법도 여러 가지다. 여기서 중요한 것은 주식으로 돈을 벌 확률이다.

<도표 1-15> 투자자 A와 B의 투자 회차별 수익률 (단위: %)

구분	투자 1	투자 2	투자 3	투자 4	투자 5	투자 6
투자자 A	+30	+15	−40	+75	+20	−35
투자자 B	+15	+10	−5	+25	−5	+10

〈도표 1-15〉를 보자. A와 B라는 투자자가 있다. 누가 더 나은 투자자이며 성공할 수 있는 투자자일까?

얼핏 보면 A가 벌 때 더 많이 벌고, 수익률도 더 높아 보인다. 반면 B는 벌 때 조금 벌고 가끔 손실도 보는 듯해 A보다는 잘하는 것 같지 않다. 하지만 결국 시장에서 살아남는 투자자는 B다. 그 이유는 뭘까?

A는 한 번 벌 때 크게 번다. 하지만 투자마다 기복이 심하다. 벌 때는 잘 벌지만 잃을 때도 크게 잃는다. 또 손실폭도 매우 커서 손절의 기준도 없는 것으로 보이며, 수익률의 기복을 보면 레버리지 투자를 위주로 하는 듯하다. 한두 번 크게 벌 수는 있지만, 결국 크게 실패할

수도 있는 유형이다.

반면 B는 벌 때 적게 벌지만 기복이 적고 손실폭이 제한적으로, 손절에 대한 기준이 확실한 것으로 보인다. 원금을 크게 잃지 않고 차근차근 불려가기 때문에 시드머니는 천천히 불어나겠지만 크게 잃지도 않는다. 결국, B와 같은 형태가 최종적으로 더 나은 성과를 낼 가능성이 있는 더 좋은 투자자라고 볼 수 있다.

투자가 장기로 갈수록 리스크 관리를 통해 원금 손실을 최소화하고 내 기준을 만들어 꾸준히 안정적인 수익을 내는 것이 점점 더 중요해진다. 나만의 방식을 통해 수익을 낼 확률(승률)을 60~80% 이상 유지할 수 있다면, 자산은 반드시 우상향한다. 하지만 수익을 낼 확률이 90%, 10%, 45%, 65%…와 같이 기복이 심하다면, 확고한 기준이 아니라 운에 기대는 무작위 투자가 된다.

누구나 1등 당첨을 꿈꾸며 복권을 산다. 그리고 실제로 누군가는 1등에 당첨된다. 하지만, 내가 지금 로또를 사서 1등에 당첨될 확률을 계산한다면? 수학적 확률은 814만 5,060분의 1이다. 이는 높은 가능성에 근거한 투자가 아니라 터무니없는 확률과 운에 베팅하는 행위다. 이것이 투자와 도박·복권의 차이다. 주식 투자는 운 좋으면 수익 보고 운 나쁘면 손실 보는 행위가 아니라 명확한 가능성에 근거해 일정 이상 승률의 투자를 반복하며 수익을 누적하는, 실력에 기반한 투자활동이다.

주식 투자로 돈 버는 수익 모델의 조건은 다음과 같다.

- 투자를 반복했을 때 수익 볼 확률(승률)은 최소 50%가 넘어야 한다. 50%가 되지 않는 확률의 투자를 반복한다면 결국 투자금은 모두 사라진다.

　　　　　시장을 꿰뚫는 주식 투자의 기술

- 승률이 60~80% 이상이라면 시드머니는 빠르게 불어난다. 주식 투자는 복리의 투자임을 기억하라.
- 이 승률은 투자가 반복되더라도 큰 오차 없이 유지돼야 한다. 확률의 편차가 크다면 돈을 벌게 해주는 수익 모델이 아니다.

더불어, 주식 시장에서 돈을 벌려면 다음과 같은 자세를 갖춰야 한다.

- 좋은 기업을 찾으려는 노력
- 주가가 싼지, 비싼지 판단하는 나만의 기준
- 그 기준을 확고히 지킬 수 있는 실행력
- 기술적 분석 능력, 매매에 대한 기준
- 심리 · 본능에 역행하는 마인드
- FOMO(Fear Of Missing Out, 놓치거나 뒤처지는 것에 대한 두려움), 조급함에서 벗어날 수 있는 멘탈

나만의 수익 모델이 없이 투자마다 수익과 손실이 흔들리고 있다면? 전문가나 유튜버, 리딩방에 내 돈을 맡기고 있다면? 지금은 어떨지 몰라도, 시간이 지나면 반드시 실패한다.

명확한 기준을 세울 때까지 투자금을 늘리지 말고 소액으로 공부해야 하며, 수익 확률이 높아질수록 점차 투자금을 늘려가야 한다. 기준이 없다면 몇 번의 투자에서 운으로 성공하더라도 결국 그 돈을 시장에 몽땅 반납하게 될 것이다.

1장의 액션 플랜

- 지금 시장은 사이클의 어떤 국면에 위치하는지 노트에 직접 써보자.

- 주식 투자로 돈을 벌기 위해 나에게 가장 필요한 것이 무엇인지 작성해보자.

- 앞으로 주식 투자에서 절대 반복하지 않을 습관 하나를 적고 스스로 약속하자.

좋은 주식이란

좋은 주식이란 뭘까? 이름만 대면 다 아는 기업의 주식? 언론에 자주 등장하는 기업의 주식? 먼저 좋은 기업과 좋은 주식을 구분할 필요가 있다.

다음 쪽의 〈도표 2-1〉과 같이 좋은 주식은 좋은 기업에 포함된다. 하지만 좋은 기업이라고 다 좋은 주식은 아니다. 좋은 기업 중에서 싼 기업의 주식 또는 추가 상승이 가능한 주식이 좋은 주식이다(그래서 주식의 가치를 평가하는 밸류에이션 과정이 필요하다).

아무리 재무 현황이 좋고, 시장점유율이 높고, 미래 성장성이 뛰어난 기업이라고 해도 주가가 너무 올라 비싸져 있는 상태라면 좋은 주식이 아니다. 우리가 주식 투자를 하는 이유는 낮은 가격에 사서 비싸

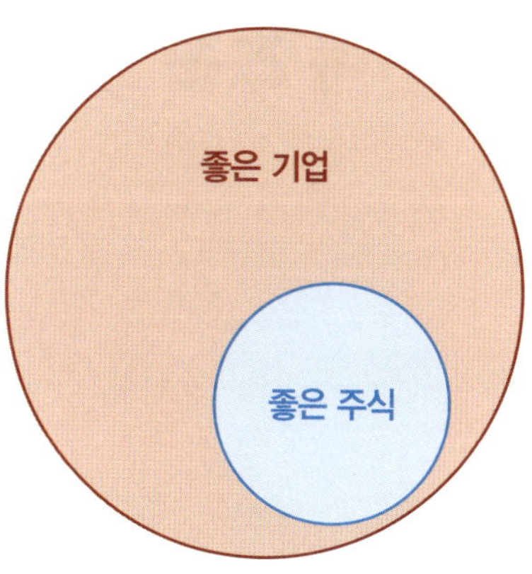

가격에 팔거나 비싸게 사더라도 더 비싼 가격에 팔아 시세차익을 내기 위해서다. 그런데 아무리 훌륭한 기업도 주가가 비싸다면 시세차익을 내기 어렵다. 좋은 기업일지라도 안 좋은 주식일 수 있다는 말이다. 이름을 대면 누구나 아는 회사라고 하더라도 좋은 주식은 아닐 수 있다는 것도 같은 의미다. 우리는 싸면서 시장이 선택한 좋은 기업을 사야 한다. 싸지 않다면 적어도 미래 이익 성장이 훨씬 가파르게 나올 수 있는 기업이어야 한다. 그래야 그 주식을 내가 산 가격보다 더 비싸게 팔 수 있을 테니 말이다.

엔비디아를 좋지 않은 기업이라고 할 사람은 아무도 없을 것이다. 하지만 2021년 11월 엔비디아 주식을 샀다면, 2022년 10월까지 1년 동안 무려 69%의 손실을 감내해야 했다. 실적 추이, 산업 사이클, 밸류에이션 등에 따라 비싼 주가를 형성하고 있다면 적어도 그 시점엔 좋은 주식이 아니다.

개인 투자자 대부분이 고점에 사서 저점에 손절하는 행위를 반복하는 것은 밸류에이션, 즉 그 주식이 싼지, 비싼지에 대한 기준 없이 투자하기 때문이다. 적어도 내가 아는 대부분의 개인 투자자는 재무제표나 PER, PBR(Price to Book-value Ratio, 주가순자산비율. 주가를 순자산 가치로 나눈 값으로, 기업의 순자산과 비교해 주식이 몇 배에 거래되는지를 나타낸다) 등 주식이 싼지, 비싼지를 판단하는 투자 지표를 거의 보지 않는다. 단지 유튜브나 커뮤니티 등에서 많이 언급되고 시세가 가파르게 올라가는 핫한 종목에 관심을 둘 뿐이다. 하지만 대중과 언론에서 핫한 주식이라면 이미 가파르게 상승해 비싼 주식이 되어 있기 십상이다.

기업의 가치를 평가할 때는 PER, PBR 등 재무적 지표들을 사용하는 방법과 기술적 분석(차트 분석)을 통해 저점과 고점을 찾아내는 방법이 있다. 하나씩 익혀보자.

주가 상승의 3가지 축

주가는 왜 오를까? 주식에 투자하는 사람이라면 누구나 한 번쯤 이런 질문을 던져본다. 겉으로는 단순히 수요와 공급, 즉 사고자 하는 사람이 많으면 오르고 팔고자 하는 사람이 많으면 내려간다고 볼 수도 있다. 하지만 조금 더 깊이 들어가면, 주가 상승에는 보다 구조적인 원리와 흐름이 숨어 있음을 알 수 있다.

우선 기본 전제는 명확하다. 주가는 결국 기업의 이익을 따라간다. '주가 = 실적 ÷ 금리'로 나타낼 수 있고, 이는 곧 실적이 가파르게 증가할수록, 그리고 할인율이 낮아질수록 주가 상승도 강해진다는 것을 의미한다. A 기업은 연간 1,000억 원을 벌지만 성장이 정체되거나 역성장 중이고, B 기업은 연간 100억 원을 벌지만 매년 크게 성장하고 있다면? 주식 투자로 시세차익을 낼 수 있는 기업은 B일 것이다.

그렇다면 어떤 기업이 좋은 실적을 낼까? 간단하다. 많은 사람이 지갑을 열게 하는 제품과 서비스를 만드는 기업이다. 곧, 그 시대의 트렌드를 이끄는 기업이다. 주식 투자의 본질은 기업의 지분을 사는 것이다. 투자한 기업이 돈을 잘 벌어야 내 지분 가치도 올라간다.

돈을 잘 버는 기업에는 대규모 투자 자금이 몰리기 마련이고, 이는 급격한 주가 상승을 만드는 모멘텀으로 작용한다. 여기에 대중의 심리가 작용하며 비이성적 광기가 더해지면, 흔히 말하는 버블 랠리가 펼쳐진다.

주가 상승의 3가지 축인 기업의 모멘텀, 수급과 시장, 투자 심리를 하나하나 살펴보자.

기업의 모멘텀: 본질적 힘

첫째는 기업 자체의 힘, 즉 모멘텀이다.

- 이익: 기업이 돈을 얼마나 잘 버는가?

- 성장: 이익 증가 추이가 얼마나 가파른가?

- 자본: 순자산이 얼마나 많은가?

이는 주가 상승의 기본이 되는 본질이기도 하다. 매출이 꾸준히 증가하며 외형이 성장하는 기업, 높은 영업이익을 내며 투자금 대비 높은 영업 효율성을 보여주는 내실 있는 기업, 수익을 꾸준히 쌓아 기업 내부에 유보해 현금이 넘쳐나는 기업은 꾸준한 주가 우상향을 만들어낸다.

특히 중요한 것이 성장성이다. 매년 10%씩 성장하는 기업과 매년 100%씩 성장하는 기업이 있다면, 어떤 기업의 주가가 더 가파르게 올라갈까?

당연히 후자다. 주가 상승의 기울기는 기업의 성장 속도에 비례하기 때문에 시장은 올해보다 내년, 내년보다 내후년에 더 많이 성장하는 확장성 있는 기업에 더 높은 점수를 준다.

자본도 주가 상승의 중요한 요소다. 순자산이 많은 기업은 재무구조가 안정적이고 경기 침체나 금리 상승기와 같은 위기에도 버틸 체력이 있다. 또 자본을 통해 생산·투자 확장 등 성장의 발판을 마련할 수 있고 금융기관과 투자자에게 안정감과 신뢰를 주어 조달 비용도 줄일 수 있다. 또 기업 가치의 안전마진을 보장해주기 때문에 주주 가치 측면에서도 긍정적이다.

이처럼 모멘텀은 기업의 내재가치와 경쟁력에서 비롯된다. 모멘텀을 가진 기업의 주가는 시간이 지날수록 우상향하기 마련이다.

수급과 시장: 돈의 힘

둘째는 수급과 시장이다.

- 메이저 세력이 얼마나 많이 매집했는가?

- 주가를 올리는 돈의 힘이 얼마나 큰가?

- 금리 인하 또는 저금리 국면인가?

수급이 붙는다는 것은 곧 매수 자금(기관, 외국인, 개인)이 몰려 거래량이 터지는 것이다. 수급이 붙지 않고 시장에서 소외된다면 주가는 오르지 않는다.

실적이나 재무상태가 좋아도 주가가 오르지 않는 경우가 있다. 투자자와 대중을 혹하게 하는 매력적인 스토리나 테마가 없으면 매수 동기가 약해질 수밖에 없다. 또는 과거 급등 후 급락해서 물려 있는 매물이 많아 매도벽이 단단한 경우에도 자금이 쉽게 들어오지 않는다.

그리고 시가총액이 너무 작거나 유동성이 낮은 종목, 차트가 무너진 경우에는 기관 등 대규모 자금이 쉽게 들어오지 못하며 환율 리스크가 있거나 산업 전망이 불투명할 때는 외국인 자금이 유입되지 않는다. 신사업이나 정책 수혜, 실적 기대, 호재 등의 트리거가 사라지거나 금리 상승, 환율 쇼크, 유동성 경색과 같이 시장 환경이 악화될 경우에도 섹터 전반적으로 수급은 감소한다.

이런 요인들 탓에 기관이나 외국인과 같은 큰손의 매수가 없는 경우, 산발적인 개인 투자자의 매수만으로는 큰 시세를 내기 어렵다(광기로 참여한 개인 주도의 버블장 후반부 제외). 결국 대규모 자금의 유입이 주가 상승의 핵심이다. 즉, 수급은 기업의 가치라는 돛을 강하게 밀어주는 바람의 역할을 한다. 바람이 없으면 배가 앞으로 나아가지 못하듯, 아무리 좋은 기업이라도 자금이 들어오지 않으면 주가는 올라가지 못한다.

투자 심리: 사람의 마음

마지막 요소는 심리다.

- 기술 및 시대 변화에 부합해 주목받는 산업·기업인가?

- 매력적인 주식이어서 매수 욕구를 일으키는가?

- 차트가 우상향하고 있는가?

주가는 결국 사람이 사고파는 행위로 형성되기에 인간의 기대와 불안, 욕망과 두려움이 그대로 반영된다. 실적이 좋고 수급이 강해도, 투자자의 심리가 뒷받침되지 않으면 주가는 폭발적인 흐름을 타기 어렵다. 반대로 본질적 가치가 부족해도 미래에 대한 기대감 하나만으로 폭발적인 주가 상승이 나타나기도 한다. 닷컴 버블이나 코로나19 팬데믹 이후의 버블과 같은 급등 랠리도 결국 피날레는 비이성적 투자 심리의 과열이 만들었다.

투자 심리가 강하게 작용하는 시점은 다음과 같다.

첫째, 새로운 트렌드가 형성되는 시점이다. AI, 전기차, 로봇처럼 사람들의 상상력을 자극하는 신기술이나 시대적 트렌드의 변화가 나타나면 투자자는 실적보다 더 빠르게 반응한다. 실제 실적이 본격적으로 발생하지 않는 시점이라도, 시대적 변화와 미래에 대한 기대감으로 큰 주목을 받는다.

둘째, 우상향하는 차트다. 차트는 대중심리의 집약체다. 기술적으로 저항이 적고 우상향하는 국면에서는 그 자체로 더 많은 매수세를 불러온다. 남들도 사니까 나도 사야 한다는 심리가 나타나는 것이다.

셋째, 극단적 공포와 탐욕 구간에서는 대중의 심리가 급변동한다. 폭락장에서는 아무리 좋은 주식도 외면당하고, 버블장에서는 가치 없는 주식조차 FOMO 심리로 폭등하기도 한다.

 시장을 꿰뚫는 주식 투자의 기술

아무리 좋은 배(기업)와 강한 바람(수급)이 있어도, 사람들이 '저 배는 곧 가라앉을 거야'라고 믿는 순간 배는 나아가지 못한다. 반대로 가치 없는 기업이라도 많은 사람이 '저 배는 곧 보물섬에 도착할 거야'라고 믿는 순간, 폭발적으로 나아갈 수도 있는 것이 바로 주식 시장의 생리다.

세 바퀴가 함께 굴러야 한다

주가 상승의 힘은 이상의 3가지 축이 서로 맞물릴 때 극대화된다. 기업의 내재적 가치라는 모멘텀, 시장에서의 자금흐름이라는 수급, 그리고 투자자의 마음이라는 심리. 이 3가지가 맞물릴 때 비로소 강력한 상승 추세가 만들어진다. 우리가 버블이라고 부르는 현상도 이 3가지 축이 맞물린 결과다.

과거 PC의 등장과 스마트폰의 등장, 그리고 현재의 AI와 같이 시대 변화를 이끄는 트렌드는 항상 해당 산업·기업에 큰 수혜를 가져왔다. 우리 삶에 변화를 가져오는 산업에는 돈이 몰리고, 그 산업을 이끄는 기업의 이익은 가파르게 증가한다. 그리고 이 트렌드에 올라탄 기업인지 아닌지는 주가 상승과 기업 실적으로 나타나므로 손쉽게 알아챌 수 있다. 일시적 유행, 테마로 인한 상승이 아니라 진짜 실적을 동반한 트렌드라면 이익의 크기가 가파르게 성장할 것이고, 이익은 기업 내부에 지속적으로 축적될 것이기 때문이다.

수급도 마찬가지다. 급등하는 종목은 반드시 수급, 거래량의 폭발을 동반한다. 대표적인 예로, 큰 폭의 상승이 나타나기 직전의 테슬라 차트를 보자(도표 2-3).

상승 구간 직전과 상승 과정에서는 해당 기업의 호재와 장밋빛 실적 전망을 알고 있는 메이저 세력의 자금이 유입되는데, 이는 기업의 호재를 이용해 시세차익을 내야 하기 때문이다. 그리고 이 자금의 유입은 차트상 거래량 폭발로 나타난다. 테슬라가 급등했던 2013년과 2020년을 보면, 상승 초입 거래량이 그 이전의 평균 거래량보다 크게 증가했음을 알 수 있다. 이런 수급, 대규모 거래량은 강한 주가 랠리의 필수 요건이자 연료다.

주식 투자는 단순히 재무제표만 보거나 차트만 읽는 행위가 아니라 모멘텀, 수급, 심리라는 3가지 요소를 모두 함께 살펴야 한다. 이를 통해 가능성을 높이는 형태의 투자가 바로 올라운드 투자다. 좋은 기업이고, 풍부한 자금이 몰리며, 투자자들의 기대가 겹쳐질 때 주가가 크게 오른다는 것. 이것이 주가 상승의 기본 원리다.

우량주 장기 투자의 함정에서 벗어나라

투자자들이 흔히 범하는 실수 중 하나는 '유명한 기업, 시가총액이 높은 기업을 장기 투자하면 돈 벌겠지'라는 생각이다. 〈도표 2-4〉는 1995년부터 2025년까지 30년간 코스피 시가총액 1~10위가 어떻게 변화했는지를 보여준다. 1995년과 2025년의 시가총액 순위를 비교해보자. 삼성전자를 제외하면 순위에서 모두 사라진 것을 알 수 있다.

〈도표 2-5〉는 미국 S&P500의 시가총액 순위 변화다.

미국 시장 역시 마이크로소프트를 제외하면 1995년 시가총액 10위 내 기업들 모두가 2025년 순위에서 사라졌다. 시대별 트렌드와 산업의 흥망성쇠에 따라 기업들은 물갈이됐고, 심지어 도태되는 기업도 수없이 생겨났다.

지금 유명하고 잘나가는 기업이 10년 뒤에도 잘나갈까? 누구도 알 수 없다. 투자자인 우리가 내 보유 기업과 그 기업이 속한 산업의 전망, 기업의 경쟁력, 실적 추이를 계속해서 추적해야 하는 이유다. 단지 유명하고 큰 기업이라는 이유만으로 장기 투자를 이어가는 것이 얼마나 위험한 일인지 깨달아야 한다. 주식 투자에서 시대와 트렌드의 변화를 읽는 것은 가장 중요한 일이자 가장 우선해야 할 투자 판단의 시작점이다.

주식에 투자할 때 시가총액 상위 종목, 특히 1위 기업에 집중해야 하는 것은 그것이 바로 시대 트렌드의 변화를 나타내는 척도이기 때문이다. 시대 트렌드의 변화를 읽고 그 수혜를 누리는 산업과 기업을 선점해 투자하는 것이 10루타, 즉 10배 오를 종목을 사는 방법이다,

〈도표 2-4〉 시기별 코스피 시가총액 순위

구분	1995	2005	2015	2025
1위	한국전력공사	삼성전자	삼성전자	삼성전자
2위	삼성전자	국민은행	현대차	SK하이닉스
3위	포항종합제철 (POSCO홀딩스)	한국전력	한국전력	LG에너지솔루션
4위	한국이동통신 (SK텔레콤)	현대차	삼성물산	삼성바이오로직스
5위	대우중공업	POSCO (POSCO홀딩스)	삼성전자우	삼성전자우
6위	LG전자	우리금융	아모레퍼시픽	현대차
7위	데이콤	하이닉스	현대모비스	HD현대중공업
8위	현대건설	LG필립스LCD (LG디스플레이)	SK하이닉스	SK스퀘어
9위	신한은행	SK텔레콤	삼성생명	한화에어로스페이스
10위	삼성전자(1신)	신한지주	LG화학	두산에너빌리티

※ 연도별 폐장일 기준

〈도표 2-5〉 시기별 S&P500 시가총액 순위

구분	1995	2005	2015	2025
1위	GE	GE	Apple	NVIDIA
2위	Exxon Mobil	Exxon Mobil	Alphabet	Apple
3위	Coca-Cola	Microsoft	Microsoft	Alphabet
4위	Merck & Co.	Citigroup	Exxon Mobil	Microsoft
5위	Altra Group	P&G	Berkshire Hathaway	Amazon
6위	P&G	Walmart	GE	TSMC
7위	J&J	J&J	Amazon.com	Broadcom
8위	Microsoft	Bank of America	J&J	Meta Platforms
9위	Walmart	American International Group	Wells Fargo	Tesla
10위	International Business Machines	Pfizer	Facebook	Berkshire Hathaway

※ 연도별 폐장일 기준

배당주 투자의 함정

흔히 이런 말을 한다. "고배당주에 장기간 투자하면 수익이 복리로 쌓여 생활비를 충당할 수 있고 경제적 자유를 얻을 수 있다." 하지만 반은 맞고 반은 틀린 얘기다. 주의해야 할 점이 한둘이 아니며, 심지어 배당 투자를 하면 안 되는 상황도 있기 때문이다. 배당주 투자의 장단점과 주의할 점, 효율적인 배당주 투자 방법을 알아보자.

배당주 투자란

배당주 투자란, 말 그대로 배당을 많이 주는 기업의 주식에 투자하는 것이다. 그렇다면 배당은 무엇일까? 기업은 영업활동으로 창출한 수익을 주주들에게 나누어준다. 현금으로 배분하면 현금배당, 주식으로 배분하면 주식배당이다(여기서는 기본적으로 현금배당을 다루겠다).

기업은 수익을 창출한 후 그 수익을 어떻게 사용할지에 대한 2가지 갈림길에 선다. 하나는 배당이고, 다른 하나는 재투자다.

• 배당

수익을 주주들에게 나눠주는 것으로, 이때는 재투자가 어렵다. 기업이 돈을 버는 족족 주주에게 배당하기 때문에 지금 당장 주주에게 현금이 들어오지만, 기업의 미래에 대한 투자가 어려워 미래 기업 가치를 올리기 어렵다.

주주 입장에서는 배당을 통한 주기적 현금흐름이 발생하며, 이 배당금을 생활비로 사용하거나 개인적으로 재투자할 수 있다.

• 재투자

배당을 줄이거나 없애고 그 돈으로 기업의 미래에 재투자하는 것으로, 번 돈을 재투자했으므로 주주가 나누어 가질 돈은 없지만 재투자를 통해 미래의 기업 가치가 올라갈 수 있다.

재투자를 통해 기업 가치가 상승해 주가 상승이 동반되면 주주는 시세차익을 통한 자산 증식 효과를 누릴 수 있다.

결국 우리가 배당주에 투자한다는 것은 미래의 주가 상승(시세차익) 대신 현재의 배당(현금흐름)을 선택한다는 것이다. 부동산 투자로 따지면 시세차익 투자는 아파트 투자, 배당주 투자는 월세를 목적으로 한 오피스텔이나 상가 투자에 비교할 수 있다.

그렇다면 어떤 기업들이 배당을 하고 어떤 기업들이 재투자를 할

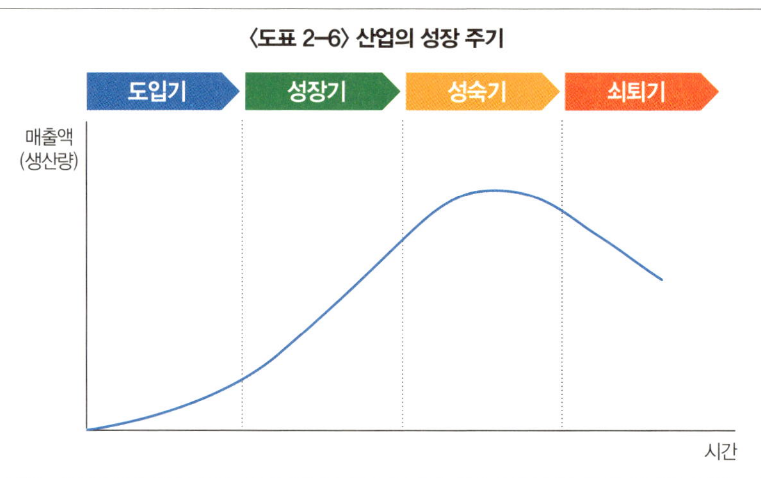

〈도표 2-6〉 산업의 성장 주기

시장을 꿰뚫는 주식 투자의 기술

까? 〈도표 2-6〉은 산업(제품)의 성장 주기 그래프다.

이 사이클 중 성장이 강하게 나타나는 도입기와 성장기에 있는 기업들이 보통 미래를 위해 투자를 많이 한다. 반대로 이미 높은 성장이 끝나고 시장점유율이 안정화된 성숙기에 접어든 기업들은 꾸준한 매출을 바탕으로 많은 배당을 하는 경향이 있다.

엔비디아, 테슬라 등과 같은 성장주(성장세가 가파른 기업)는 성장을 위해 이익의 대부분을 재투자한다. 따라서 배당이 없거나 매우 적다. 반면 금융업이나 일부 제조업 등 매출(시장)의 확장 가능성은 작지만 이미 점유한 시장에서 꾸준한 이익이 발생하는 기업은 성장에 재투자하기보다 주주에게 이익을 배당하는 성향이 강하다.

성장주 vs 배당주

'성장주 vs 배당주'는 간단히 '시세차익 vs 현금흐름'의 개념으로 볼 수 있다. 대표적인 성장주 엔비디아와 워런 버핏의 고배당 주식으로 알려진 코카콜라를 비교해보자.

〈도표 2-7〉은 2020년 3월 코로나19 팬데믹에 의한 주가 하락폭과 그 이후 약 4년간의 주가 상승률, 배당 수익률을 그림과 표로 보여준다. 여기서 우리는 성장주와 배당주의 차이를 분명히 알 수 있다.

엔비디아는 성장주 특성상 하락장 하락률이 더 높다. 하지만 이후 4,080%에 달하는 엄청난 시세차익을 가져다줬다. 그에 비해 배당주인 코카콜라는 하락장 하락률이 비교적 낮지만, 이후 상승률도 91% 수준으로 엔비디아에 크게 못 미친다.

구분	2020년 코로나19 팬데믹 시기 하락률(%)	2025년 말까지 상승률(%)	연 배당 수익률(%)
엔비디아	43	4,080	0.02
코카콜라	40	91	2.9

배당 수익률에서는 코카콜라가 연 배당 수익률 2.9%로 0.02%인 엔비디아를 압도한다. 또한 2022년 긴축·경기 침체 조정장에서도 코카콜라는 상당히 선방했다. 그렇다면 최종 수익률에서 코카콜라가 이겼을까?

결론을 말하자면, 엔비디아의 압승이다. 코카콜라가 아무리 많은 배당을 주더라도, 엔비디아의 시세차익 규모가 범접할 수 없이 크기 때문이다.

물론 비교 시점과 서로 비교하는 종목에 따라 결론이 달라질 수 있다. 하지만 적어도 이 사례에서는 성장주가 상승 추세에서는 확실히 높은 수익을 기록한다는 점을 확인할 수 있다.

그렇다면 성장주가 항상 좋은 것일까? 성장주와 배당주는 좋고 나쁨으로 구분할 수 있는 개념이 아니다. 목적 자체가 다른 투자이기 때문에 상황과 투자 목적에 따라 선택해야 하는 문제일 뿐이다. 배당주의 장단점과 투자 방법론을 살펴보자.

배당주 투자의 장점

배당주 투자는 안정적 현금흐름에 초점이 맞춰져 있다. 어떤 장점이 있는지 확인하고 선택 시 참고하기 바란다.

안정적 현금흐름(확정 수익)

배당주 투자의 가장 큰 장점은 연 2~7% 수준의 안정적 현금흐름인 배당금을 거의 확정 수익으로 받을 수 있다는 점이다. 비록 성장주의 주가 상승률엔 미치지 못하지만, 시세차익도 어느 정도 발생할 수 있다. 반면 시세차익 투자는 변동성이 크고 미확정 수익에 가깝다.

은퇴자로서 자산 규모가 어느 정도 있고 안정적인 현금흐름이 필요한 상황이라면, 배당주 투자는 예금이나 채권보다 높은 안정적 수익을 꾸준히 얻을 수 있는 좋은 선택지다. 주식을 보유하는 것만으로 현금을 꾸준히 받을 수 있다는 것이 배당주 투자의 가장 큰 장점이다.

물론 시세차익형 투자로 배당주보다 더 큰 수익을 올릴 수도 있다. 내가 투자 실력을 갖추고 있다면, 당연히 성장주 등 시세차익 투자로 배당주 이상의 시세차익과 현금흐름을 창출하는 것이 유리하다. 높은 시세차익을 누릴 방법과 전략은 많기 때문에 배당주 투자에만 맹목적으로 집착할 필요는 없다.

주가의 하방 경직성

배당주 기업은 안정적 캐시카우를 가진 곳이 많다. 시장점유율을 바탕으로 꾸준한 이익이 발생하는 기업이 많다는 뜻이다. 이익의 굴곡이 성장주에 비해 적기 때문에 오를 때는 덜 오르지만 내려갈 때도 적게 내려가는 경향이 있다. 단, 배당주이면서 시클리컬(cyclical, 경기민감형) 종목이라면 주가도 사이클을 탄다.

엔비디아의 사례에서 봤듯이, 성장주는 큰 시세차익을 누릴 수도 있지만 주가 하락기에는 큰 폭의 하락도 나타나기 때문에 큰 손실도 염두에 두어야 한다. 즉, 하이 리스크-하이 리턴(high risk-high return)이다.

그에 비해 배당주는 주가 하락기에 대체로 방어가 잘된다. 배당 수익률은 주가 대비 얼마큼의 배당금을 지급하느냐의 비율이다. 공식으로는 다음과 같이 나타낼 수 있다.

$$배당\ 수익률 = \frac{배당금}{주가} \times 100$$

배당금(분자)이 같다고 할 때, 주가(분모)가 하락할수록 배당 수익률은 높아진다. 주가 하락에 따라 배당 수익률이 5%, 6%, 7%… 식으로 올라가면 높아지는 배당 수익률을 노리고 저가 매수에 동참하는 수요가 늘어나 주가 하락을 방어해주기도 한다. 이를 배당주의 하방 경직성이라고 한다. 즉, 로 리스크-로 리턴(low risk-low return)이다. 시세차익은 적지만 안정적인 현금흐름을 얻으면서 주가 하락 위험을 줄이고 싶은 성향의 투자자라면 배당주 투자가 잘 맞을 것이다.

배당주 투자의 단점

배당주 투자에 장점만 있는 것은 아니다. 많은 사람이 안정적 현금

흐름의 복리 효과에 집중하지만, 간과하는 부분이 있다. 다음과 같은 단점이 내 투자 방식에 어떤 영향을 줄지 반드시 점검해봐야 한다.

주가 하락 리스크

배당주도 주식이므로 주가 하락에 대한 리스크는 같다. 특히 고금리 구간에서는 은행 예금이나 채권 등과 수익률에 큰 차이가 없으면서 주식의 하락 리스크는 동일하다는 측면에서 '굳이 배당주에 투자해야 할까?'라는 의문이 들 수도 있다.

특히 배당락(결산기일이 지나서 배당을 받을 권리가 '떨어진' 상태)이 되면 배당으로 빠져나간 금액 정도는 주가가 하락한다. 1만 원짜리 주식이 500원을 배당하면 9,500원 수준으로 주가가 하락한다는 뜻이다. 결국 배당주도 이익 성장이 이뤄져야 배당락 이후 주가가 회복되면서 투자한 원금과 수익이 실질적으로 보전된다. 배당주에 투자해 배당금을 받더라도 항상 내 투자 원금과 연결해 생각해봐야 하며, 최소한의 이익 성장이 나타나는 배당주를 골라야 한다.

배당 수익률의 함정

배당주 투자자들은 높은 배당 수익률을 좇는 경향이 있다. 하지만 앞의 공식을 통해 봤듯이, 배당 수익률은 주가가 하락하면 오르고 주가가 상승하면 내려간다. 주가가 계속 하락하며 내 자산은 쪼그라드는데 배당 수익률이 올랐다고 좋아하는 아이러니한 상황이 발생할 수 있다.

이 개념은 배당주 투자의 핵심이다. 아무리 높은 배당금을 꾸준히 받더라도, 주가가 하락하면 결국 내 투자 원금은 줄어들고 배당금 지급이 제 살 깎아 먹기로 전락하는 경우가 생길 수 있다. 실제로 고배당을 받으면서 원금 손실을 감수하는 배당주 투자 사례는 흔히 찾아볼 수 있다. 배당주 투자는 만능열쇠가 아니다. 배당주 투자도 주식 투자라는 사실을 잊으면 안 된다. 주가가 하락하면 아무리 배당을 많이 받아봐야 결국 손해라는 뜻이다. 배당주에 투자할 때 '현금(배당금) 받으며 손실(주가 하락) 보는 구조'는 아닌지 반드시 살펴봐야 한다.

낮은 시세차익

배당주는 비교적 주가 상승률이 낮다. 주가 상승은 기업의 이익 성장에서 나온다. 미래에 대한 투자가 적은 배당주는 당연히 이익 성장률이 낮고, 이는 낮은 주가 상승률로 연결된다.

엔비디아와 코카콜라 비교 사례에서 봤듯이, 배당주에 투자하면서 성장주와 같은 시세차익을 바라는 것은 맞지 않는다. '고배당 = 저성장'이라고 생각해도 무방하다. 배당 수익률이 아무리 높더라도 상승장에서 거둘 수 있는 성장주의 시세차익과는 비교할 수 없다. 고성장 국면에서는 성장주가 압도적으로 유리하며 배당주는 소외되는 경향이 생긴다.

약 4년 반 동안 엔비디아가 4,000% 넘게 오를 때 코카콜라는 약 90% 상승했을 뿐이고, 그동안 추가로 얻은 배당 수익률은 20%가 되지 않는다. 부동산 투자에서 현금흐름형 오피스텔 투자만으로 큰 자산을 일군 사람을 본 적이 있는가? 오피스텔 투자로 월세를 받으며 기뻐하지만, 감가상각과 시세 하락으로 원금을 까먹는 사례를 심심치 않게 볼 수 있다. 무조건 아파트 투자가 좋다는 것이 아니다. 이미 목돈을 가지고 있고 꾸준한 현금흐름이 필요한 경우에는 좋은 입지의 오피스텔이나 상가 투자도 현명한 선택이 될 수 있다. 즉, 배당주의 특성과 목적성은 분명하며, 이를 알고 종목별로 유리한 시점에 투자하는 것이 핵심이다.

복리 수익의 함정

배당금을 재투자해 복리 수익을 얻는 것, 매우 달콤한 이야기다. 하지만 소액으로 투자하면서 복리 효과를 보려면 매우 오랜 시간을 기다려야 한다. 또한 배당금을 반드시 재투자해야만 복리 효과를 누릴 수 있다. 배당주 투자의 중요한 목적 중 하나는 목돈을 투자해 현금흐름을 발생시켜 생활비를 충당하는 것이다. 그런데 배당금을 소비하지 않고 재투자해 복리 효과를 누린다는 것은 어찌 보면 배당주 투자의 장점이 희석될 수도 있는 부분이다.

배당금 재투자로 복리 효과를 누려 현금흐름을 늘릴 수도 있지만, 내 자산을 증식시켜 목돈을 예치해 현금흐름을 늘리는 방법도 있다. 이 과정에서 시세차익을 통해 자산을 더욱 빠르게 증식시킬 수 있다면 배당주 투자보다 시간을 단축할 수 있을 것이다. 내 자산을 증식시킨다는 목적성으로 볼 때는 어느 정도 시세차익을 염두에 둔 투자를 해야 한다.

배당주 투자가 좋거나 나쁘다는 개념이 아니라 목적성이 필요하다는 얘기다. 아직 젊고 자산 규모가 적다면 시세차익형 투자 비중을 늘리고, 나이가 많고 자산 규모가 크다면 배당형 투자 비중을 늘리면 된다. 자신의 투자 목적과 시장 상황에 따라 해야 하는 투자, 유리한 투자는 따로 있다.

배당주 투자, 현명하게 하는 법

그렇다면 배당주 투자는 어떻게 해야 할까? 배당주 투자를 더욱 현명하게 하는 방법과 좋은 배당주를 고르는 방법을 소개하겠다.

나이, 자산 규모에 따른 비중 결정

가장 중요한 것은 내 투자 목적부터 분명히 하는 것이다. 시세차익을 통해 자산을 불리는 것이 목적인지, 배당금으로 생활비를 충당하는 것이 목적인지 말이다. 젊은 층이라면 시드머니가 적을 가능성이 크다. 비교적 공격적인 투자로 자산 증식을 해나가는 시기이기도 하다. 이 시기에 배당주의 비중이 지나치게 높다면 자산 증식의 속도가 늦춰질 수 있기 때문에 적절한 시세차익 투자도 필요하다.

반대로 자산 규모가 어느 정도 되고 나이가 있다면 보다 안정적인 배당주 비중을 높여 안정성과 현금흐름이라는 두 마리 토끼를 잡는 전략이 유효하다. 자산 증식에서는 배당주 투자보다 시세차익 투자가 유리하지만, 배당주 투자만의 분명한 장점과 특성이 있기 때문에 나이와 자산 규모, 투자 성향에 따라 비중을 조절하는 것이 중요하다.

나이나 자산 규모와 상관없이 자신의 성향상 변동성이 큰 시세차익형 투자가 부담스러운 사람이나 이제 막 주식 투자에 입문해 경험을 쌓아가고 싶은 사람이라면 변동성이 작은 배당주 투자로 시작하는 것도 좋은 방법이다.

시세차익 투자로 자산 규모를 늘리고 → 해당 자산을 배당주에 투자해 → 배

시장을 꿰뚫는 주식 투자의 기술

내가 생각하는 가장 효율적인 투자 방식이다.

적절한 포트폴리오 구성

주식 투자에서 포트폴리오는 매우 중요한 요소다. 달걀을 한 바구니에 담는 투자도, 따로 나누어 담는 투자도 각각의 장단점이 있기에 무엇이 좋고 무엇이 나쁘다고 할 수는 없다. 하지만 대부분의 투자자는 손실이 커지면 흔들리게 된다. 본능과 심리적 문제를 극복하기가 어렵기 때문이다. 이때 여유 자금을 보유하고 있고, 서로 다른 성격을 가진 종목에 분산 투자해 손실이 비교적 적은 종목이 포트폴리오에 있다면 안정감이 생긴다.

주가가 하락장 바닥권일 경우, 보유한 현금이 적다면 하락폭이 작은 배당주를 매도해 크게 하락한 시세차익형 종목으로 갈아탈 수도 있다. 배당주를 현금처럼 사용해 저가 매수 효과를 누리는 것이다.

주가가 하락해 손실이 발생했더라도 포트폴리오에 있는 배당주에서 현금흐름이 꾸준히 발생한다면 심리적으로 안정감을 느낄 수 있다. 이런 심리적 요인은 주식 투자에서 굉장히 중요한 요소이므로 내 포트폴리오에 배당주가 적절한 비중으로 섞여 있다면 분명 긍정적 효과를 누릴 수 있다.

배당의 지속성 확인

기업에서 이익은 나지 않는데 배당만 많이 쥬다면? 매출이나 이익이 계속 줄고 있다면? 결국 주가도 하락하고 배당금도 줄어들 가능성이 크다. 배당금은 땅 파서 주는 것이 아니다. 기업에 이익이 나야 배당도 줄 수 있기 때문에 배당주 투자에서도 기업 이익의 성장성은 매우 중요하다.

이익의 성장성은 주식 투자에서 종목을 선택하는 기준이자 본질이다. 배당주도 마찬가지다. 기업의 사업 구조나 아이템이 이익을 꾸준히 유지해나갈 수 있는지 선별하는 것이 매우 중요하다. 지금까지의 이익 추이도 중요하지만, 미래의 이익이 핵심이다.

환경 변화에 따라 배당 컷(배당 중지)이 발생하는 일도 흔하다. 코로나19 팬데믹 직후, 국내 상장사의 배당금이 20% 이상 감소했으며 배당 컷도 많이 증가했다. 따라서 경제적 해자(경쟁우위)를 지닌 기업인지, 해당 산업의 1등 기업인지, 장기간 배당을 유지해온 기업인지 등 분명한 기준을 갖고 배당주를 선택해야 한다.

또한 고금리 시기에는 배당주의 경쟁 상대인 예금·채권 금리가 상승하면서 배당주의 상대적인 매력도가 낮아질 수 있으며, 동시에 기업이 속한 산업 특성에 따라 고금리가 실적과 주가에 부정적인 영향을 미칠 수도 있다. 이런 시기적 요인이 겹칠 때는 배당 수익률 자체보다 배당의 지속성 측면에서 배당주를 평가해야 한다.

시장에는 수십 년간 배당금을 늘려온 왕족주, 귀족주도 많다. 좋은 배당주를 잘 선택한다면, 현금흐름이라는 특별한 장점과 함께 복리 수익도 누릴 수 있다. 결국 배당주도 주식이므로 주식의 본질을 이해한다면 배당주 투자로도 좋은 수익을 낼 수 있다. 관건은 내 나이와 자산 규모, 투자 성향에 맞춰 적절한 비중으로 투자하는 것이다.

주식, 한 번은 팔아야 하는 이유

상승장에서는 투자자 대부분이 돈을 번다. 반대로 하락장에서는 투자자 대부분이 돈을 잃는다. 우리가 기억할 것은 이것뿐이다.

그렇다면 해법은 단순해 보인다. 상승장에서는 주식에 투자하고, 하락장에서는 현금을 보유하며 주식 투자를 하지 않으면 된다. 이는 곧 주식을 현금화해 수익을 확정해야 하는 시점이 반드시 필요하다는 의미다. 하지만 이 맺고 끊음은 매우 어렵고 실제 행동으로 옮길 수 있는 사람도 많지 않다.

시장 지수든 개별 종목이든, 현금화의 시점은 마찬가지다. 상승 과정의 어느 지점 또는 상승이 꺾인 직후의 일정 시점에서는 매도 버튼을 누르고 현금화를 해야 한다.

당신은 과연 이런 판단을 한 적이 있는지 묻고 싶다. 아마도 상승장 후반부에 매수 버튼을 누르고 하락장에서도 최저점에 매도 버튼을 누른 일이 더 많았을 것이다.

안타깝게도 이것이 시장에 참여한 다수 투자자의 전형적인 행동 패턴이다. 대부분의 투자자는 상승장의 고점 부근에서 수익을 맛본 후 레버리지와 대출을 공격적으로 투입한다. 그 결과 주가의 최고점에서 투자금은 최대치에 이르고, 이후 하락이 시작되면 상승장에서 벌어들인 수익을 모두 반납할 뿐 아니라 오히려 큰 손실을 본다.

이 지점이 바로 주식 투자의 핵심이다. 이 책 전반에 걸쳐 저점과 고점의 신호, 특징, 그리고 그 과정에서 투자자의 심리가 어떻게 왜곡되는지를 특히 자세히 다루는 이유도 이것이다.

투자자가 해야 할 일

첫째, 상승장에서는 적극적으로 주식 투자에 참여한다.

둘째, 상승장의 막바지에서 하락장으로 전환되는 구간에서는 전부 또는 대부분의 주식을 처분하고 일정 기간 주식 투자를 쉰다(단순히 수익을 극대화하기 위한 선택이 아니라 이미 벌어들인 수익을 지키기 위해 반드시 필요하다).

주식 투자의 핵심은 싸게 사서 비싸게 파는 것이다. 그러나 비쌀 때 팔지 못하면, 이후 주가가 싸지는 기회의 구간이 오더라도 고점에 물린 주식만 남아 있을 뿐 정작 매수에 사용할 현금이 없다. 이는 항상 반복되는 개인 투자자의 숙제이기도 하다.

상승장의 환희와 수익의 관성을 뒤로한 채, 현재 진행 중인 수익을 확정하고 현금화하는 일은 저점의 공포 속에서 매수하는 것보다 훨씬 더 어렵다. 하지만 영원한 상승장은 존재하지 않으며, 상승장 뒤에는 그동안의 수익을 모두 빼앗아 가는 고통스러운 하락장이 뒤따른다는 사실을 반드시 기억해야 한다.

물론 몇 년에 걸친 상승장과 하락장의 반복에도 불구하고, 매우 오랜 기간 장기 투자를 지속한다면 상관없다고 말하는 사람도 있을 것이다. 그러나 이런 초장기 투자로 의미 있는 수익을 거둘 수 있는 종목이나 업종은 많지 않다. 특히 시클리컬 주식, 즉 경기순환주의 비중이 높은 국내 증시에서는 상승장의 끝, 사이클의 끝에서 주식을 매도하는 판단이 반드시 필요하다.

장기 투자에도 보다 효율적인 방법은 존재한다. 나는 장기 투자 계좌와 단기 투자 계좌를 분리해 운용한다. 장기 투자 계좌는 수익률을 거의 확인하지 않고 시장의 상승과 하락에 크게 개의치 않고 보유하는 계좌다. 단, 투자 당시의 매수 근거가 훼손되지 않는다는 전제가 따른다. 같은 종목이라도 장기 보유할 물량은 장기 투자 계좌에 두고, 단기 투자 계좌에서는 매수와 매도를 반복한다. 하나의 종목이라도 이런 방식으로 운용하면 전체 수익을 보다 효율적으로 극대화할 수 있다(자세한 내용은 11장에서 다룬다).

나는 시장에 참여하는 동안 항상 저점과 고점에 대해 고민한다. 주가가 상승할 때는 언제 팔아야 하는지를, 주가가 하락할 때는 언제 사야 하는지를 고민하는 것이다. 인간은 본능적으로 환희와 수익에 취할수록 주가 상승과 함께 투자금을 점점 늘려가게 된다. 그 결과 정작 팔아야 할 상승의 끝에서 주식 보유량이 최대치에 도달하게 된다.

성공하려면, 이와 정반대로 행동해야 한다. 상승장이 언젠가 끝난다는 사실을 알고 있다면, 환희가 커지는 구간에서는 주식을 점차 줄이고 현금을 늘려나가야 한다.

고점 매수의 치명적인 위험

고점 매수의 위험성은 아무리 강조해도 지나치지 않다. 일반적인 투자자들은 상승장에서 주가가 고점에 가까워질수록 오히려 매수 비중을 늘리는 경향이 있다. 상승장에서 이미 큰 수익을 낸 상태라고 하더라도, 고점 부근에서 큰 비중의 매수를 했거나 레버리지를 사용했다면 약간의 하락만으로도 치명적인 손실을 볼 수 있다.

이는 상승과 하락의 특성이 근본적으로 다르기 때문이다 이론적으

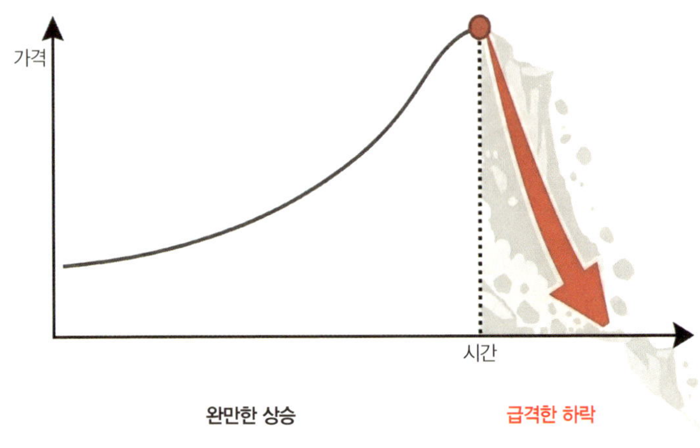

로 주가가 50% 하락하면 투자 원금의 절반을 잃고, 100% 하락은 원금 전부의 손실을 의미한다. 시드머니가 클수록 손실 금액 역시 커지기 때문에 상승장의 마무리 국면, 즉 상승 5파동 구간에서는 반드시 투자 비중을 줄여나가야 한다.

그러나 현실에서는 고점에 가까워질수록 무리한 불타기, 레버리지, 대출, 신용·미수 거래가 늘어나고, 그 결과 그동안 벌어들인 수익을 훨씬 초과하는 손실이 단기간에 발생하곤 한다. 실제로 2~3년에 걸친 상승장에서 수백 퍼센트의 수익을 기록했음에도, 이후 주가지수가 고작 20% 내외만 조정받아도 계좌가 손실로 전환되는 사례를 흔하게 볼 수 있다. 게다가 상승에는 오랜 시간이 소요되는 반면, 하락은 대개 훨씬 짧은 시간에 급격하게 진행된다.

고점 매수를 무엇보다 경계하고 피해야 하는 이유다. 그런데도 우리가 고점 매수를 반복하는 이유는 무엇일까?

고점 매수가 반복되는 이유

군중심리와 FOMO

고점 구간에서는 수익이 빠르게 늘어나고, 주가가 앞으로도 계속 상승할 것처럼 느껴진다. 투자에서 관성은 매우 중요한 요소인데, 장기간 상승장에 익숙해진 사람일수록 갑자기 태세를 바꿔 하락에 대비하거나 숏에 베팅하기가 매우 어렵다.

수익이 잘 나고 있는 종목을 스스로 매도하기는 쉽지 않고, 오히려 수익을 극대화하고 싶다는 충동에 따라 매수 비중을 더 늘리고 싶어지기 마련이다.

게다가 고점권에서는 평소 시장에 관심이 없던 대학생, 주부, 어르신들까지 시장에 뛰어들고 주식이나 코인 이야기를 하기 시작한다. 뉴스 기사와 각종 커뮤니티 역시 투자 이야기로 가득 차고, 시장 전반의 분위기가 자연스럽게 매수를 부추기는 방향으로 흘러간다.

"옆집 누구는 얼마를 벌었다더라", "누구는 대출을 받아 투자해서 몇 억을 벌었다더라"와 같은 무용담이 온·오프라인을 가리지 않고 쏟아진다. 그 과정에서 대중은 점차 FOMO에 휩싸이고, 대출·신용·미수, 레버리지 상품, 선물과 옵션 등 다양한 수단을 동원해 더 큰 수익을 추구한다.

하지만 하락장은 언제나 상승장 뒤에 찾아온다. 수익을 확정하고 매도해야 할 구간에 오히려 매수를 늘려 고점 매수와 저점 손절이라는 최악의 선택을 하게 된다. 계좌가 망가지는 과정은 대부분 이 지점에서 시작된다.

이처럼 관성과 조급함, 그리고 환희가 만들어내는 FOMO 심리는 투자에서 가장 경계해야 하는 요소다. 투자 과정에서 막연한 조급함이 느껴지거나 더 사야 할 것 같은 충동, 수익에 대한 환희가 커지고 있다면 가장 먼저 경계부터 해야 한다. 오히려 상승장이 2~3년 이상 이어졌거나 상승 5파동 국면으로 판단된다면 투자 비중을 의도적으로 줄여나가야 한다.

수익으로 인한 자신감

사람은 수익이 발생하면 자신감이 붙고 관대해지는 경향이 있다. 복권 당첨자가 당첨금을 유흥 등에 허투루 써버리는 것도 바로 그 때문이다. 주식 투자에서도 주가가 상승하면 자신이 시장을 정확히 읽었다는 착각에 빠질 수 있다.

특히 상승장에서는 장이 좋아 수익을 낸 것인데도 자신의 실력 덕이라고 착각하게 된다. 이때는 모두가 주식 고수 코스프레를 하며 주식 조언을 한다.

이 자만심과 수익에 대한 안도 심리는 리스크 관리를 소홀해지도록 만들며, 고가에서도 리스크 관리 없이 추가 매수나 '몰빵' 베팅, 근거 없는 물타기를 하게 한다. 하지만 상승장 뒤에는 결국 하락장이 오기 마련이다. 하락장을 정면으로 맞아 망가진 계좌를 보고서야 '아, 이게 아니었구나!' 하고 탄식하게 된다. 주식 투자에서 자신감과 자만심은 늘 경계해야 하며, 쌀 때 사서 비쌀 때 팔아야 살아남는다는 사실을 절대 잊으면 안 된다.

 시장을 꿰뚫는 주식 투자의 기술

기준 없고 잘못된 차트 분석

트레이딩 기법 중에는 '돌파 매매'라는 방법이 있다. 주요 저항선이나 박스권 상단을 돌파했을 때 매수하는 방식이다. 주가가 신고가를 돌파하면 강한 추가 상승이 나올 것으로 기대하며 매수에 나서는 투자자가 많다.

그러나 실제 시장에서는 신고가를 형성한 종목에 돌파 매수 물량이 집중될 경우, 이를 받아넘기며 주가를 다시 끌어내리는 휩소(whipsaw, 추세가 시작된 것처럼 보였다가 곧바로 되돌려 손절을 유도하는 속임수 움직임)가 빈번하게 발생한다.

돌파 매매는 원칙적으로 바닥권이나 충분한 조정을 거친 구간에서 시도해야 한다. 고점권에서 나타나는 박스권 돌파는 저항을 돌파한 직후 해당 저항선 아래로 주가가 이탈하는 경우가 많다. 세력이 물량을 넘기는 전형적인 형태이며, 이런 상황에서는 지체 없이 손절해야 한다.

즉, 돌파 매매를 할 때는 단순히 가격이 돌파됐다는 사실만을 보고 매수해서는 안 된다. 현재 주가의 위치, 이전 상승 구조, 거래량, 시장 환경 등 여러 요소를 종합해 가능성이 큰 자리에서만 시도해야 한다. 고점권에서 손절 기준 없이 무분별한 돌파 매매를 반복하다가는 최고점에 물릴 가능성이 매우 크다.

어떤 분석 기법을 사용하든 반드시 일관된 기준이 필요하다. 특히 손절 기준을 사전에 명확히 정해두어야 하며, 한 번 정한 기준은 감정에 휘둘리지 말고 반드시 지켜야 한다. 그러나 안타깝게도, 시장에서는 아무리 많은 공부를 했더라도 이 기준을 지키지 못해 실패하는 투자자가 대부분이라는 사실을 반복해서 확인하게 된다.

고점 매수를 피하는 방법

감정을 통제하라

가격 급등에 흔들려 충동적으로 매수하지 말고, 이성적으로 내 기준에 맞춰 투자하는 습관을 들여야 한다. 너도나도 시장에 뛰어드는 환희의 시점, 높은 레버리지를 쓰고 싶다는 충동이 드는 순간을 조심해야 한다. 욕심이 커져 감정이 통제하지 못할 정도로 흔들린다면, 최고점일 가능성이 크다.

분할 매수로 접근하라

가진 자금을 한 번에 전부 투입하는 일시 매수만 피해도 고점에 크게 물리는 일은 적다. 초보라면 분할 매수를 생활화하는 것이 최고점 매수를 피하는 좋은 방법이다. 분할 매수를 할 때도 그 효과를 보기 위해서는 매수 가격이나 시간대에 충분한 간격을 두고 진행해야 한다. 그래야 한 구간에 매수 비중이 몰리지 않는다. 만약 일시 매수를 한다면 저점권에 대한 확신이 있을 때만 손익비 높은 자리(10장 참조)에서 진행해야 하고, 반드시 손절 기준점을 잡아야 한다.

분할 매수를 하면 최저점을 잡기는 어려울 수 있지만 적어도 최고점에 투자금이 물리진 않는다. 기대 수익률은 낮아질지라도 안정성을 높이는 방법으로, 분할 매수와 분할 매도는 우리의 감정을 통제하고 리스크를 낮추는 효과가 있다.

고점권인 상승 5파동 국면이나 높은 밸류에이션(고PER, 고PBR 등) 국면 등에서는 매수를 할지라도 작은 비중으로, 그리고 반드시 손절 기

시장을 꿰뚫는 주식 투자의 기술

준을 잡고 진행하는 것이 좋다.

기술적 분석을 활용하라

고점 매수는 인간의 본능적인 심리와 깊이 관련돼 있다. 따라서 감정에 휘둘리지 않고 원칙에 따라 투자하기 위해서는 가치 분석이든 기술적 분석이든, 스스로 지킬 수 있는 기준이 반드시 필요하다. 특히 명확한 손절 기준이나 매수·매도 맥점을 설정하기 위해서는 기술적 분석의 도움이 필수적이다. 파동을 통한 주가의 위치, 이평선, 지지-저항, 거래량, 각종 보조지표 등을 종합해 현재 주가가 과열 구간에 있는지 판단하고 합리적인 매수 타이밍을 찾아야 한다.

또한 상승과 하락에 대한 각각의 시나리오를 미리 설정하고 그에 따른 손절과 익절 기준을 정해두면, 감정적 매매를 크게 줄일 수 있다. 스스로 가치 투자자라고 생각하더라도 기술적 분석을 함께 익혀 활용한다면, 보다 가능성 큰 투자에 접근할 수 있다. 모든 투자의 성공 원리는 결국 같다. 가능성이 큰 구간에서의 투자를 일관되게 반복하는 것이다.

손절 원칙을 세워라

손절의 중요성은 아무리 강조해도 지나치지 않다. 설령 고점 매수를 했을지라도 명확한 손절 원칙만 지킬 수 있다면 손실폭은 제한된다. 명확한 손절은 주가가 30%, 50% 이상 하락하는 위기를 사전에 피하는 가장 좋은 대비책이다.

특히 투자 성향상 고점에서 비중을 크게 실어 매수하는 경향이 있는 사람일수록 손절 원칙이 필수다. 적절한 손절 원칙과 칼같이 손절할 수 있는 실행력은 당신의 계좌를 지켜주고 이 시장에서 살아남게 해주는 최소한의 안전장치다.

큰 수익이 나면 오히려 쉬어라

큰 수익이 난 상황이라고 하면 종목 또는 지수의 상승 후반부일 가능성이 크다. 장기간 누적된 수익이 크거나 단기 급등한 종목에 운 좋게 올라타 짧은 기간에 큰 수익을 거뒀다면, 최소 며칠에서 일주일 정도는 투자를 쉬는 것이 좋다. 큰 손실을 경험했을 때와 마찬가지다. 큰 수익이나 큰 손실 이후에 일정 기간 휴식이 필요한 이유는 평정심을 벗어난 심리를 안정시키기 위해서다.

큰 수익이 났을 때는 자신감과 환희에 차서 평소라면 하지 않을 도박과 같은 베팅을 고점에서도 서슴없이 하게 된다. 큰 손실을 봤을 때 역시 손실을 만회하려는 조급함 때문에 더욱 위험한 투자를 감행하기도 한다. 원칙이 아니라 감정대로 매매할 가능성이 커지는 것이다. 내 계좌에 큰 변화가 생겼다면, 단 며칠이라도 쉬어라. 이 휴식이 당신의 계좌를 지켜줄 것이다.

이처럼 고점 매수는 인간의 본능과 심리에서 비롯된다. 그리고 이 심리를 이기는 방법은 철저한 원칙과 기준밖에 없다. 시장을 냉철하게 분석하고, 정해둔 기준에 따라 거래하라. 욕심과 시장의 유혹을 이겨내고 장기적인 관점에서 스스로 성장할 수 있는 기준과 전략을 만들어가는 것, 그것이 주식 투자로 성공하는 유일한 길이다.

   시장을 꿰뚫는 주식 투자의 기술

2장의 액션 플랜

- 내 보유 종목 중 하나를 선택해 다음 3가지 관점에서 점검해보자.

① 기업의 모멘텀

② 수급과 시장 환경

③ 투자 심리

각 종목이 여전히 상승 여력을 가지고 있는지, 그 근거를 스스로 정리해보자.

- 배당주를 보유하고 있다면, 해당 종목에서 '배당주의 함정'에 해당하는 부분은 없는지 점검해보자.

- 고점 매수를 반복하지 않기 위해 반드시 고쳐야 할 내 투자 습관을 구체적으로 적고 다짐해보자.

3장

투자자는 왜 늘 반대로 행동하는가

주식의 특성, 선반영

주식 투자에서 비쌀 때 사고 쌀 때 팔게 되는 이유 중 하나는 바로 주가의 선반영이라는 특성 때문이다. 주식 시장에서는 '지금 경제 상황(또는 기업 실적)이 좋으니까 주가가 오를 거야'라는 논리가 잘 적용되지 않는다. 실적이 지금 당장은 좋더라도 머지않아 꺾일 것으로 예상되면, 주가는 이를 선반영해 곧바로 하락할 수도 있다. 이런 특성을 이해하지 못하면 주식 시장에서 혼란만 겪다가 도태될 수 있다.

우리는 보통 이런 생각으로 주식을 산다.

'지금 경기가 너무 좋아. 주식은 이럴 때 사야지!'

'이 기업이 역사상 최고 실적 찍었대! 주가가 더 오를 거야.'

'지금이 반도체 경기 호황이야!'

하지만 주가의 움직임은 반대인 경우가 많다. 실제 한국 증시에서 높은 비중을 차지하고 있는 시클리컬 주식은 〈도표 3-1〉과 같이 움직인다.

특히 국내 증시는 반도체, 자동차 산업 등의 비중이 높다. 이 종목들의 특성은 경기나 산업 사이클, 수요와 공급 사이클에 따라 호황과 불황이 반복된다는 것이다. 즉, 경기·산업 사이클에 연동돼 등락하는 시클리컬 주식들이다.

다음은 코스피 시가총액 상위 10개 기업 중 시클리컬 종목 현황이다.

- 삼성전자, SK하이닉스: 반도체

- 현대차: 자동차

- HD현대중공업: 조선

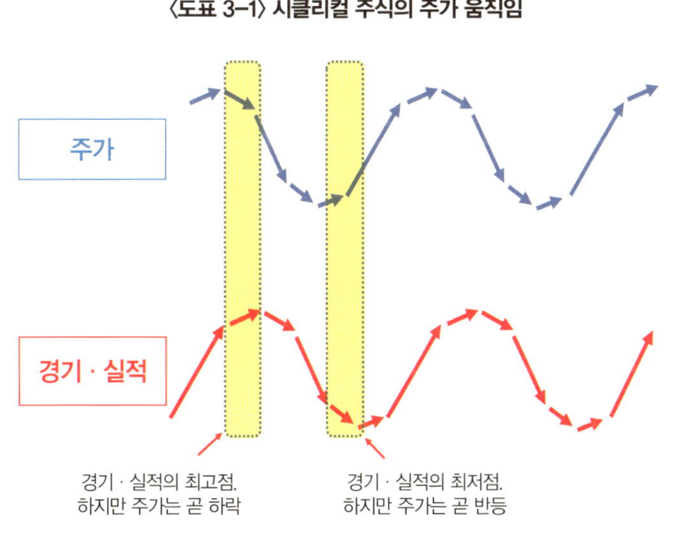

〈도표 3-1〉 시클리컬 주식의 주가 움직임

- 두산에너빌리티: 설비, 인프라

반도체, 자동차, 조선, 인프라, 철강 등은 대규모 시설 투자가 이뤄지는 산업이다. 업황이 좋을 때는 공급·생산을 늘리지만, 산업 사이클을 만드는 경기·외부 요인으로 제품 수요가 줄고 가격이 낮아져 업황이 악화되면 결국 판매가 감소하고 실적이 다시 하락하는 수요와 공급의 시차가 발생한다.

이렇게 만들어진 기업의 실적은 강한 연속성을 가진다. 상승 국면에서는 계속 상승하고 하락 국면에서는 계속 하락한다. 이런 특성이 사이클의 추세를 더욱 강화하기 때문에 시클리컬 산업에 투자할 때는 반드시 사이클의 흐름을 타야 수익을 낼 수 있다. 그래서 사이클을 타는 국내 주식에서는 상승과 하락, 각각의 추세를 취하는 모멘텀 투자가 높은 성과를 낸다.

핵심은 현재 실적이 좋더라도 사이클의 고점이라면 주가가 미리 하락할 수 있다는 것이다. 반대로 현재 경기가 좋지 않고 실적이 좋지 않더라도 사이클의 바닥이라면 주가는 산업 사이클의 턴어라운드를 선반영해 미리 상승할 수 있다. 시클리컬 주식의 세부적 매수 타이밍은 재고가 감소하고 제품 가격이 바닥을 찍고 턴어라운드하는 시점이다. 즉, 우리 생각과는 반대로 실적이 바닥일 때 사서 실적이 피크일 때 팔아야 한다. 따라서 사이클과 선반영의 개념을 알지 못하면, 코스피와 같은 시클리컬 중심의 시장에서는 성과를 내기 어렵다. 주식의 선반영이라는 특성은 우리가 주식을 사고파는 과정에서 항상 한 박자 빠르거나 늦은 선택을 하게 하는 원인이기도 하다.

개미들의 반복되는 실수

주식 시장에서 소액 개인 투자자들은 흔히 '개미'라고 불린다. 분위기와 심리에 쉽게 휩쓸려 손실을 반복한다는 점에서 생겨난 말이다. 이런 투자자들의 매매에는 일정한 패턴이 있으며, 마치 공식처럼 반복되는 공통된 특성이 존재한다.

이 특성은 100년 전에도 그랬고 지금도 크게 다르지 않다. 앞으로 100년이 지나도 그 본질은 변하지 않을 것이다. 많은 개인 투자자가 주식 시장에서 수익을 내지 못하는 이유 역시 이 반복되는 행동 패턴에 있다. 이런 개미 투자자의 특성에서 벗어날 때, 비로소 손실의 고리를 끊고 수익으로 전환할 수 있다.

개미들의 투자 패턴

다음은 일반적인 개인 투자자들의 투자 패턴이다.

- 상승장, 분위기에 휩쓸려 유튜브나 커뮤니티 등에서 자주 언급되는 급등 종목을 매수한다.
- 운 좋게 급등 구간에 진입해 단기 고수익을 경험한다(일명 '초심자의 행운').
- 수익이 커짐에 따라 고점 부근에서 신용대출, 신용·미수 거래, 2~3배 레버리지 상품 등 과도한 레버리지를 사용한다.
- 잠시 더 수익을 맛보지만, 결국 주가는 하락으로 전환되며 수익이 큰 손실로 바뀐다.

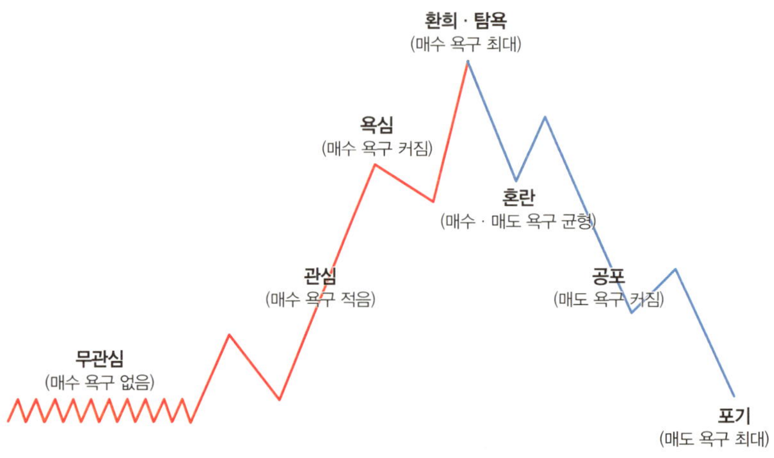

- 주가 하락으로 반대매매를 당하거나 대출이자 부담을 버티지 못해 손절하며 시장을 떠난다.
- 다음 상승장이 시작되고 주가가 이미 많이 올랐을 때, 뒤늦게 시장에 진입해 이 과정을 반복한다.

당신이 현재 중수나 고수의 반열에 오른 투자자라고 할지라도, 초보 시절에는 이런 투자를 한 번쯤 경험했을 것이다. 신기할 만큼 대다수의 개인 투자자가 이런 투자 방식을 반복하는 이유는 그것이 인간의 심리와 본능에서 비롯된 행동 패턴이기 때문이다. 인간의 본능이 바뀌지 않는 한 이런 투자 형태는 앞으로도 반복될 것이다.

따라서 이 패턴에서 벗어나기 위해서는 먼저 이를 정확히 이해해야 한다. 지피지기면 백전불태라고 했듯이, 개미 투자자의 특성과 행동 패턴을 알면 백 번 싸워도 위태롭지 않다. 그것이 손실의 고리를 끊고 다음 단계로 나아가는 출발점이다.

<h1 align="center">개미 투자자의 특징</h1>

욕심과 공포에 휘둘린다

개인 투자자들의 가장 큰 특징이다. 본능대로 투자하기 때문에 놀라울 정도로 저점과 고점을 반대로 맞힌다. 주식을 팔아야 할 고점에 불나방처럼 몰려 주가 꼭대기에서 주식을 사고, 정작 주식을 사야 할 저점에서는 공포에 사로잡혀 최저점에 손절하고 시장을 떠난다.

조급하다

저점까지 기다리지 못해 고점 또는 하락 초입에 주식을 산다. 주식을 산 후에는 온종일 호가창과 차트만 쳐다보면서 주가가 빨리 오르지 않거나 내려가기라도 하는 날엔 불안해하고 조급해한다. 결국 기다리지 못하고 그 주식을 팔고 다른 급등주로 갈아탄다. 신기하게도 매도한 주식은 팔자마자 급등하고, 갈아탄 급등주는 사자마자 폭락한다. 운 좋게 수익이 났더라도 기다리지 못하고 빨리 팔아버린다. 결국 내가 판 가격에서 몇 배 이상 올라가는 주식을 바라보며 시장을 떠난다.

손실을 견디지 못한다(본전 심리)

내 계좌에 마이너스가 뜨는 꼴을 보지 못한다. 주가가 조금만 하락해도 손실을 만회하기 위해 물타기를 한다. 분할 매수는 매수하는 가격 또는 시간의 간격을 넓게 두어야만 효과를 볼 수 있다. 그런데 주가가 조금만 하락해도 반복적으로 물타기를 하기 때문에 특정 구간에 많은 돈이 물리게 된다.

게다가 물타기한 시점은 귀신같이 주가 고점이며, 손절하지 못해 하락의 정점까지 큰 손실을 안고 간다. 이후 하락 과정에서 몇 년을 고생하다가 결국 최저점에서 손절한다.

손절하지 못한다

손실이 발생했을 때 손절을 통해 손실이 확정되는 것을 두려워한다. -5%, -10%, -30%로 손실이 점점 확대되는데도 매도를 미룬다. 손실이 커짐과 함께 모든 것을 잃게 될지도 모른다는 공포에 사로잡히지만, 정작 행동은 계속 늦어진다.

그러다 가장 하락 속도가 빠른 마지막 국면에 이르러서야 극심한 불안과 두려움 속에서 모든 물량을 손절한다. 아이러니하게도 이 시점은 대개 주가의 최저점 부근이다. 실제로 최저점을 형성하는 캔들의 긴 아래꼬리는 개인 투자자들의 손절 물량이나 반대매매의 결과물인 경우가 많다. 이후 매도 물량이 소진되면서 주가는 긴 아래꼬리를 남긴 채 반등을 시작한다.

수익을 길게 가져가지 못한다

수익을 길게 가져가지 못하는 것 또한 손절하지 못하는 심리와 비슷하며, 이는 내 돈을 지키고자 하는 리스크 회피 심리와 연결돼 있다. 조금만 수익이 나도 성급하게 매도 버튼을 눌러 수익을 확정함으로써 주가 하락 리스크에서 벗어나고 현재의 수익금을 지키고자 하는 심리다.

특히 운용 자금 규모가 클수록 이 심리는 더욱 강해진다. 투자금이 1억 원일 때는 5%만 올라도 수익이 500만 원인데, 큰돈을 운용할 그릇이 되지 않는 개미 투자자는 5%라는 수익률이 아니라 500만 원이라는 액수를 보고 빨리 매도 버튼을 눌러 수익을 확정하고자 하는 욕망에 사로잡힌다. 반면 5% 손실이 났을 때는 500만 원의 손실 확정이 두려워 손절하지 못하다가 결국 큰 손실을 보게 된다. 자산을 불려가는 기본 원칙은 '수익은 길게, 손실은 짧게' 가져가는 것인데, 개미 투자자들은 그 반대로 한다.

남들만 버는 것을 참지 못한다

FOMO 심리는 개미 투자자들의 일반적 특성이다. FOMO는 남들은 다 버는데 나만 시장에 참여하지 못했거나 돈을 벌지 못할 때 생기는 조급한 심리다. 주식은 최대한 싼 가격에 사야 하는데, FOMO에 빠진 사람은 조급함 때문에 이미 상당히 상승이 진행된 장대 양봉의 고점에서 매수하곤 한다. 이렇게 매수한 주식이 곧바로 조정 국면에 접어들어 사자마자 손실이 되는 경우가 흔히 발생한다.

내가 매수하기로 정한 가격까지 기다리지 못하고 중간에 높은 가격에 사는 것, 남이 산 종목은 오르는데 내가 산 종목은 제자리일 때 급등주로 갈아타고 싶다는 욕구, 나는 사지 못했는데 다른 사람은 돈을 버는 것을 보고 빨리 뭐라도 사야겠다는 욕구 등 이 모든 것이 FOMO로 인한 조급함에서 생긴다.

기준이 없다

어디서 사고 어디서 팔아야 할지에 대한 자신만의 기준이 없다. 따라서 남의 말에 쉽게 휘둘린다. 내 기준 없이 유튜버나 전문가들의 의견을 따라가다 결국 손실을 보고, 그들을 욕해보지만 자신에게 남는 건 손실 계좌뿐이다.

내 기준이 없다는 것은 살 자리와 팔 자리에 대한 원칙이 없다는 것이며, 그래서 심리와 본능대로 사고팔게 된다. 고점에서 사서 저점에서 팔기를 반복하다가 유료 리딩방에 들어가 손실을 더 키운다. 손실을 만회하고자 비트코인, 선물옵션 등 레버리지와 위험도가 증가하는 방향으로 나아가며 결국 돌이킬 수 없는 손실과 빚만 떠안게 된다.

일확천금을 노린다

개미 투자자들은 오래 기다려야 하는 장기 투자보다 단기에 수익을 낼 수 있는 단타 매매를 선호한다. 단기에 더 많은 돈을 벌고자 하는 욕심으로 고레버리지(2~3배, 선물·옵션) 상품에 손을 대며, 각종 대출과 신용·미수로 더 짧은 시간에 더 많은 돈을 벌고자 큰 리스크를 짊어진다.

특히 이런 특성은 가장 큰 수익이 나고 있는 상승장의 막바지 국면에서 더욱 강해진다. 더 많이 벌고자 하는 욕심으로 주가 고점에서 신용·미수 거래를 하고, 대출까지 받아 투자한다. 또 주가가 싸질 때까지 매수 시점을 기다리지 못하고 하락에 베팅(선물·옵션, 인버스 투자)하기도 한다. 이런 투자 행태는 욕심으로 일확천금을 노리는 심리 때문이며, 투자 원칙과 리스크 관리 기준이 갖춰지지 않은 개미 투자자들에게서 많이 볼 수 있다.

몰빵한다

개미 투자자들은 대부분 분할 매수를 하지 못하고 한 번에 매수하는 경향이 있다. 몰빵했을 때는 분할 매수로 매수 단가를 낮출 수 없으므로 매수 근거가 훼손되면 반드시 손절하고 나와야 한다. 그런데 투자금이 큰 만큼 손실 시 손실 금액도 크기 때문에 손절도 하지 못하고 고점에 물린 채로 상당 기간 마음고생만 하다가 결국 최저점에서 손절하게 된다.

몰빵 매수가 항상 나쁜 것은 아니다. 확실히 싼 구간 또는 손절 라인에 가까운 구간이라면, 높은 수익을 취할 수 있는 좋은 매매 방식이 될 수도 있다. 하지만 대부분의 개미 투자자는 분위기에 휩쓸려 고점에서 근거 없는 몰빵 매수를 하며, 손절 기준도 없기 때문에 문제가 되는 것이다.

개미들의 몰빵 매수는 욕심과 조급함이 원인이다. 이 주식이 지금 당장 오를 것만 같고, 지금 최대한 많이 사야 큰돈을 번다고 생각하기 때문이다. 하지만 장기적으로 잃지 않는 투자를 반복하는 것이 훨씬 큰 수익을 안겨준다는 사실은 수학적·통계적으로도 이미 검증된 사실이다.

버는 족족 다시 베팅한다(현금 비중의 부재)

손실을 반복하는 투자자의 공통점은 상승장에서 운 좋게 수익을 경험했다는 것이다. 상승장에 뒤늦게 참여했음에도 매수할 때마다 수익이 나는 경험을 하면서 자신감이 하늘을 찌른다. 그래서 자본금은 물론이고 이미 벌어들인 수익금까지 매번 전부 시장에 투입한다.

시간이 지날수록 투자 규모가 점점 커지고 결국 대출금, 신용·미수 거래, 고레버리지 상품까지 동원해 자신의 전부를 베팅한다. 하지만 공교롭게도 그 지점은 상승장의 끝자락이며, 결국 지금까지 번 돈을 모두 날리고 빚만 남는 최악의 상황에 직면하게 된다.

현금 비중 없이 전 재산을 계속해서 베팅하는 투자의 결말은 대부분 파산이다(자금 관리 전략은 11장 참조). 이는 마치 개미귀신이 파놓은 모래 함정에 빠진 개미와도 같다. 빠져나오려고 몸부림칠수록 더 깊이 빠져들어 결국 잡아먹히고 만다.

근거 없이 장기 투자한다

종목 선택이나 보유 기간에 대한 기준 없이 무작정 3년, 5년 들고만 간다. 그 기업의 이익이 증가하는지, 밸류에이션은 싼지, 비싼지, 산업의 성장성은 있는지 등에는 관심이 없다. 종목토론방에 들어가 다른 투자자들의 의견을 보며 논쟁하는 것이 다인데, 문제는 그 투자자들 역시 개미라는 점이다.

매수한 주식은 호재가 있다고 떠들썩해 이미 많이 올라버린 바이오주, 지인이 좋다고 추천해준 동전주나 작전주, 언론에 이름이 자주 언급되는 익숙한 기업의 주식 등이다. 언제 어떤 가격에 팔아야 할지에 대한 기준 없이, 수익이 날 때까지 무작정 들고 간다. 손실이 나더라도 '주식은 장기 투자야'라며 자신을 위안하면서 그냥 들고만 있다. 운 나쁘게 시클리컬 주식을 최고점에 샀다면, 10년이 지나도 본전을 찾지 못하고 '역시 주식은 할 게 못 돼'라고 욕하며 손절 후 시장을 떠나게 될 수도 있다.

공부하길 싫어한다

공부해서 실력을 쌓아 투자하기를 귀찮아한다. 주식 투자, 부동산 투자 등 모든 투자는 공부와 축적된 경험이라는 실력에 의해 성과가 나타난다는 공통점이 있다. 하지만 직접 알아보고 공부하는 과정을 귀찮아하며, 쉽게 접할 수 있는 유튜브나 리딩방을 통해 그들이 말하는 대로 투자한다. 이미 경험한 사람이 많겠지만, 그 끝은 대개 좋지 않다.

공부를 전혀 하지 않은 초심자라도 운 좋게 상승장에 편승해 한두 번 수익을 낼 수는 있다. '초심자의 행운'이라도 말도 있듯이 말이다. 하지만 공부와 경험 축적 없이 운으로 만든 수익은 한계에 부딪히기 마련이며, 그런 투자를 반복한다면 반드시 손실로 끝나게 된다.

당신이 이 중 1가지 특성이라도 가지고 있다면, 이 책은 당신에게 책값을 훨씬 뛰어넘는 실질적인 가치를 제공할 것이다. 처음부터 끝까지, 한 장도 빠뜨리지 말고 차분히 읽어보길 바란다. 그 과정 자체가 당신의 투자 태도를 바꾸는 출발점이 될 것이다.

주식으로 돈 버는 사람들의 5가지 공통점

자신만의 기준과 무기가 있다

　주식으로 돈 버는 사람들에게는 자신만의 매수·매도 기준, 종목 선택 기준, 손절·익절 기준이 있다. 이런 기준은 투자 경력이 오래됐다고 해서 저절로 만들어지는 것이 아니다.

　체계적으로 학습해 나에게 맞는 지식과 무기를 쌓아가고, 실전 경험을 통해 지식을 체화하며, 그 과정을 통해 내가 가장 잘 사용할 수 있는 무기를 만들어야 한다.

　그런 기준과 무기를 바탕으로 투자할 때마다 이길 확률이 높은 투자, 수익 볼 땐 크게 벌고 손실 볼 땐 적게 잃는 형태의 투자를 반복할 때 자산이 복리로 불어난다. 내 기준과 무기가 있는 사람은 절대 시장에서 도태되거나 실패하지 않는다.

학습을 통해 성장한다

　주식 투자는 공부와 실력으로 성과가 갈리는 분야다. "투자하는 데 무슨 공부야? 무조건 실전이지"라는 말을 하는 사람을 종종 본다. 하지만 주식은 절대 실전만으로 되지 않는다. 필요한 지식과 주식의 원리, 나에게 맞는 기법과 매수·매도의 기술적 방법, 주가를 분석하고 싸게 사서 비싸게 파는 방법 등을 배우고 학습하는 과정을 거쳐 이를 실전에 적용할 때 비로소 지속적인 성과가 나타난다. 학습만으로도 되지 않고 실전만으로도 되지 않는다.

어릴 때부터 물가에서 놀며 자연스럽게 생존 수영을 익힌 사람들이 있다. 하지만 이 사람이 올림픽에 나가 금메달을 딸 수 있을까? 불가능하다. 가장 효율적으로 수영하는 방법과 이론, 지식, 숨 쉬는 방법과 발로 물을 차는 방법, 체력 분배 방법 등 이론을 공부하며 실전에 적용하는 과정을 병행해야 수준 높은 수영 실력을 갖추게 된다. 주식 투자도 마찬가지다. 공부 없이 성과를 낸 사람은 초심자의 행운을 거머쥔 것이며, 이는 절대 반복되지 않는다. 공부와 경험으로 뒷받침되는 실력만이 성과로 연결된다는 사실을 잊지 말자.

심리(조급함, 욕심)를 통제한다

지식과 실력과 자신만의 기준도 갖고 있지만, 이상하게 성과가 나지 않는 사람들이 있다. 이런 투자자들에게는 공통점이 있다. 자신의 심리를 통제하지 못해 결국 본능대로 투자하고, 기준과 원칙을 지키지 못해 손실이 발생하는 부류의 사람들이다.

실전에서 성과를 내는 사람들은 자신만의 기준이 있음은 물론, 욕심과 조급함을 통제할 줄 아는 사람들이다. 실패했을 때조차 조급함을 버리고 다시 시작할 수 있는 심법을 익힌 사람들이다. 아무리 실력이 좋아도 심리를 다스리지 못하면 절대 성과를 내지 못한다. 주식 투자에서 성과는 지식, 경험, 심리가 적절히 갖춰졌을 때부터 본격적으로 나타난다.

내 그릇에 맞게 투자한다

투자에서 그릇이란 내 실력과 경험, 내 수준에 맞는 투자 규모를 말한다. 아무것도 모르는 초보가 10억 원을 굴린다고 생각해보자. 과연 수익이 날까? 얼마 가지 않아 반 토막이 날 것이다.

내 수준에 맞는 투자 시드머니는 정해져 있다. 100만 원이 적절한 규모인 사람, 1,000만 원을 굴릴 때 가장 잘하는 사람, 1억 원을 굴려도 무리 없는 사람, 10억 원을 굴려도 성과를 낼 수 있는 사람 등 각자가 가진 그릇의 크기에 걸맞은 규모로 투자할 때 가장 효율 높은 성과를 낼 수 있다.

주식은 하루에도 수십 퍼센트가 오르내릴 수 있는 변동성 자산이다. 그런데 10만 원 손실에도 벌벌 떠는 사람이 10억 원을 굴릴 수 있을까? 만약 10% 손실이라면 손실액이 1억 원인데, 이런 상황에서도 정상적인 투자 판단을 할 수 있을까? 불가능하다.

각자가 가진 그릇의 크기는 정해져 있다. 공부와 투자 경험을 쌓으며 그릇의 크기를 점차 늘려가는 것이 주식 투자의 과정이다. 과욕을 버리고 내가 가진 그릇의 크기에 걸맞은 투자를 하고, 점차 그릇을 키워가고자 노력하는 것이 최선이다.

시장의 특성을 이해한다

주식 시장과 각각의 산업은 사이클을 지닌다. 상승장과 하락장, 호황기와 불황기를 거치는데, 이 사이클을 이해하고 주식 투자에 유리한

국면에서는 적극적으로 투자하고 불리한 구간에서는 쉬거나 보수적 투자를 해야 한다.

사이클은 몇 년 주기로 반복되는데, 시장의 이런 특성을 이해하는 사람은 굉장히 쉽게 수익을 내고 사이클의 바닥에서 우량 자산을 헐값에 사들이기도 한다.

아마존 밀림에서 조난을 당했을 때 지도나 나침반 없이도 살아남을 수 있는 사람은 누구일까? 적어도 눈앞의 장애물에만 매몰된 사람은 아닐 것이다. 주식 시장에서도 눈앞의 1~2% 상승과 하락에 일희일비하는 사람은 살아남기 어렵다. 몇 달, 몇 년 주기의 큰 사이클을 이해하고 흐름을 타는 사람만이 성과를 내고 살아남는다. 전략 없이 무작정 부딪치는 것이 아니라 큰 흐름에 몸을 싣고 사이클에 걸맞은 투자를 할 수 있는 안목 또한 공부와 학습에서 시작된다는 사실을 잊지 말자.

왜 투자에 나섰는지를 늘 기억하자

당신이 주식 투자를 하는 이유는 무엇인가? 바꿔 질문해보자. 가장 빨리 큰돈을 버는 방법은 무엇인가?

지금 시대에 평범한 직장인 또는 자영업자가 큰돈을 벌 수 있을까? 일반적인 한국인의 평균 급여 수준은 300~400만 원 정도다. 최소한의 비용만 빼고 이 수입을 평생 모으더라도 말년에 남는 건 대출 낀 집 한 채 정도일 것이다. 나의 전작인 《부의 알고리즘》에서 언급했듯, 큰돈을 버는 방법은 금수저를 제외하면 다음 3가지뿐이다.

- 고소득 직업
- 사업
- 투자

극소수의 연예인, 운동선수, 대기업 임원, 의사·변호사 등의 전문직 일부를 제외하면 대부분 평범한 수준의 돈을 번다. 고소득 직업을 가질 수 있는 사람은 극히 일부라는 얘기다. 사업은 어떨까? 성향상 사업을 시도조차 하지 못하는 사람부터 사업 실패로 오히려 큰돈을 잃는 사람, 시간과 노력의 기회비용을 잃는 사람 등이 대부분이다. 가능성 측면에서 보면 사업으로 큰돈을 버는 사람은 많지 않다.

그렇다면 남는 것은 투자다. 본업이 아니므로 누구나 시도할 수 있다. 내가 벌고 모은 돈으로 자산 인플레이션에 효율적으로 올라타기만 하면 시간의 흐름에 따라 자연스럽게 돈을 불릴 수 있다. 내가 투자한 노력과 시간에 따라 정당한 결과가 나오는 영역이기도 하다. 또 별 능력이 없는 지극히 평범한 사람이라도 투자를 통해 큰돈을 벌 가능성이 열려 있다. 가장 많은 사람이 하고 있고 일반화된, 쉬운 재테크다. 은퇴가 없으므로 나이가 들어서도 지속할 수 있다는 장점도 있다.

내가 주식 투자에 관심을 두고 조금씩 발을 들이던 시점인 대학교 시절 이야기다. 수업에서 배운 주식과 포트폴리오 이론보다 교수님께서 하신 말씀이 더 선명히 기억난다.

"투자론을 가르치는 나를 포함해 그 똑똑하다는 교수, 경제학자들 중에서 주식으로 돈 번 사람을 보지 못했다."

내게는 참 충격적이고 아이러니한 이야기였지만, 그날 이후 '주식 투자는 이론보다 인간의 심리와 인문·철학적 본질에 해답이 있지 않을까?'라는 생각을 하게 됐다. 물론 주식 투자에서 이론이 쓸모없다는 얘기는 절대 아니다. 단지 그 이론을 실제 시장에 녹이는 과정에서 심리·본능의 영향 없이 실천할 수 있느냐의 문제가 있을 뿐이다.

나는 실제 주식 투자로 깡통도 차고 큰 수익도 냈으며, 개인 투자자가 겪을 수 있는 실패와 성공을 모두 겪어봤다. 그 과정에서 성과를 내는 데 필요한 원리를 많은 사람에게 전달해 그들이 성과를 내는 데 일조하고자 하는 마음으로 책의 집필을 시작했다. 그간의 여정을 통해 나는 성공적인 주식 투자자가 되기 위해서는 무엇보다 심리와 본능을 어떻게 절제하고 다스릴 것인지가 핵심이라고 느꼈다. 이 책에서 심리·본능에 관한 이야기를 많이 다루는 것도 그 이유다.

주식 투자의 필요성에 대한 본질로 돌아가 보자. 우리는 하이 리스크-하이 리턴, 즉 높은 수익을 위해서는 높은 리스크를 짊어져야 한다는 사실을 알고 있다. 은행 예금은 리스크가 0에 가깝다. 그래서 금리가 낮다. 리스크가 낮으니 보상이 적은 것이다. 반면 주식 투자는 이론적으로 최악의 경우 투자금을 모두 날릴 위험이 있다. 그런데도 왜 위험을 감수하면서까지 주식 투자를 해야 할까? 나는 다음의 3가지로 답하고자 한다.

- 금수저나 고소득자가 아닌 사람도 주식 투자로 부를 이룰 수 있다.
- 리스크를 적절히 통제하면서 중수익 이상 올릴 방법이 존재한다.
- 주식 투자는 실력이 좌우하는 분야로, 학습을 통해 성과를 높일 수 있다.

리스크가 존재하는 투자이지만, 그 리스크를 통제하고 수익을 극대화할 방법이 존재한다는 얘기다. 내가 감수해야 할 리스크의 크기는 내 노력과 선택에 따라 0에 가까워질 수도 있고, 100까지 늘어날 수도 있다. 그 방법을 알고 적용할 수 있다면 분명 주식 투자로 성과를 낼 수 있다.

많은 투자자, 특히 증권회사 직원들조차 주식으로 쪽박을 찬 사례가 많다. 가장 큰 원인은 심리와 본능에 따라 투자하기 때문이다. 주식 시장은 투자자의 심리와 반대로 움직인다. 저점에서는 팔고 싶고 고점에서는 빚을 내서라도 사고 싶은 심리. 이 대중심리는 100년 전이나 지금은 물론이고, 100년 후에도 바뀌지 않는다. 주식 시장에서 많은 개인 투자자가 실패하는 현상도 반복될 것이다. 우리는 더 나은 삶을 위해 주식 투자를 한다. 하지만 당신이 노력과 공부 없이 투기적으로 시장에 접근한다면, 주식 투자를 하지 않았을 때의 평범한 삶마저 빼앗길 수

  시장을 꿰뚫는 주식 투자의 기술

있다.

인간은 본성적으로 주식 투자에서 성공하기 위한 조건에 상반되는 특성을 모두 갖고 있다. 욕심, 조급함, 손실 회피 심리, 다른 사람의 수익을 못 견디는 질투심, 노력 없이 쉽게 돈 벌고자 하는 게으름과 의존성, 내 선택과 판단만 믿고 다른 사람의 의견을 받아들이지 않으려는 확증편향, 내 실수를 인정하지 못하는 고집 등…. 주식 투자에 대한 이해 없이 이런 본능 그대로 시장에 뛰어든다면 반드시 대가를 치르게 될 것이다.

주식 투자는 운이 아니라 학습으로 다져진 실력이 성과를 만드는 분야다. 전문 도박사들이 돈 버는 방법이 주식 시장에도 일부 적용된다. 바로, 가능성 큰 곳에 큰돈을 베팅하고 가능성이 작은 곳에는 베팅하지 않는 것이다. 단, 그 가능성을 도박에서는 내가 높일 수 없지만 주식 투자에서는 공부와 노력, 경험, 자금 관리를 통해 내가 직접 높일 수 있다. 적절한 노력만 뒤따른다면 매우 높은 확률로 돈을 벌 수 있는 곳이 주식 시장이다.

당신이 주식 시장에서 어딘가 잘못된 방향으로 가고 있다면, 이 책을 통해 다잡을 수 있기를 바란다. 이 책에는 주식 투자로 성과를 내기 위해 필요한 투자의 원리와 실전 인사이트, 그리고 내가 야전에서 닳고 닳으며 시행착오를 거쳐 얻은 정수를 담고자 했다. 끝까지 반복해서 읽고 자신의 것으로 만든다면 반드시 큰 발전이 있을 것으로 확신한다.

자극적이고 트렌드에 편승해 잠깐 유행하고 사라지는 책이 아니라 주식 시장이 끝나는 날까지 교본으로 남을 수 있는 책을 쓰고자 했다. 이 책을 처음 읽으며 이해가 가지 않더라도, 두 번, 세 번 읽다 보면 반

드시 깨달아지는 무언가가 있을 것이다. 이렇게 첫 시작을 함께했으

니, 뚜벅뚜벅 황소걸음으로 마지막 장까지 함께하며 유종의 미를 거둘

수 있기를 바란다.

3장의 액션 플랜

- 과거의 내 투자 중 개미들의 투자 패턴에 해당하는 사례가 있다면, 그것이 무엇이고 어떤 점이 잘못됐는지를 노트에 구체적으로 정리해보자.

- 주식으로 돈을 버는 사람들의 공통점을 떠올리며, 앞으로 내가 반드시 갖춰야 할 나만의 투자 무기가 무엇인지 적어보자.

2부

# 부의 시나리오를 쓰는
'실전 투자 원리'

4장

매크로 매매 전략: 시장을 어떻게 볼 것인가

이번 장은 어려운 시장·경제 이야기보다 시장을 볼 때 주식 투자에 꼭 필요한 실전 노하우를 주로 다루려고 한다. 주식 시장에서 저점·고점을 잡는 것은 쉬운 일이 아니다. 하지만 주가 저점과 고점에서 반응하는 시장 환경이나 대중의 심리는 항상 반복된다. 주식 시장이 돌아가는 원리를 이해하지 못하면, 아무리 기법에 집중해도 수익을 내지 못한다. 주식 투자의 기본은 시장과 참여자들의 심리를 이해하는 것이기 때문이다.

주가는 사실이 아닌 기대로 움직인다

주식 시장은 사실이 아니라 기대로 움직인다. 다시 말해 언제나 미래를 먼저 반영하는 시장이다. 많은 경제학자의 이론이 실전과 어긋나고 초보 투자자들이 주식 시장에서 반복적으로 실패하는 이유는 선반영 개념을 제대로 이해하지 못해 경기의 현재 모습과 주가의 움직임을 동일시하기 때문이다.

선반영은 특정 종목이나 일부 지표에만 적용되는 개념이 아니다. 기업의 실적, CPI·GDP(Gross Domestic Product, 국내총생산)와 같은 대부분의 경제 지표 전반에 해당하는 시장의 기본 원리다. 주식 시장은 이미 예상된 숫자보다 그 이후의 변화 가능성에 더 민감하게 반응한다. 이 점을 이해하지 못하면 호황 속에서 비싸게 사고 불황 속에서 싸게 파는 실수를 반복하게 된다.

주가와 기업 이익의 관계를 통해 선반영의 구조를 구체적으로 살펴보자.

기업 이익이 상승하는 구간, 특히 정점에 이르기 전 가파른 이익 증가 구간에서 대중은 이익의 지속 증가를 예상하며 주가 상승에 베팅한

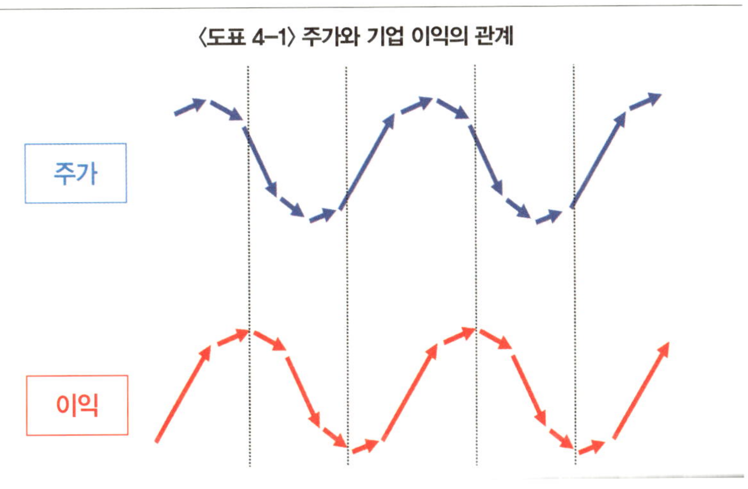

〈도표 4-1〉 주가와 기업 이익의 관계

다. 하지만 상승하던 시장은 기가 막히게도 실적의 피크를 알아차리고 선반영해서 하락하기 시작한다.

반대로 기업 이익이 가파르게 하락하여 이익의 턴어라운드를 앞둔 구간에 이르면 대중은 경기 침체와 실적 침체를 예상해 주식을 손절하고 하락에 베팅한다. 하지만 하락하던 시장은 이때도 이익 턴어라운드를 미리 알아차리고 선반영해서 상승하기 시작한다. 이런 선반영 메커니즘은 주식 투자에서 매우 중요한 개념 중 하나다.

경제 지표 또한 마찬가지다. 예를 들어 CPI(소비자물가지수)가 3%로 발표됐다고 하자. 그런데 컨센서스(예상치)가 3.1%였다면? 시장은 '예상보다 낮다'고 받아들여 호재로 반영한다. 반대로 2.8%를 예상했는데 3%로 발표됐다면? 절대 수치는 낮더라도 기대에 미치지 못했다는 이유로 시장은 악재라고 해석한다. 즉, 실제 수치의 절댓값보다 기대치에 얼마나 부합했느냐가 중요하다.

주식 시장은 경제 지표 자체보다 방향성에 집중한다. 따라서 향후 어느 방향으로 갈 것인가, 피크아웃인가, 턴어라운드인가, 예상치를 넘어선 서프라이즈인가, 예상에 못 미치는 쇼크인가 등에 집중해야 한다.

특히 기대의 바닥과 정점은 뉴스 기사가 가장 자극적일 때 나타난다. 뉴스는 대중심리를 가장 빠르게 반영하는 매체이기 때문이다. 주식 시장에서 가장 위험한 순간은 '뉴스가 제일 좋은 소식들을 전하는 시점'이다. 이때는 대중의 기대가 이미 주가에 반영돼 있으며, 스마트머니(고수들의 자금)가 조용히 빠져나가는 시점일 가능성이 크다.

반대로, 뉴스가 최악이고 언론이 비관론을 쏟아내는 시점은 기대가 바닥을 친 구간이다. 시장은 정보의 절댓값보다 그 정보가 '예상보다 좋은지, 나쁜지'에 반응한다. 그렇기에 투자자는 지표 발표 전후의 예상치와 시장 반응을 비교하며, 기대와 방향성이 어느 쪽으로 기울었는지를 먼저 파악해야 한다.

　시장의 움직임은 방법론이나 이성보다 대개 감정이 주도한다. 기술적인 분석도 중요하지만, 시장에 참여하고 있는 대중의 심리 상태와 매수·매도 중 어디에 치우치고 있는지 그 속내를 들여다보는 것이 무엇보다 중요하다.

> 강세장은 비관 속에서 태어나, 회의 속에서 성장하고,
> 낙관 속에서 성숙하며, 황홀 속에서 죽는다.
>
> — 존 템플턴

공포와 탐욕: 심리의 극단이 주는 매수·매도 신호들

모든 시장 참여자가 느끼는 공포와 환희를 통해 저점과 고점을 공략할 수 있는 신호에 대해 알아보자. 투자 심리의 극단을 수치로 보여주는 4가지 핵심 지표, 즉 VIX, 풋콜 레이쇼(Put/Call Ratio), 하이일드 스프레드(High Yield Spread, HY Spread), 공포·탐욕지수(Fear & Greed Index)를 통해 시장의 저점과 고점을 판단하는 기준을 설명하고자 한다. 각 지표를 실전 매매에 적용하며, 이를 바탕으로 자신만의 판단 기준을 만들어 활용하길 바란다.

VIX: 변동성의 언어

VIX는 S&P500 옵션 시장의 향후 30일간 변동성 기대치를 수치화한 지표로, '옵션 참여자들이 시장이 앞으로 얼마나 크게 흔들릴 것이라고 예상하는가'를 보여주는 변동성 지표다. 시카고옵션거래소(CBOE)가 산출하며, 흔히 변동성지수 또는 공포지수라고 불린다.

쉽게 말하면, 시장의 불확실성이 커질수록 옵션 가격이 상승하고 그 결과 VIX 수치도 상승한다. 반대로 시장이 안정적인 국면에서는 옵션에 대한 보험(헤지) 수요가 줄어들며 VIX는 낮은 수준을 유지한다.

〈도표 4-2〉는 VIX의 수준에 따라 나타나는 시장 국면과 그에 따른 S&P500의 하락률을 나타낸 그래프다[VIX는 CBOE(Chicago Board Options Exchange, 시카고 옵션 거래소), FRED(Federal Reserve Economic Data, 연준 경제 데이터) 등을 통해 확인할 수 있다].

※ 상단 그림의 노란색 박스 부분은 VIX가 35~40 이상으로 치솟은 국면
※ VIX 출처: FRED, CBOE

그래프에서 확인할 수 있듯이, VIX가 급등하는 구간은 대체로 미국 증시의 조정 국면이다. 특히 VIX가 35~40 수준(상단 그림 표시 부분)에 근접하거나 이를 넘어서는 시점에 미국 증시는 평균적으로 약 10% 수준에서 크게는 30% 내외의 하락으로 이어지는 국면임을 알 수 있다.

VIX의 수준별로 시장이 어떤 위치에 있는지, 그때 투자자들의 심리는 어떻게 형성되는지, 그리고 실전 투자에서는 어떤 전략으로 대응해야 하는지 살펴보자.

구간	해석	실전 전략
10~15	극단적 낙관	과열 신호, 레버리지 축소
15~25	정상 범주	중립
25~35	불안 심리	분할 매수 시작 가능
35~40 이상	극단적 공포	최저점권 가능성

〈도표 4-3〉에서 볼 수 있듯이, VIX의 수준에 따라 투자 전략을 세울 수 있다. 하지만 VIX가 낮은 국면인 시장의 낙관·안정권에서 매도하는 전략보다는 VIX가 치솟는 고변동성·공포 구간에서 매수하는 전략의 신뢰도가 더 높다.

VIX 기반 투자에서 중요한 점은 다음과 같다.

- 단기 급락형 조정일수록 VIX는 높게 상승한다.
  - 〈도표 4-2〉에서 확인할 수 있는 예: ① 코로나19 팬데믹(VIX 82.7), ⑦ 관세 충격 하락(VIX 52.3)
  - VIX가 단기간에 급등할수록 이후 주가 반등도 빠르다.
- 큰 조정이라도 점진적 하락일 때는 VIX가 크게 오르지 않을 수 있다.
  - 〈도표 4-2〉에서 확인할 수 있는 예: ⑤ 금리 인상기(VIX 36.5)
  - 이런 경우 VIX만으로는 정확한 매수 타이밍을 포착하기 어렵다.
- VIX 35~40 이상에서 분할 매수 시 기대 수익률이 매우 높다.
  - 단, 이때 VIX가 어디까지 올라갈지, 그리고 주가가 어디까지 하락할지는 정확히 예측하기 어렵다. 따라서 이 구간에서는 VIX와 함께 시장 상황별 주가 하락폭과 그 외 지표들을 참고해 분할 매수 전략을 세우는 것이 좋다.

풋콜 레이쇼: 옵션 시장이 보여주는 바닥 신호

풋콜 레이쇼는 풋옵션 거래 대금을 콜옵션 거래 대금으로 나눈 비율로, 투자자들이 하락에 베팅하고 있는지(풋옵션), 상승에 베팅하고 있는지(콜옵션)를 보여주는 대표적인 투자 심리 지표다. 풋콜 레이쇼 값이 높아질수록 하락 베팅이 늘어나며 시장에 공포 심리가 강해졌음을 의미하고, 이 값이 작아질수록 상승에 베팅하는 낙관 심리가 강해졌음을 의미한다(풋콜 레이쇼는 CBOE, 각 증권사 등을 통해 확인할 수 있다).

VIX와 마찬가지로 풋콜 레이쇼 또한 낙관 국면에서의 매도 신호보다 공포 국면에서의 매수 신호가 상대적으로 신뢰도가 높다. 즉, 이 지표는 고점을 맞히기보다는 바닥을 가늠하는 데 더 효과적으로 활용할 수 있다.

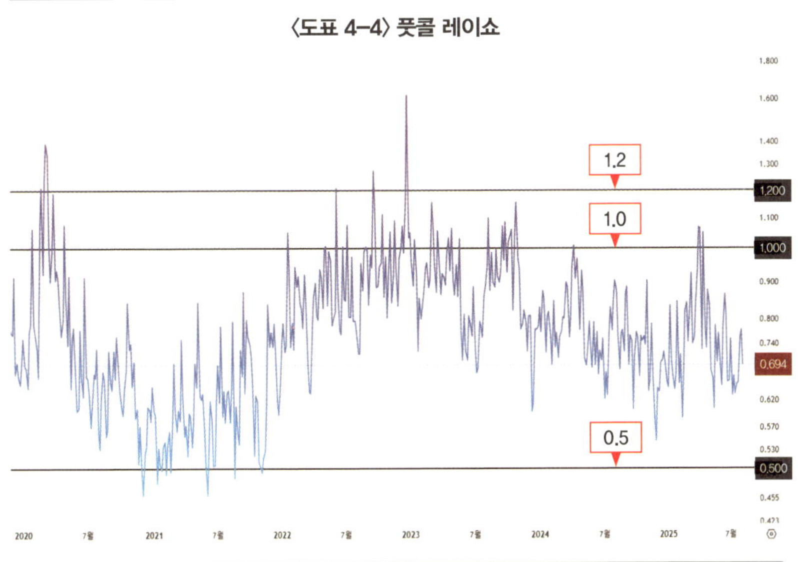

〈도표 4-4〉 풋콜 레이쇼

※ 출처: 트레이딩뷰(TradingView)

〈도표 4-5〉 풋콜 레이쇼 수준에 따른 시장 국면 해석

구간	해석	실전 전략
0.5 이하	극단적 낙관	고점 경계
0.5~1.0	중립	-
1.0 이상	공포	저점 가능성
1.2 이상	극단적 패닉	최저점권 가능성

풋콜 레이쇼 기반 투자에서 중요한 점은 다음과 같다.

- 1.2 이상에서는 과매도를 염두에 두되, 타 지표와 연계해 신뢰도를 높인다.

- VIX와 마찬가지로, 점진적인 하락장에서는 급격히 치솟지 않을 수 있다.

- 풋콜 레이쇼는 매도보다 매수 전략에서 효율성이 높다. 0.5 부근 또는 그 이하에서는 고점권에 대한 경계를 하되, 타 지표와 함께 분석해 매도 전략을 세우는 것이 좋다.

하이일드 스프레드: 위기의 신호

하이일드 스프레드는 투기등급 채권(정크본드, 저신용 기업 발행)의 금리와 무위험자산인 미 국채 금리 간의 차이를 의미한다. 이는 투자자들이 부도 위험이 높은 기업의 채권을 보유하기 위해 요구하는 위험 프리미엄의 크기를 보여주는 지표다.

시장에 위기가 발생하면 부실기업의 현금흐름과 상환 능력에 대한 우려가 빠르게 확대된다. 이로 인해 투기등급 채권은 더 높은 금리를 제시해야만 자금을 조달할 수 있고, 동시에 투자 수요도 급감한다. 그

결과 미 국채 대비 투기등급 채권의 금리 차이, 즉 하이일드 스프레드
는 단기간에 크게 확대된다.

반대로 경기 여건이 양호한 시기에는 부실기업의 부도 가능성이 낮
아지고 투자자들의 위험 선호 성향이 강화된다. 이에 따라 투기등급
채권 수요가 증가하고 조달 금리가 하락하면서 하이일드 스프레드는
점차 축소되는 경향을 보인다.

- 하이일드 스프레드 하락(축소): 위험 선호(risk on) 구간

    → 위험자산으로 자금 유입
- 하이일드 스프레드 상승(확대): 위험 회피(risk off) 구간

    → 안전자산으로 자금 이동

시장이 흔들리거나 위기 국면에 접어들면 자금이 위험자산에서 안
전자산으로 이동하면서 부도 위험에 가장 민감한 저신용 채권이 제일
먼저 타격을 받는다. 이로 인해 해당 채권의 금리는 빠르게 상승하고,
하이일드 스프레드는 확대되며 이는 시장 내부의 위험 신호를 포착할
수 있는 지표로 작용한다.

하이일드 스프레드가 급등하는 국면은 위기 신호로, 시장에서 리스
크 관리를 강화해야 할 시점에 대한 힌트를 제공한다. 반대로 하이일
드 스프레드가 안정적으로 낮아지는 구간은 기업 부도 우려가 완화되
고 투자 심리가 개선되는 국면으로, 경기가 양호하고 주가 상승 가능
성이 큰 구간으로 해석할 수 있다.

하이일드 스프레드는 채권 시장에서의 실제 자금흐름을 직접적으

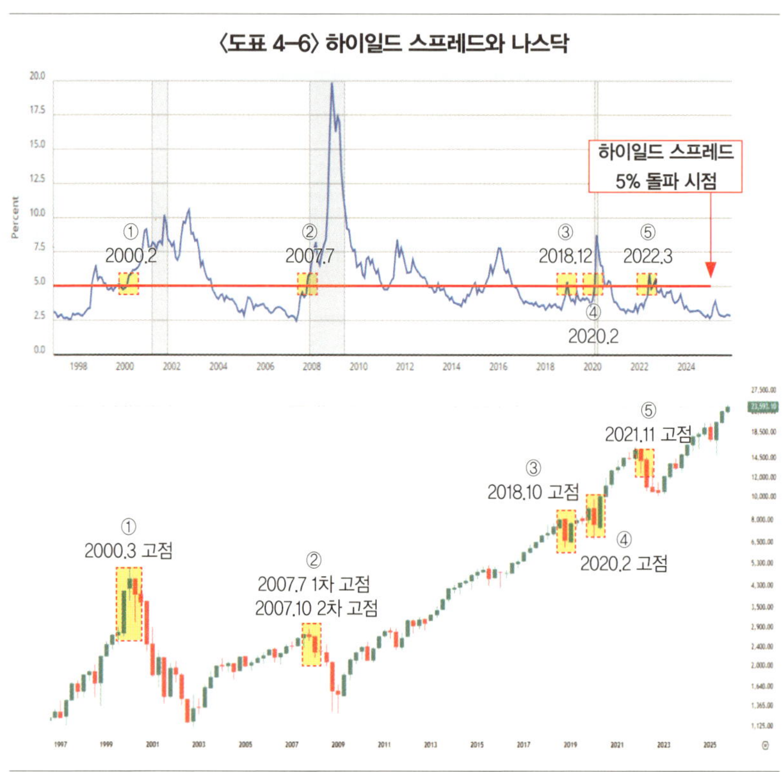

※ 빨간 가로 선은 하이일드 스프레드 5% 구간
※ 하이일드 스프레드 출처: FRED

〈도표 4-7〉 하이일드 스프레드에 따른 시장 국면 해석

구간	해석	실전 전략
5% 이상	5% 돌파 시 위기의 전조	고점권 가능성, 매도 전략

로 반영한다는 점에서 다른 심리 지표들보다 위기 신호로서 한층 더 근본적인 의미를 가진다.

〈도표 4-6〉은 하이일드 스프레드가 5%를 돌파하며 상승하는 국면과 같은 시기의 S&P500 지수를 비교한 그래프다(하이일드 스프레드는 FRED 등을 통해 확인할 수 있다).

그래프를 통해 알 수 있듯, 하이일드 스프레드에서 중요한 구간은 5% 위로 스프레드가 치고 올라가는 구간이다. 이는 증시의 조정이 시작될 수 있는 국면으로, 하이일드 스프레드가 위기 지표인 만큼 증시의 고점 타이밍을 잡아내는 데 사용하면 좋다. 실제 하이일드 스프레드가 5%를 돌파하는 구간은 증시의 고점일 가능성이 컸다.

이와 같이 하이일드 스프레드는 증시 바닥보다는 고점을 잡아내는 신호로 신뢰도가 높다.

하이일드 스프레드 기반 투자에서 중요한 점은 다음과 같다.

- 스프레드가 5% 구간을 넘어서는 상승 구간에서는 증시 고점권을 경계해야 한다. 닷컴 버블, 금융위기, 코로나19 팬데믹, 경기 침체 등 대부분의 큰 조정은 하이일드 스프레드가 5% 구간을 돌파하며 시작됐다.
- 증시 바닥권에서는 상황에 따른 오차 범위가 넓다. 바닥권 매수 지표로는 하이일드 스프레드보다 VIX나 풋콜 레이쇼 등을 사용하면 좋다.

공포·탐욕지수: 투자 심리의 종합점수

CNN(Cable News Network)이 산출하는 이 지수는 시장과 투자자의 심리 상태를 0부터 100까지의 점수로 수치화해 보여준다. 수치가 0에 가까울수록 극단적인 공포 국면을 의미하며, 100에 가까울수록 극단적인 탐욕 국면에 해당한다.

공포·탐욕지수 또한 VIX와 마찬가지로, 탐욕 구간의 매도보다 공포 구간의 매수 전략이 상대적으로 더 높은 신뢰도를 가진다. 〈도표

〈도표 4-8〉 공포 · 탐욕지수

※ 출처: CNN

〈도표 4-9〉 공포 · 탐욕지수 수준에 따른 시장 국면 해석

구간	해석	실전 전략
0~25	극단적 공포	분할 매수 접근
25~45	공포	–
45~55	중립	–
55~75	탐욕	–
75~100	극단적 탐욕	단기 고점 발생 가능성 상승

4-10〉과 같이 대부분의 증시 저점은 극단적 공포 구간에서 나왔다는 점을 기억할 필요가 있다.

반면 버블 장세에서는 극단적 탐욕 구간이 상당 기간 지속되며 상승 랠리가 이어지는 경우가 많기 때문에 탐욕 지표만으로 고점을 단정 짓는 데는 한계가 있다.

공포·탐욕지수 기반 투자에서 중요한 점은 다음과 같다.

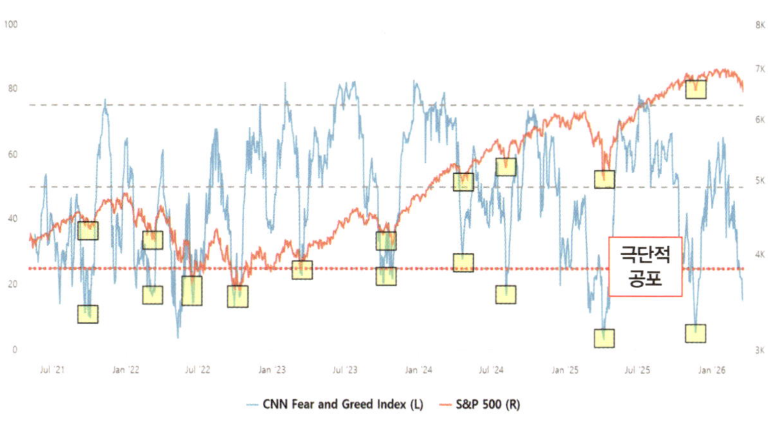

- 높은 비중의 매수 전략은 극단적 공포 구간에서 사용하는 것이 좋다.

- 특히 극단적 공포 구간 1~15에서 분할 매수 시, 기대 수익률이 매우 높다.

- 극단적 탐욕 구간에서는 무조건적인 매도보다 다른 지표들을 함께 참고해 분할 매도 전략을 세우는 것이 좋다.

  – 공포 · 탐욕지수가 80 이상으로 올라갈 경우, 몇 주 내 단기 조정 확률 증가

  – 상승장에서는 탐욕 또는 극단적 탐욕 구간에서도 주가가 추가적인 랠리를 이어가는 경우가 많다는 점도 함께 고려

지표들을 통합한 매매 전략

세 지표가 동시에 극단에 위치할 때, 시장은 반전할 가능성이 커진다.

저점 매수 신호

<도표 4-11> 3가지 지표를 통합한 시장 국면 해석

지표	구간	신호
VIX	30 이상	과매도, 공포 구간
공포 · 탐욕지수	20 이하	
풋콜 레이쇼	1.0 이상	

• **<도표 4-11>의 조건 중 3가지 모두 충족될 경우**

  - 단기적 최저점권 가능성이 있으며, 2~6주 내에 강하게 반등할 확률이 높다.

  - 1개월 뒤 평균 수익률은 매우 높은 편에 속한다.

• **<도표 4-11>의 조건 중 2가지가 충족되고, 주가 하락세가 둔화되는 경우**

  - 시장 상황에 따라 최저점은 아닐 수 있으나, 분할 진입 후 추가 매수 여력을 남김으로써 추가 하락에 대비할 수 있다.

  - 1개월 뒤 평균 수익률은 비교적 높은 편이다.

고점 매도 신호

<도표 4-12>의 조건들이 많이 충족될수록 시장은 단기 과열, 고점 가능성이 있다. 다만 강한 상승장에서는 단기 조정이 빠르게 마무리되거나 큰 가격 조정 없이 기간 조정 이후 재상승 랠리로 이어지는 경우도 적지 않다.

 시장을 꿰뚫는 주식 투자의 기술

〈도표 4-12〉 4가지 지표를 통합한 시장 국면 해석

지표	구간	신호
VIX	15 이하	과매수, 낙관 구간
풋콜 레이쇼	0.5 이하	
하이일드 스프레드	5% 돌파 시	
공포 · 탐욕지수	80 이상	

따라서 이 구간을 무조건적인 전량 매도 구간으로 해석하기보다는 수급 변화나 밸류에이션 부담, 기술적 과열 지표 등 다른 고점 판단 요소들을 결합해 신뢰도를 높이는 접근이 필요하다. 실전에서는 상승 추세가 지속될 가능성까지 고려해 전량 매도보다는 고점 분할 매도 전략으로 대응하는 것이 바람직하다.

주가가 상승하는 금리 인하의 조건

매크로 지표 중에서 주식 시장에 가장 큰 영향을 주는 요인을 하나만 꼽으라면 바로 '금리'다. 주가는 기본적으로 금리와 반대로 움직이는 경향이 있다. 이를 공식으로 표현하면 다음과 같다.

$$주가 = \frac{실적}{금리}$$

주가는 기본적으로 실적의 함수이기 때문에 분자인 실적 상승을 따라가는 기본적 성향을 띠며 '그 버는 돈을 얼마나 할인해서 보느냐', 즉 분모인 금리에도 영향을 받는다. 금리가 내려가면 주가가 상승하고, 금리가 올라가면 주가가 하락한다. 특히 미래 실적을 현재로 할인해 당겨오는 성장주는 그 경향이 더욱 강해진다. 즉, 주가는 이익과 할인율의 싸움인 것이다.

하지만 이는 일반적인 경향성에 대한 설명이며, 실제 시장에서는 금리 인하가 항상 주가 상승으로 이어지지는 않는다. 핵심은 '금리를 왜 내리는지', 즉 그 목적에 있다. 주가 메커니즘의 핵심 요소인 금리가 주가에 미치는 영향과 금리 인하 목적에 따라 달라지는 주가의 반응을 알아보자.

금리 인하는 PER의 확장을 가져온다

PER은 기업이 순이익의 몇 배로 평가받고 있느냐를 나타낸다. 각

지수나 종목, 산업별로 적정 PER의 범위(적정 가치)가 존재한다. 주가는 이 적정 가치를 오버슈팅하거나 언더슈팅하면서 상승과 하락을 반복한다.

그렇다면 주가가 급등하는 PER의 확장(오버슈팅) 구간은 언제 올까? 바로, 금리 인하 구간이다. 이 시기에는 실적이 더 이상 빠르게 증가하지 않더라도 PER의 확장(오버슈팅)으로 주가가 상승한다. 1가지 예를 들어보겠다.

닷컴 버블이 붕괴하기 직전인 1999년, 당시 대장주는 퀄컴이었다. 퀄컴은 '무선통신용 칩 시대의 개막'이라는 강력한 성장 서사를 등에 업고 1999년 한 해 동안에만 약 3,000%에 달하는 폭발적인 상승을 기록했다(그러나 닷컴 버블이 붕괴하며 고점 대비 88% 하락했다).

〈도표 4-13〉 닷컴 버블 당시 퀄컴 주가

흥미로운 점은 당시 실제 무선통신용 칩 수요가 급증하지도 않았고, 퀄컴의 핵심 수익원인 CDMA 특허 역시 본격적인 수익화 이전 단계에 있었다는 사실이다. 실제로 퀄컴의 실적은 급등한 주가를 전혀 따라가지 못했다. 즉, 이 상승 랠리는 실적 개선에 기반한 것이 아니라 미래에 대한 기대감과 PER의 급격한 확장으로 만들어진 움직임이었다는 뜻이다.

당시 퀄컴의 PER은 200배 이상까지 오버슈팅했다. 이는 닷컴 버블 당시 실적 대비 주가가 과도하게 상승했음을 의미한다. 참고로 현재 퀄컴의 PER은 13배 수준에 불과하다. 이것만 보더라도 닷컴 버블 당시의 주가 상승이 PER(멀티플) 확장의 산물이었음을 분명히 알 수 있다.

이처럼 금리 인하 국면에서는 기업의 실적이 즉각적으로 개선되지 않더라도 PER의 오버슈팅을 통해 주가가 먼저 크게 상승하는 현상이 나타날 수 있다. 이는 금리 인하 자체보다 금리 인하로 조성된 유동성과 위험 선호 심리가 시장에 반영되는 과정에서 발생하는 현상이다.

물론 퀄컴의 주가가 급등했던 닷컴 버블 후반부에는 이미 금리 인상이 시작된 시기였다. 그러나 '유선통신의 다음 단계는 무선통신'이라는 강력한 서사가 시장을 지배하면서, PER 오버슈팅은 버블이 붕괴하기 직전까지 지속됐다. 즉, 금리의 방향 전환만으로 이미 형성된 기대와 과열된 밸류에이션이 즉시 꺼지지는 않았던 것이다.

PER 오버슈팅은 금리 인하가 진행 중일 때보다 금리 인하로 조성된 유동성과 기대가 시차를 두고 과잉 반영되는 국면에서 더욱 극단적으로 나타나기도 한다. 닷컴 버블 당시 퀄컴의 사례는 이 구조를 가장 명확하게 보여주는 대표적인 예라고 할 수 있다.

단, 금리를 인하한다고 해서 모든 종목의 PER이 확장돼 오버슈팅으로 연결되는 것은 아니다. 성장 서사가 없거나 경기 침체로 실적이 감소하는 국면에서는 PER 확장이 나타나지 않는다. 2008년 글로벌 금융위기 국면이 대표적인 사례다. 당시 연준은 공격적으로 금리를 인하했지만, '주가 = 실적 ÷ 금리'라는 구조에서 분모인 금리 하락 속도보다 분자인 실적 감소 속도가 훨씬 빨랐다. 그 결과 멀티플 확장은 작동하지 못했고, 주가는 오히려 큰 폭의 하락을 피하지 못했다.

금리 인하 시기에 PER 오버슈팅을 불러오는 조건을 정리하면 다음과 같다.

- **성장 서사 존재**
  - 산업·기술·정책 등 시장이 몰입할 수 있는 확실한 '스토리'
  - 예: 인터넷(1999년), 모바일(2009년 이후), AI·전기차(2020년 이후) 등

- **금리 인하기**(저금리) **진입**
  - 할인율 하락 → 미래 현금흐름의 현재가치 증가
  - 유동성 증가 → 자산 시장에 자금 유입 확대, 대중 참여 폭발

- **보험성 금리 인하**
  - 경기 침체에 대한 사후 대응이 아닌, 경기 둔화를 사전에 막기 위한 선제적 금리 인하

이상의 3가지 조건이 동시에 맞물리는 상승장의 후반부에서 주가는

'실적 기반 상승'에서 'PER 오버슈팅 기반 상승'으로 전환된다. 이 과정에서는 주가 상승 속도가 실적 증가 속도를 앞서며, 시장은 점차 버블 영역으로 진입하게 된다. 이런 버블 랠리는 후반으로 갈수록 실적과 주가의 괴리를 키우며, 이 시기에는 실적과 더불어 금리·유동성 신호가 주가를 크게 움직인다.

주가 상승의 조건

앞에서 금리와 주가의 관계를 통해 금리 인하가 주가에 긍정적 요소임을 확인했다. 그렇다면 금리 인하가 무조건 주가 상승을 불러올까?

금리가 내려가면 실적에 대한 할인율이 낮아지고 유동성이 증가한다. 기본적으로 증시에 우호적인 환경이 조성되는 것이다. 하지만 모든 경우에 주가가 상승하는 것은 아니다. 이미 경기 침체가 왔고 이를 해결하기 위해 어쩔 수 없이 금리를 내리는 경우라면 주가는 하락한다. 주가는 금리 인하 자체보다 그 원인인 경기 침체에 더 큰 영향을 받기 때문이다. 따라서 '금리 인하 = 주가 상승'이라는 단순한 메커니즘보다 금리 인하의 목적을 먼저 살펴봐야 한다.

금리 인하는 목적에 따라 2가지로 나눌 수 있다. '침체성 금리 인하(recession cut)'와 '보험성 금리 인하(insurance cut)'다.

침체성 금리 인하

이미 경기 침체가 발생했거나 진행 중인 상황에서 경기 악화를 막기 위해 시행하는 금리 인하다. 금리 인하의 목적 자체가 경기 침체라는 부정적 환경의 후속 대응책이라는 점에서 주식 시장에 좋지 않은 신호로 작용한다.

이때 금리 인하는 문제 해결을 위한 수단일 뿐이며, 경기 침체라는 근본 원인은 여전히 경제 전반을 짓누르고 있다. 투자자들은 경기 침체의 장기화 가능성, 기업 실적 악화, 고용 악화 등을 우려하며 주식을 팔고 안전자산으로 이동하는 경향이 생긴다. 따라서 금리 인하에도 불구하고 주가는 하락하는 경향이 나타난다.

실제 사례를 보자면, 2007~2008년 글로벌 금융위기 당시 미 연준은 주택 시장 붕괴로 인한 경기 침체가 확실시되자 기준금리를 신속히 인하했다. 하지만 금융사 부실, 경제 불황 지속에 주가는 급락했다. 즉, 금리 인하가 이미 악화된 경기 상황을 반영한 사후 대응이었기 때문에 주가 반등을 이끌지 못했다.

보험성 금리 인하

아직 명확한 경기 침체 신호가 나타나지 않은 시점에 경기 둔화 우려나 불확실성이 커질 때 선제적으로 시행하는 금리 인하다. 일종의 보험적 성격으로, 경기 침체를 예방하고 경제에 활력을 불어넣기 위해 시행하기 때문에 주식 시장에 긍정적 신호로 작용한다.

이때 금리 인하는 경기 침체를 사전에 방지하려는 신호로 해석된다. 중앙은행의 적극적인 대응 의지와 향후 경기 둔화 충격 완화 기대감으로 투자 심리가 개선되며, 금리 인하에 따른 유동성 증가와 할인율 하락 효과까지 더해져 주가가 상승하는 경향이 나타난다.

실제 사례를 보자면, 2019년 미 연준은 경기 둔화 조짐과 무역분쟁

등의 불확실성을 고려해 세 차례에 걸쳐 기준금리를 인하했다. 이 시기의 금리 인하는 불확실성에 선제적으로 대응하는 보험성 인하로 받아들여졌고, 주식 시장은 긍정적으로 반응하며 상승세를 이어갔다.

또 다른 구체적 사례를 보자. 〈도표 4-14〉는 2000년 이후 본격 금리 인하가 이뤄진 시기 주가의 흐름이다.

과거 2000년 닷컴 버블 붕괴와 2008년 글로벌 금융위기 시점의 금리 인하는 이미 발생한 버블 붕괴와 경기 침체에 대응하는 조치였기 때문에 금리 인하에도 불구하고 주가는 하락했다. '금리를 인하해야

〈도표 4-14〉 금리 인하 성격별 주가 흐름

시기	금리 인하 성격	배경	주가 흐름
① 닷컴 버블	침체성	닷컴 버블 붕괴	주가 하락
② 글로벌 금융위기	침체성	서브프라임 부실 확산, 신용경색	주가 하락
③ 미·중 무역분쟁	보험성	무역분쟁, 경기 둔화 가능성	주가 급등 (코로나19 팬데믹까지 저금리 유지)
④ 경기 둔화 우려	보험성	경기 둔화 가능성	주가 상승(진행 중)

할 정도로 상황이 좋지 않구나'라는 신호로 받아들여진 것이다.

　반대로 보험성 금리 인하는 시장에 '경기 둔화에도 대응하고 유동성도 풀리는구나'라는 긍정적 신호로 작용한다. 2019년에 일어난 금리 인하는 경기 둔화 가능성에 대한 선제적 조치로 주가는 상승 랠리를 펼쳤다. 그리고 2024년 9월부터 시작된 금리 인하 또한 보험적 성격의 금리 인하로, 금리 인하 이후 강한 주가 상승을 이끌었다.

4장의 액션 플랜

- 현재 내 보유 종목 중 하나를 선택해 주가의 선반영 관점에서 실적이나 모멘텀의 기대감이 얼마나 반영됐는지, 그리고 현재 주가가 어떤 위치에 있는지 노트에 정리해보자.

- VIX, 풋콜 레이쇼, 하이일드 스프레드, 공포·탐욕지수의 현재 수치를 점검하고, 이를 바탕으로 지금 시장이 어느 국면에 있는지 적어보자.

- 현재 시장 환경이 금리 인상기인지 아니면 금리 인하기인지를 구분하고, 금리 인하기라면 그것이 보험성 인하인지, 침체성 인하인지 판단해보자. 그리고 이를 토대로 향후 주가 흐름에 대한 자신의 시나리오를 정리해보자.

5장
가치 투자 매매 전략: 기업을 어떻게 볼 것인가

　주식의 본질은 기업에 있으며, 따라서 주식 종목을 사기 전에 기업을 보는 것은 주식 투자의 본질이다. 특히 중장기 투자에서 기업의 모멘텀이나 가치, 사업 분야를 이해하지 못하고 하는 투자는 절대 큰 성과를 내지 못한다.

　이번 장에서는 주식 투자의 가장 기본적 수익 원리인 '싸게 사서 비싸게 파는 것'에 집중해 언제가 싸고 언제가 비싼지에 대한 기준을 제시할 것이다. 그리고 주식 투자 관점에서 기업을 어떻게 바라볼 것인지, 가치 투자 측면에서 어떤 방식으로 사고팔 것인지에 대한 해답을 찾아보고자 한다.

기업의 적정 가치

주식 종목과 주가지수에는 각각의 적정 가치가 존재한다. 이 개념이 성립하는 이유는 주식 시장이 궁극적으로 기업의 실적과 수익 창출 능력에 연동돼 움직이기 때문이다. 비트코인과 비교해보면 차이가 분명해진다. 비트코인은 실적이라는 개념이 존재하지 않기 때문에 전통적인 의미에서의 적정 가치를 산정하기 어렵다. 물론 채굴 원가나 네트워크 가치 지표 등을 통해 가치를 추론하려는 시도는 있지만, 기업 실적을 기반으로 평가하는 주식 시장의 적정 가치와는 본질적으로 다르다.

기업은 시장에서 자유경쟁을 통해 인수·합병이 이뤄지며, 그 가격은 해당 기업의 수익 창출 능력과 보유 자산을 기준으로 책정된다. 즉, 기업을 통째로 인수하는 데도 '적정한 가격'과 '가치'라는 개념이 분명히 존재한다는 것이다.

이는 주식 시장에서도 통용된다. 투자자는 주식을 매수하는 순간 기업의 지분을 사는 것이다. 즉, 해당 기업의 주주로서 그 기업과 동업한다는 개념이며, 그 기업을 산다는 개념이기도 하다. 현실 세계에서 우리는 어떤 물건을 살 때 그 물건이 싼지, 비싼지 알아보고 조금이라도 더 싸게 사기 위해 노력한다. 그러나 유독 주식 시장에서는 이런 기본적인 판단이 쉽게 무너진다. 주가가 오를수록 오히려 더 사고 싶어지고, 주가가 내려갈수록 불안에 휩싸여 팔고 싶어진다. 이 본능과 심리에 휘둘린 결과가 바로 비쌀 때 사고, 쌀 때 파는 반복적인 투자 실패다.

이런 오류를 피하기 위해 반드시 필요한 것이 바로 가치 평가, 즉 밸류에이션이다.

이 질문에 대한 기준이 없다면 폭등과 폭락 속에서 욕망과 공포에 휘둘릴 수밖에 없고, 그 결말은 대부분 손실로 이어진다. 개인 투자자에게 밸류에이션은 가장 현실적이면서도 강력한 판단 기준이 되어준다.

물론 기업의 가치 평가는 단순한 숫자 계산에 그치지 않는다. 핵심은 미래 현금흐름이 실제로 실현될 수 있는지, 그리고 그 성장성이 얼마나 지속 가능한지를 통찰하는 것이다.

PER과 PBR 같은 지표는 가치 평가의 출발점일 뿐이며, 여기에 더해 기업이 앞으로 만들어낼 성장 서사와 그 서사가 실적으로 연결될 가능성을 함께 해석해야 한다.

'이 기업이 왜 지금보다 더 비싸질 수밖에 없는가?'를 논리적으로 설명할 수 있을 때, 비로소 가치 평가는 완성된다. 이제 기업의 실적을 기준으로 한 PER, 자본력을 기준으로 한 PBR을 통해 밸류에이션을 시작해보자.

PER과 PBR

실전에서 가장 빠르고 쉽게 기업의 가치를 평가할 수 있는 지표를 꼽자면 바로 PER, PBR이다. 먼저 PER은 이익 관련 지표이고, PBR은 자본(순자산) 관련 지표라는 차이가 있다. 다음과 같은 상황을 가정해보자.

대표 김주식은 ㈜상승바게트라는 기업을 자본금(순자산) 10억 원을 투자해 만들었다. 이 기업은 매년 1억 원의 순이익을 내고 있으며 주식 시장에 상장한 후, 시가총액 20억 원으로 평가받고 있다.

PER

PER 구하는 방법과 실전에서의 의미

PER을 구하는 공식은 다음과 같다.

$$PER = \frac{시가총액}{순이익}$$

PER은 기업이 순이익의 몇 배로 평가받고 있는지를 나타낸다. 연 1억 원의 순이익을 내는데 시가총액이 20억 원이니 상승바게트의 PER은 20배다. 기준을 1주로 바꾸면, 주가가 주당순이익(EPS)의 몇 배로 평가받는지를 나타낸다.

실전에서 PER은 다음과 같은 의미를 지닌다.

 시장을 꿰뚫는 주식 투자의 기술

- PER은 이익과 주가의 관계를 나타내며, 이익 성장으로 평가받는 기술력 중심 기업, 플랫폼 기업 등에 특히 적합한 지표다.

- PER은 그 기업을 인수했을 때, 현재의 이익을 기준으로 투자금을 회수하는 데 걸리는 시간을 의미한다(상승바게트의 경우 20년).

- 매출과 이익 성장성이 높은 산업·기업일수록 높은 PER을 부여받는다. 업종에 따라 다르지만, 코스피의 적정 PER은 약 10배 수준으로 인식된다. 이 개념으로 볼 때 상승바게트의 PER이 시장에서 20배로 평가받고 있다는 것은 이 기업이 향후 10년 동안 현재 기준 20년 치의 이익을 만들어낼 수 있을 만큼 성장성을 인정받는다고 해석할 수 있다(고성장 기업).

- 매출 구조가 단순해 이익의 예측 가능성이 클수록 시장은 더 높은 PER을 부여하는 경향이 있다. 반대로 이익 변동성이 크거나 매출 구조가 복잡해 실적 예측이 어려운 기업은 낮은 PER로 평가받기 쉽다.

- 시클리컬 산업·기업의 경우, 산업 사이클에 따라 실적이 크게 변동하는 특성 때문에 상대적으로 낮은 PER을 부여받는 경향이 있다.

- 일반적으로 PER이 낮으면 저평가, PER이 높으면 고평가로 인식되지만, 모든 경우에 적용되는 절대 기준은 아니다.

- 기업의 성장성을 고려해 PER이 몇 배까지 시장에서 인정받게 될지 투자자 스스로 판단해 목표 주가에 반영할 수 있다.

- 같은 기업이라도 시기와 시장 환경에 따라 부여받는 PER이 달라진다.

- 금융·시장 환경, 기업의 영업 환경, 산업 사이클, 금리·환율, 성장성의 변화 등에 따라 PER은 지속적으로 변하는 상대적 지표라는 점을 반드시 이해해야 한다.

PER 실전 적용 시 주의할 점

• 과거 실적이 미래를 보장하지는 않는다

저PER 종목은 무조건 싸고, 고PER 종목은 무조건 비싸다는 생각은 대표적인 오류다. 특히 시클리컬 산업에서는 PER 해석에 더욱 주의가 필요하다. 주식 시장은 실적을 선반영하는 특성이 있기 때문에 실적이 고점을 찍을 무렵에는 주가가 먼저 하락하며 PER이 낮아지고, 반대로 실적이 바닥에 있을 때는 주가가 먼저 반등해 PER이 높아지는 시차가 자주 발생한다.

즉, 이익이 이미 피크아웃 국면에 들어섰다면 주가는 그 이전에 이미 하락으로 방향을 틀었을 가능성이 크며, 이 시점의 저PER은 오히려 매수 함정이 될 수 있다. 주가는 언제나 과거가 아닌 미래를 바라본다는 점을 반드시 기억해야 한다.

• 저PER 종목이 무조건 저평가는 아니다

저PER 기업이라 샀는데 PER이 계속 낮아지고 주가도 계속 하락하는 경우가 있다. 저PER은 투자 판단을 위한 하나의 지표일 뿐이다. 기업의 본질적 문제, 저성장, 업종 자체의 구조적 문제, 재무·경영 리스크 등이 있다면 PER과 주가가 계속해서 낮아질 수 있다. 낮은 PER이 해당 기업의 미래 실적 하락을 선반영 중일 수도 있다는 뜻이다. 따라서 PER이 낮다고 무조건 매수하기보다 '왜 이 기업의 PER은 낮은가?', '기업의 경쟁력이나 성장성이 훼손된 것은 아닌가?'라는 질문을 던지고, 의심하며 분석하는 습관이 필요하다.

• 이익의 질을 따져라

재무제표를 깊이 보지 않은 채 일회성 이익이나 비경상이익, 회계적 착시까지 포함해 산출한 PER은 투자 판단을 왜곡할 수 있다. 부동산 매각, 유가 급등, 환율 특수 등의 이유로 일회성 이익이 발생했을 때 PER이 일시적으로 하락할 수 있는데(일시적 저PER), 이때는 실적이 지속될 수 있는지를 봐야 한다.

지금 실적이 일회성은 아닌지, 실적 지속성은 있는지, 향후 이익이 급격히 감소할 가능성은 없는지, 과거 PER의 추이는 어땠는지 등 이익의 질과 전반적인 흐름을 확인할 필요가 있다. PER만 보지 말고 기업의 성장성과 경쟁력, 본질, 실적의 추세를 꼼꼼히 살펴야 한다.

또한 PER 비교는 동일 업종 내에서, 그리고 시가총액과 사업 구조가 유사한 기업끼리 했을 때 가장 유효하며 성격이 전혀 다른 산업 간 PER 비교는 투자 판단에 큰 도움이 되지 않는다.

PBR

⌄

PBR 구하는 방법과 실전에서의 의미

PBR을 구하는 공식은 다음과 같다.

$$PBR = \frac{\text{시가총액}}{\text{순자산}}$$

PBR은 주가가 순자산(자산에서 부채를 제한 값)의 몇 배로 평가받고 있는지를 나타낸다. 상승바게트의 사례에서 순자산이 10억 원이고 시가총액이 20억 원이니 PBR은 2배가 된다. 이를 1주 기준으로 보면, 주가가 주당순자산(Bookvalue Per Share, BPS)의 몇 배로 평가받는지를 나타낸다.

실전에서 PBR은 다음과 같은 의미를 지닌다.

- PBR은 순자산과 주가의 관계를 나타내며, 제조업·장치 산업 등 대규모 설비 투자가 필요한 전통 산업에 상대적으로 적합한 지표다.
- PBR이 1배 미만이면 주가가 청산 가치보다 싸고, 1배 초과면 청산 가치보다 비싸다고 볼 수 있다.
- PBR은 순자산 기반 지표여서 이익이 반영되지 않기 때문에 기업의 미래 성장성이 직접적으로 반영되지는 않는다(간접적으로 일부 반영되는 경우는 있음).
- 자산이 적고 기술력, 창의성, 브랜드, 인적자원이 핵심인 4차 산업, 플랫폼, 서비스 업종에는 적용하는 데 한계가 있다.
- 시클리컬 산업(반도체, 조선, 자동차 등)에서는 주가가 실적을 선반영해 PER의 왜곡이 자주 발생하기 때문에 PBR을 적용하는 것이 더 적합할 수 있다.
- 일반적으로 PBR이 낮으면 저평가, PBR이 높으면 고평가로 인식되지만 모든 경우에 절대적으로 적용되는 기준은 아니다.

PBR 실전 적용 시 주의할 점

• PBR은 성장성 부족을 잡아내지 못한다

PBR은 순자산과 주가의 관계를 보여주는 지표로 이익이 직접 반영되지 않는다. 따라서 지속적으로 낮은 PBR을 유지하면서도 실제 이익

　　　　　　　시장을 꿰뚫는 주식 투자의 기술

창출 능력이나 성장성이 부족한 기업이라면 단순 저평가로 해석해서는 안 된다. 특히 적자가 반복되는 기업이라면 자본이 계속 감소하면서 주가와 PBR이 함께 낮아질 수 있다. 이 상황을 저평가로 오해하고 매수할 경우 회복하기 어려운 장기 부진에 빠질 가능성도 있다. 따라서 PBR을 볼 때는 ROE(Return On Equity, 자기자본이익률. 기업이 자기자본으로 얼마나 효율적으로 이익을 내는지를 나타낸다)와 향후 이익의 개선 가능성을 반드시 함께 살펴봐야 한다.

• 질 낮은 자산 주의

PBR은 낮은데 빛 좋은 개살구인 경우도 많다. 장부가치는 높지만 부풀려진 재고, 회수가 어려운 매출채권, 과대 계상된 자산 등 매각이 어렵거나 질 나쁜 자산으로 구성됐다면 저PBR 기업일지라도 주의해야 한다.

PBR을 해석할 때 중요한 것은 단순히 PBR의 높고 낮음이 아니라 자산의 질과 현금화 가능성이다. 자산의 현금화가 어렵거나 회수 가능성이 작다면 아무리 PBR이 낮더라도 저평가로 보기 어렵다. 질 나쁜 자산, 비유동 자산이 많거나 회계상 자산이 과대 계상된 기업은 경계하자.

• 구조적으로 낮은 PBR 주의

조선, 건설, (생명)보험 등 일부 업종은 구조적으로 ROE가 낮은 특성을 가진다. 이들 업종은 대규모 자산을 보유하고 있음에도 수익성이 낮거나 현금 유입이 느리고 변동성이 크며, 보수적인 운용 구조를 가진 경우가 많다. 그래서 시장이 높은 PER을 부여하지 않고, PBR 여시 구조적으로 낮아지는 경향이 나타난다. ROE, PBR, PER 간에 다음과 같은 관계가 있기 때문이다.

$$ROE = 순이익 \div 순자산$$

$$PBR = ROE \times PER$$

따라서 단순히 저PBR이라는 이유만으로 매수하기보다는 해당 산업의 수익 구조, 업종 평균 PBR 수준, 동일 업종 및 시가총액이 유사한 기업과의 비교 등을 통해 상대적으로 판단하는 것이 좋다.

PER, 멀티플의 특성

실제 기술 트렌드를 주도하며 주식 시장의 상승 랠리를 이끄는 성장주·기술주에 대해 알아보자. 시장에서 가장 강한 상승률을 기록하며 신고가를 경신하는 종목들의 공통점은 저PER·저PBR이 아니라 고성장을 바탕으로 한 매우 높은 밸류에이션(고PER)이다. 이 지점에서 오버슈팅 개념을 다시 한번 짚고 넘어갈 필요가 있다.

성장주 투자에서는 특히 미래가 중요하다

정상적인 영업활동을 지속하는 기업의 내재가치는 장기적으로 우상향한다. 시간이 지날수록 실적이 증가하고, 그에 따라 기업 내부에 이익이 누적되기 때문이다. 주가는 이 내재가치를 따라 장기적으로 우상향하지만, 그 과정에서는 끊임없이 출렁임이 발생한다. 어떤 시기에는 내재가치보다 낮은 가격에 거래되는 언더슈팅이 나타나고, 또 어떤 시기에는 내재가치를 크게 넘어서는 오버슈팅이 나타난다. 이를 반복하는 것이 주식 시장의 본질이다.

우리가 원하는 폭발적인 주가 상승은 대부분 오버슈팅 구간에서 발생한다. 문제는 이 구간이 단순 가치 투자의 기준으로는 접근하기 어려운 고PER 영역에서 형성된다는 점이다.

대표적인 사례가 테슬라다. 테슬라는 2019년 6월부터 2021년 11월까지 약 3,400% 상승했고, 이 과정에서 2020년 말 PER은 약 940배, 2021년 말에는 약 188배에 달했다. 또 다른 사례인 팔란티어

〈도표 5-1〉 내재가치 vs 출렁이는 주가

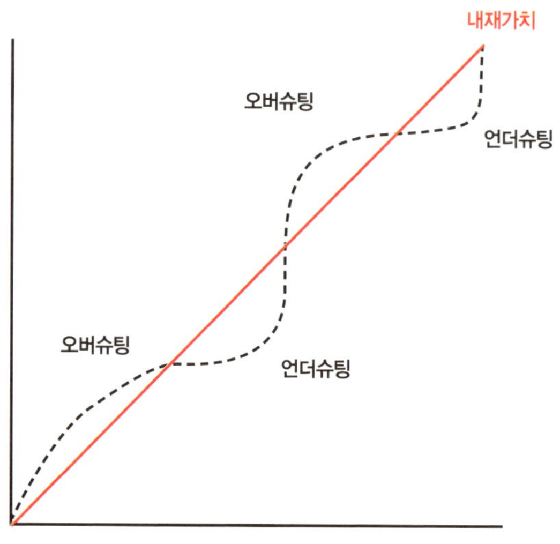

는 2023년 1월부터 2025년 8월까지 약 3,100% 상승했으며, 이 기간에 PER은 100배를 훌쩍 넘었다.

저PER만을 기준으로 투자하는 가치 투자자의 시각으로는 이런 성장주를 매수하는 것 자체가 애초에 불가능하다. 설령 운 좋게 매수했다고 하더라도 고점까지 보유하기 어렵다.

여기서 얻을 수 있는 핵심 인사이트는 분명하다. 중요한 것은 현재의 PER이 아니라 미래에 시장이 부여할 수 있는 PER의 수준이며, 단순히 PER·PBR만으로 판단해서는 이런 성장주 흐름에 올라타기 어렵다는 점이다.

주가와 연계하여 PER을 구하는 공식은 다음과 같다.

$$PER = \frac{주가}{이익}$$

이를 주가에 대한 공식으로 바꾸면 다음과 같다.

주가 = 이익 × PER

이 공식이 의미하는 바는 명확하다. 미래의 주가는 기업이 벌어들이는 이익과 시장이 몇 배의 멀티플(PER)을 부여하느냐에 따라 결정된다는 것이다. 물론 미래에 해당 기업이 정확히 몇 배의 PER을 부여받을지는 누구도 단정할 수 없다. 특히 상승 국면에서는 대중의 투기적 매수가 가세하면서 PER이 비정상적으로 확대되는 오버슈팅이 자주 발생한다.

이런 특성을 고려하면 다음과 같이 접근할 수 있다. 과거 상승 국면에서 해당 기업이 최대 어느 수준의 멀티플(PER)을 부여받았는지 확인하고 당시와 현재의 기업 환경, 실적 모멘텀, 성장 속도와 구조를 비교하면 향후 시장이 이 기업에 부여할 멀티플을 내 기준에 따라 대략 설정할 수 있다.

예를 들어 1년 뒤 이 기업이 벌어들일 순이익을 추정할 수 있고, 오버슈팅 가능성을 고려해 멀티플을 50배로 가정했다면, 완벽하지는 않더라도 1년 후 목표 주가에 대한 합리적인 기준점을 세울 수 있다. 이를 정리하면 다음과 같다.

시가총액(주가) = 순이익 × PER(멀티플)

즉, 이익이 증가하거나 멀티플이 확장되면 주가는 상승한다. 여기서 멀티플은 단순한 숫자가 아니라 성장성, 성장 속도, 시장 기대치를 반영하는 개념이다. 결국 우리는 주가가 현재의 이익이 아니라 미래에 벌어들일 이익, 그리고 그 미래를 시장이 어떻게 평가하느냐에 따라 움직인다는 사실에 집중해야 한다. 이 관점이 바로 성장주 투자에서 가장 중요한 출발점이다.

높은 멀티플을 부여받아 높은 주가 상승을 만들어내는 기업의 특징은 다음과 같다.

- 타 기업 또는 소비자가 돈을 쓰게 하는 기업: 가성비 높은 효용을 제공하는 제품·서비스 제공
- 이익 성장의 속도가 빠르고 이익 확장성이 높은 기업
- 이익 증가에 유리한 환경인 기업: 금리, 환율, 유가, 정책 환경 등 외부 여건 변화가 이익 확대에 우호적으로 작용하는 경우
- 창업기 또는 성장기의 기업: 기업의 라이프 사이클(도입기 → 성장기 → 성숙기 → 쇠퇴기) 중 초기 급성장 국면에 해당
- 무형 자산의 가치가 높은 기업: 첨단 기술, 인적자원, 특허, 브랜드 가치 등

이런 기업들은 경제적 해자(경쟁우위)를 가지며, 이는 높은 영업이익률과 지속적인 멀티플 프리미엄으로 나타난다. 다만 주의할 점이 있는데, 멀티플이 높다는 것은 가격 측면으로는 오버슈팅, 고평가 구간일 수 있다는 것이다. 실적 없이 기대감이나 스토리만으로 상승한 멀티플은 결국 현실과 괴리가 드러나며 버블이 꺼진다. 즉, 멀티플을 끌어올린 원인이 무엇인지가 중요하다.

극단적인 예를 비교해보겠다. 2025년 12월 말 기준 테슬라의 PER은 약 210배, 코카콜라는 약 21배 수준이다. 같은 주식 시장에서 거래되는 종목임에도 시장이 부여한 멀티플은 약 10배 차이를 보인다. 이처럼 큰 차이가 발생하는 이유는 두 기업이 성장성, 매출 확대 가능성, 그리고 기업 라이프 사이클상 위치에서 전혀 다른 국면에 있기 때문이다. 주식 시장에서는 이익 확장 가능성이 크고 성장성이 뛰어난 PER 30배 기업이, 이익이 정체되거나 쇠퇴 국면에 접어든 PER 5배 기업보다 더 나은 투자 대상이 되는 경우가 많다. 따라서 가치 분석을 기반으로 투자하더라도 성장성과 이익의 확장성은 반드시 함께 고려해야 한다. 이 점을 간과하면 싼 주식이 아니라 싸 보이는 주식에 갇혀버릴 수 있다.

주가 급등과 멀티플의 관계

아마존: 온라인 시장 개척

아마존은 1990년대 후반부터 2000년대 초반까지 이어진 닷컴 버블의 대표 주자다. 인터넷 통신 인프라 확장과 온라인 시장 성장에 대한 기대감을 바탕으로, 1997년 상장 이후 1999년 말까지 약 43배에 달하는 주가 상승을 기록했다. 이 시기의 아마존은 실적이 거의 없었음에도 PER이 수백 배에 달했으며, '온라인 상거래의 미래'라는 스토리가 멀티플을 극단적으로 끌어올렸다.

그러나 닷컴 버블이 붕괴하면서 주가는 급락했고, 과도한 멀티플은 한 번에 무너졌다. 시간이 흘러 온라인 시장이 실제 폭발적으로 성장하고 대중화되자, 아마존은 실적을 기반으로 다시 성장 국면에 진입했

〈도표 5-2〉 아마존의 주가 추이(1997~2024)

다. 이 시점부터는 '실적 성장 → 멀티플 재확장 → 주가 상승'이라는 보다 건강한 구조 속에서 장기 상승을 이어갔다.

테슬라: 전기차 혁신

테슬라는 전기차 혁신과 급격한 대중화에 대한 기대감으로 주가와 멀티플이 동시에 급등한 사례다. 본격적인 전기차 시대가 도래하기 전 시장은 '전기차 패러다임 전환'이라는 스토리에 먼저 반응했고, 그 결과 실적보다 멀티플이 선행하는 흐름이 나타났다.

이 과정은 '스토리 → 기대감 → 멀티플 급등 → 실적 성장'의 전형적인 구조를 따른다. 이후 실적이 급증하고 흑자 전환이 이뤄지는 시점에서 본격적인 시세 분출이 나타났으며, 멀티플이 수백 배 수준까지 확대되며 주가 고점을 형성했다. 새로운 기술 패러다임이 대중화되는

과정에서 나타나는 주가 모멘텀을 잘 보여주는 대표적 사례다.

씨젠: 코로나19 진단키트

코로나19 팬데믹 기간에 진단키트 수요가 폭발적으로 증가하면서 씨젠은 영업이익이 수천 퍼센트 급증했고 주가는 약 15배 상승했다. 실적이 워낙 빠르게 증가했기 때문에 주가가 급등했음에도 PER은 10배 이하에 머물렀다. 일부 투자자들은 이를 저평가로 해석하며 매수에 나섰다.

그러나 핵심은 이익의 지속성이었다. 씨젠의 실적 증가는 기업의 구조적 성장에 따른 것이 아니라 코로나19 팬데믹이라는 외부 요인에 의해 일시적으로 발생한 것이었다. 팬데믹이라는 실적 발생 모멘텀이 사라지자 실적과 주가는 함께 급락했다. 이는 일시적(특히 외부 환경에 의한) 실적 급증으로 나타난 저PER을 저평가로 착각해서는 안 되는 이유

〈도표 5-4〉 씨젠의 주가 추이(2019~2025)

를 명확히 보여준다. 중요한 것은 실적의 지속성이기 때문이다.

멀티플 급등으로 주가가 상승했을 때는 이 성장이 지속될 수 있을 것인가에 집중해야 한다. 특히 씨젠의 사례와 같이 외부 환경에 의한 일시적 실적 증가는 주의해야 하며, 성장의 지속성이 불확실할 때는 멀티플 급등 구간에서 반드시 분할 매도로 접근해야 한다.

또한 개념적으로 고PER은 고평가·오버슈팅 구간을 의미하기도 한다. 이익의 성장 속도가 둔화되거나 꺾이는 순간 주가는 멀티플 축소와 함께 급격한 하락을 겪을 수 있다는 점을 항상 염두에 두어야 한다.

주식, 언제가 쌀까

주식이 쌀 때는 언제인지 알아보기 전에 미 증시와 국내 증시의 차이를 살펴보자. '성장 산업 주도의 미 증시'와 '시클리컬 산업 주도의 국내 증시'는 주가 흐름 자체부터 다르다. 이익이 지속해서 우상향하는 미 증시는 주가 또한 우상향하지만, 사이클에 따라 이익의 오르내림을 반복하는 국내 증시는 이익이 축적됨에 따라 주기적 퀀텀점프를 통해 계단식 상승을 한다.

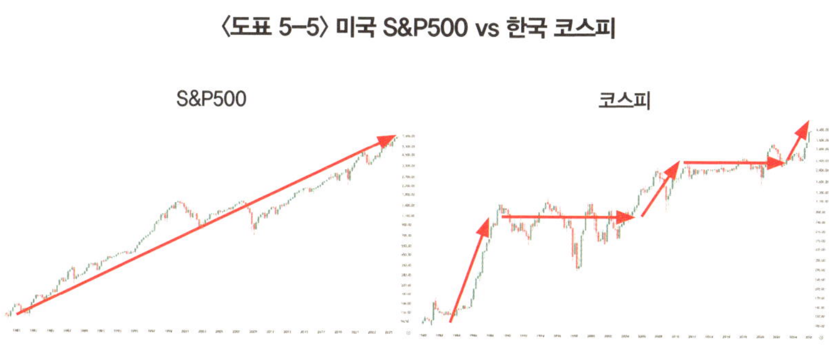

〈도표 5-5〉 미국 S&P500 vs 한국 코스피

그렇다면 실전에서, 언제가 싼 구간이고 매수할 수 있는 자리일까? 지수를 기준으로 미 증시와 국내 증시로 나누어 살펴보자.

미국 증시

미국 증시의 시가총액 상위를 살펴보면 엔비디아, 구글, 애플, 마이크로소프트 등 성장주·기술주가 다수 포진해 있다. 이들 기업은 실적이 지속적으로 증가하며, 벌어들인 이익이 점차 기업 내부에 누적되는

구조를 가진다는 공통점이 있다. 따라서 미국 증시에서는 실적 기반 지표인 PER을 중심으로 판단하는 접근이 보다 적합하다.

미국 기업들의 높은 성장성은 회계장부상 자산 가치에도 높은 기대를 반영하며, 이것이 고PBR이라는 형태로 나타난다. 여기에 더해 미국의 주요 기업들은 주기적으로 자사주 매입 및 소각을 진행한다. 이는 PBR 산출 공식(PBR = 주가/자본)에서 분모인 자본을 감소시키는 효과를 가져온다. 그래서 기업 가치가 동일하더라도 PBR이 구조적으로 높아지는 왜곡 현상이 발생하게 된다.

이처럼 미국 증시는 성장주 위주의 종목 구성이라는 특성뿐만 아니라 자사주 매입·소각으로 인한 PBR 왜곡 요인이 함께 작용한다. 따라서 미국 증시를 분석할 때는 PBR보다 PER을 중심으로 보는 것이 보다 합리적이다.

〈도표 5-6〉은 S&P500의 장기 선행 PER 차트다(선행 PER: 향후 12개월 실적 예상치를 기준으로 산출).

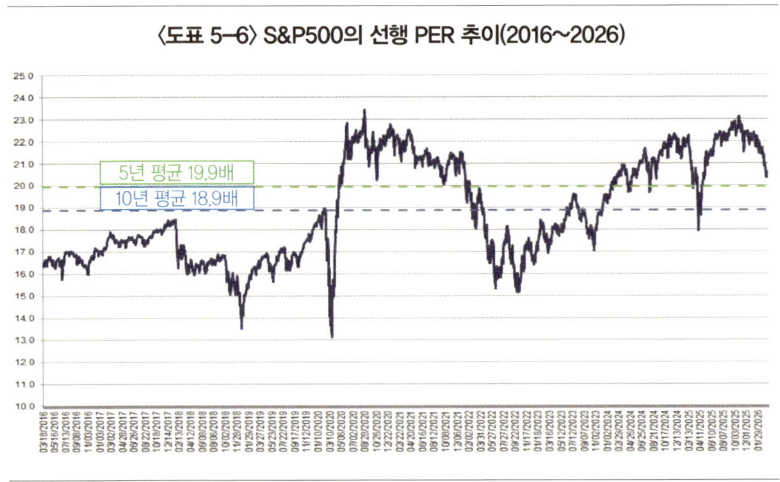

   시장을 꿰뚫는 주식 투자의 기술

그래프에서 확인할 수 있듯, PER이 역사적 평균 수준에 닿는 구간은 많지 않다. 5년 평균 19.9배, 10년 평균 18.9배 수준으로 볼 때 해당 PER 수준에 주가가 닿는 경우는 몇 년에 한 번 정도에 불과하다.

PER과 투자 기간의 관계

실제 PER을 기준으로 투자했을 때, PER과 투자 기간별 수익률의 상관관계를 보면 단기보다는 중장기 관점에 적합하다는 사실을 알 수 있다.

〈도표 5-7〉 투자 기간에 따른 PER과 S&P500의 수익률 상관계수

투자 기간	3개월	6개월	12개월	36개월	60개월	120개월
수익률 상관계수	0.12	0.17	0.25	0.43	0.55	0.91

※ 상관계수는 두 지표가 함께 움직이는 강도를 나타낸다. 값이 −1에 가까울수록 반대로, 1에 가까울수록 같은 방향으로 움직이며, 0에 가까울수록 관계가 약하다는 뜻이다.

〈도표 5-7〉에서 보듯, 투자 기간이 3년 이상일 때부터 상관계수가 0.43으로 뚜렷하게 높아지며, 10년 투자 시에는 상관계수가 0.91까지 올라간다. 이는 PER이 단기보다 중장기 수익률과의 관계에서 더 의미 있는 지표로 작용한다는 점을 시사한다. 따라서 특히 하락장의 막바지에서 중장기 흐름을 바라보고 지수의 저PER을 근거로 분할 매수를 하는 것은 매우 효율적인 투자 전략이 될 수 있다.

반대로 단기 투자에서는 PER의 영향력이 제한적이다. 즉, 고PER이라는 이유만으로 단기적으로 반드시 하락한다고 판단하기엔 무리가 있다는 뜻이다. 같은 맥락에서 고PER 구간은 3년 이상 장기 투자에서

는 리스크 요인이 될 수 있지만, 단기 투자나 트레이딩에서는 결정적인 판단 기준이 되지는 못한다(운 나쁘게 최고점에서 매수한 것만 아니라면). 따라서 단기 투자 관점에서 '지금 PER이 높으니 당장 매도해야 한다'라는 판단은 신뢰도가 높지 않다.

미국 증시의 평균 PER

그렇다면 어느 정도 수준을 평균 PER로 볼 수 있을까? S&P500의 장기 평균 PER은 다음과 같다.

- 5년 평균 19.9배
- 10년 평균 18.9배
- 15년 평균 16.4배
- 20년 평균 15.8배

최근에는 4차 산업혁명과 기술주 중심의 성장 구조로 재편되면서 평균 PER이 점진적으로 상향되고 있다. 따라서 단순히 과거 평균만을 절대적 기준으로 삼기보다는 PER 구간별 전략을 설정하는 접근법이 필요하다.

PER 22~23배를 훌쩍 뛰어넘는 국면은 보통 상승 랠리의 후반부, 오버슈팅 구간에서 나타난다. 다만 고PER 구간이더라도 성장주가 주도하는 시장일 때는 이익의 성장 추세가 유지되는 동안 PER은 확장되는 경향이 있다. 실제로 2000년 닷컴 버블 당시에도 기업 이익이 점진

〈도표 5-8〉 PER 구간별 해석과 실전 전략

밴드 구간	해석	실전 전략
15배 이하	시장이 실적보다 공포에 반응, 저평가 구간으로 저가 매수 가능	분할 매수 최적 구간 (예: 2018년 무역분쟁, 2020년 코로나19 급락장, 2022년 긴축 조정장 등)
16~18배	평균 수준, 중립 국면	–
19~21배	기대 반영 국면	–
22~23배 이상	과열이 나타나는 구간	공격적 비중은 축소, 분할 매도 가능 구간

적으로 증가하는 국면에서 S&P500의 PER은 30배를 훌쩍 넘기며 오버슈팅했다. 상승장의 특성상 이런 오버슈팅 구간은 완전히 배제하기보다 일부 비중으로 참여하는 전략이 유효할 수 있다. 다만 이익 성장률의 추세가 둔화되거나 꺾이는 신호가 보인다면 지체 없이 비중을 축소하거나 이탈하는 대응이 필요하다.

물론 PER은 본질적으로 중장기 투자에 적합한 분석 지표다. 단기 투자나 트레이딩에서는 PER보다 단기 모멘텀, 수급 변화, 차트 흐름이 주가에 더 큰 영향을 미칠 수 있다는 점도 함께 기억해야 한다.

2000년대 이후 발생한 굵직굵직한 이벤트 시기에 S&P500의 PER이 어떤 수준을 보였는지 정리하면 다음과 같다.

- 2008년 금융위기 저점: PER 9.5배 → 이후 상승장 전개

- 2020년 코로나19 저점: PER 13배 → 이후 상승장 전개

- 2021년 코로나19 고점: PER 22~23배 → 이후 조정장 진입

- 2022년 긴축, 침체장 저점: PER 14~15배 → 이후 상승장 전환

PER의 오버슈팅은 실적보다 기대감과 환희가 과도하게 반영된 과잉 상승 구간을 의미한다. 일반적으로 PER이 15배 이하일 때는 비관적인 뉴스와 절망적 전망이 시장을 뒤덮고, PER이 22배 이상일 때는 장밋빛 전망과 낙관론이 지배한다. 투자자는 이와 같은 PER 저점과 고점을 대중의 심리와 연계해 매수·매도의 판단 기준으로 삼아야 한다. PER은 방향을 맞히는 도구가 아니라 위험이 커지는 구간과 기회가 열리는 구간을 구분해주는 도구라는 점을 잊지 말아야 한다.

코스피

코스피의 시가총액 상위 종목들을 살펴보면 삼성전자, SK하이닉스, 현대차 등 시클리컬 산업에 속하는 종목들이 상당수 포진돼 있다. 시클리컬 산업은 주가의 실적 선반영 특성 때문에 PER 왜곡 현상이 나타날 수 있다. 〈도표 5-9〉에 정리했듯이 이익의 최고점에서는 이익 피

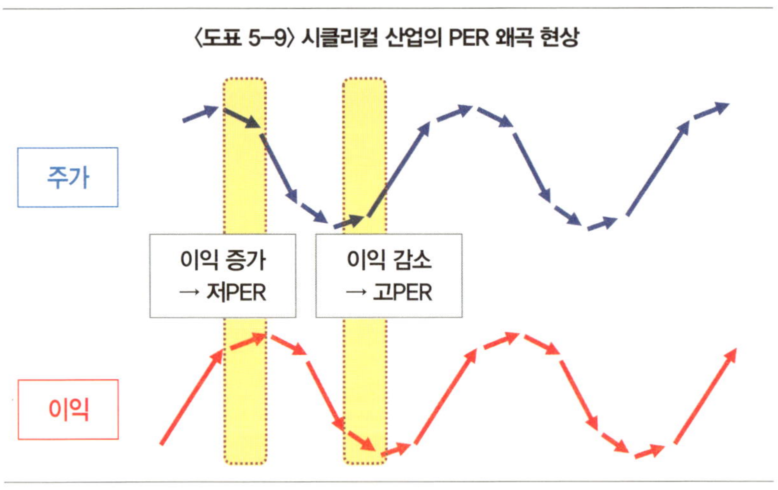

〈도표 5-9〉 시클리컬 산업의 PER 왜곡 현상

 시장을 꿰뚫는 주식 투자의 기술

크아웃을 예상해 주가가 먼저 하락하고, 이익의 바닥권에서는 이익 턴어라운드를 예상해 주가가 먼저 반등한다.

이에 따라 실적 피크 구간에서는 저PER, 실적 바닥 구간에서는 고PER이 발생하는 등 PER 왜곡 현상이 나타날 수 있다. 코스피를 분석할 때는 이런 왜곡을 피하기 위해 PBR 기준으로 가치 평가를 하는 것이 좋다. 〈도표 5-10〉의 코스피 PBR 차트를 보자.

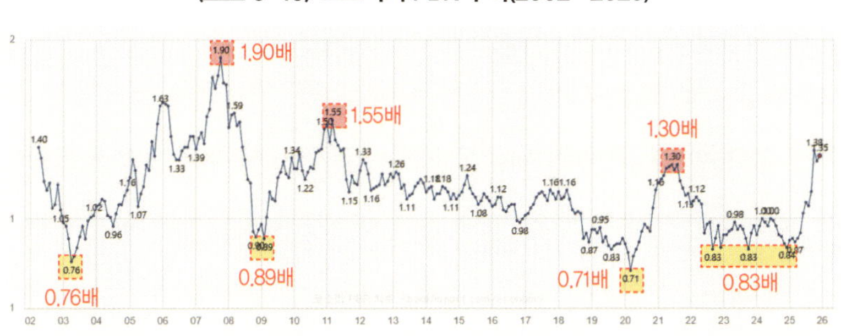

10여 년 동안의 코스피 PBR 차트에서 반복적으로 작동되는 투자 아이디어는 무엇일까? 먼저 주요 저점과 고점에서 형성된 PBR 수준을 살펴보자.

- 2003년 닷컴 버블 이후 저점: PBR 0.76배

- 2007년 금융위기 직전 고점: PBR 1.90배

- 2009년 금융위기 이후 저점: PBR 0.89배

- 2011년 유럽 재정위기 직전 고점: PBR 1.55배

- 2020년 코로나19 저점: PBR 0.71배

- 2021년 코로나19 고점: PBR 1.30배

이 데이터를 종합하면, 코스피의 PBR 0.8배 부근은 쉽게 붕괴하지 않는 매우 강력한 지지 구간, 즉 록 보텀(rock bottom) 영역으로 해석할 수 있다. 설령 일시적으로 이 구간을 깨더라도 단기간 내 빠르게 회복되는 최저점권에 해당한다. 이 구간에서는 공포 심리가 극대화되지만, 분할 매수로 접근할 경우 중장기적으로 매우 높은 기대 수익률을 기대할 수 있다.

반대로 PBR 1.8~2.0배 구간은 명확한 고점 영역으로 해석할 수 있으며, 통계적으로도 과거 대부분 위기나 조정이 닥치기 직전에 형성됐다. 또한 최근 PBR 고점이 점차 낮아지는 경향이 있다는 점에서 PBR 1.3~1.5배를 넘어가는 수준 역시 분할 매도를 고려할 수 있는 영역으로 볼 수 있다. 특히 코스피는 구조적으로 시클리컬 특성을 지닌 시장이다. 따라서 PBR 저점권에서는 매수하고 고점권에서는 매도하는 밴드 기반 반복 전략이 장기적으로 매우 효율적인 성과를 만들 수 있다.

코스피에서는 PER보다 PBR이 실전 투자에서 더 유효한 지표로 작동한다. PBR 0.8배 이하 구간은 극단적 위기 상황 또는 한국 증시에 대한 신뢰가 바닥에 도달했을 때만 나타나는 수치다. 그러나 아이러니하게도 이 구간은 투자자 입장에서 가장 위험이 낮은 영역이며, 장기 보유 관점에서는 손실 가능성이 매우 제한적인 구간이다. 반대로 PBR 1.3~1.5배 이상 구간에서는 성장주·테마주 과열이 시장을 주도하는 경향이 있다. 이런 국면에서는 낙관론이 빠르게 확산되는 만큼 과열의 해소 역시 매우 짧은 시간에 급격하게 진행될 수 있다. 따라서 이 구간

구분	저점 기준	고점 기준	투자 전략
S&P500	PER 15배 이하	PER 22~23배 이상	저점 분할 매수, 고점 분할 매도 가능
코스피	PBR 0.8배 이하	PBR 1.3~1.5배 이상	

- 상황별 언더슈팅 또는 오버슈팅을 고려해 투자 전략 수립
- 특히 고점 매도 전략에서는 멀티플 오버슈팅 고려

에서는 공격적 대응보다 보수적인 리스크 관리가 필요하다.

결론적으로, 코스피 투자에서 PBR은 정확한 타이밍을 맞히는 도구라기보다 위험이 낮아지는 구간과 높아지는 구간을 구분해주는 기준선으로 활용하는 것이 가장 효과적이다.

미국 시장은 PER 15배 이하로 내려가는 구간이 오면 분할 매수하고, PER 22~23배 이상에서는 상황에 따라 분할 매도를 시작할 수 있다. 코스피는 PBR 0.8배 수준에서 분할 매수를 시작하고 PBR 1.3~1.5배 이상에서 분할 매도할 수 있다. 다만 실제 시장에서는 극단적인 저평가·고평가 구간까지 PER이나 PBR이 도달하지 않는 경우도 많다. 이런 상황에서 특정 수치만을 기다리다 보면 오히려 투자 기회를 놓칠 수 있다. 따라서 하락장에서는 단순히 밸류에이션 수치만 보지 말고, 하락의 원인과 시장의 구조적 특성을 함께 고려해 내 기준의 예상 하락폭을 대략이라도 설정해두는 것이 중요하다.

한편 고점 국면에서는 비이성적인 상승이 빈번하게 나타나기 때문에 멀티플 오버슈팅 가능성을 항상 염두에 두어야 한다. 이때는 밸류에이션 지표에만 의존하기보다 차트 흐름과 투자 심리 분석을 병행해 매도 타이밍의 신뢰도를 높이는 전략이 필요하다. 특히 계단식으로 상

승하는 코스피가 한 계단 퀀텀점프하는 국면(달러의 강한 하락 국면)에서는 PBR이 크게 상승할 가능성을 열어두고 매도 전략을 세우는 것이 좋다.

5장의 액션 플랜

- 현재 보유 중인 종목 중 하나를 선택해 PER 또는 PBR을 확인하고, 이 종목이 저평가인지 또는 고평가인지 내 기준으로 판단해 노트에 적어보자.

- 보유 종목 중 하나를 다시 선택해 이 기업이 높은 멀티플을 받을 수 있는지 생각해보자. 만약 받을 수 있다고 판단했다면 그 이유를 3가지로 정리해보자(성장성, 이익 확장성, 산업 위치 등).

- 보유 종목 전체를 성장 섹터와 시클리컬 섹터로 구분한 뒤, 이번 장에서 배운 내용을 바탕으로 향후 매수·보유·매도 전략을 구체적으로 적어보자.

6장

차트 투자 매매 전략: 돈의 흐름을 어떻게 볼 것인가

차트는 특정 종목에 참여한 모든 투자자의 돈과 심리가 집약돼 나타난 결과물이다. 투자자들이 어디에서 매수했는지, 얼마의 자금이 투입됐는지, 현재 수익과 손실 구간에서 어떤 심리를 보이고 있는지 등 많은 정보를 담고 있어 차트 자체만으로도 충분한 분석의 의미를 가진다.

투자자들이 참여한 구간과 자금의 흐름, 그리고 그에 따른 심리를 읽을 수 있다면 지금 어떤 판단을 내려야 하는지에 대한 의미 있는 기준점을 잡을 수 있다.

이처럼 차트 분석은 단순한 기술이 아니라 매우 실전적인 의사결정 도구다. 만약 차트 분석을 잘 몰랐거나 알고는 있었는데 그동안 성과를 내지 못했다면, 이번 장은 차트 분석을 실전에 적용하는 출발점이 될 것이다.

차트는 돈의 흐름이다

차트는 후행성인가

누군가는 차트 분석을 두고 '쓸모없는 후행성 분석'이라고 말한다. 그러나 이는 차트 분석을 제대로 이해하지 못했거나 차트 분석으로 실전에서 성과를 내보지 못한 사람의 주장일 뿐이다. 차트 분석은 제대로 알고 올바르게 사용한다면 분명 실전에서 수익을 만들어낼 수 있는 도구다.

차트 분석에는 상당히 많은 방법이 있다. 그래서 처음 차트 분석을 접하는 투자자라면 어떤 분석을 어떻게 사용할 것인지, 실전에 어떻게 그리고 어느 정도까지 적용할 것인지 등이 막연하게 느껴질 수도 있다. 그래서 실제 내가 사용하는 방식과 실전 노하우들을 핵심 위주로 소개하려 한다.

나는 차트 분석을 할 때 '거지저추파이캔피심보'라고 이름 붙인 10가지 도구를 사용한다. 이는 '거래량, 지지, 저항, 추세, 파동, 이평선, 캔들 패턴, 피보나치, 심리, 보조지표'의 첫 글자를 딴 것이다. 모든 기술적 분석 기법을 마스터할 수는 없다. 하지만 여러 분석 도구가 가리키는 방향으로 투자할 때 수익 가능성이 올라간다는 점은 부정할 수 없다. 주식 투자는 본질적으로 '확률의 게임'이기 때문이다.

나는 이 분석 도구들을 통해 가장 가능성이 큰 구간에서만 투자하는 방식을 사용한다. 특히 종목이나 시장 상황에 따라 유독 잘 맞아떨어지는 분석 방법이 존재한다. 그래서 종목별로 신뢰도 높은 분석 도구를 바꿔 사용하거나 여러 분석을 동시에 적용해 공통으로 가리키는 방향을 찾는다.

예를 들어 추세상 추가 상승이 예상되지만 다른 분석에서 하락 가능성이 보인다면, 투자 비중을 줄이거나 관망한다. 반대로 파동, 이평선, 추세, 캔들 패턴 등 많은 분석에서 모두 매수가 가능한 맥점을 가리킨다면, 비중을 높여 적극적으로 매수할 수 있다.

내가 사용할 수 있는 무기가 많을수록 가능성은 커지고, 결과적으로 승률도 함께 올라간다. 이는 차트 분석을 떠나 주식 투자의 본질적으로도 상당히 중요한 개념이다.

그렇다면 다시 질문으로 돌아가보자.

차트는 정말 후행성인가?

내가 수많은 기술적 분석을 실전에서 사용하고 검증한 결과 차트 분석은 다음과 같은 의미를 가진다.

- 차트 분석을 통해 향후 주가 흐름에 대한 시나리오를 세울 수 있다.
- 매수·매도, 손절과 같은 구체적인 대응 기준점을 정할 수 있다.
- 무엇보다 높은 승률과 손익비를 동시에 얻을 수 있다.

예를 들어, 내가 세운 시나리오대로 주가가 전개된다면 수익은 극대화된다. 그리고 모든 시나리오에는 반드시 대응 기준점이 존재한다. 만약 주가가 시나리오와 다르게 움직여 미리 정해둔 기준점을 이탈한

시장을 꿰뚫는 주식 투자의 기술

다면, 손절을 통해 손실을 최소화하고 새로운 시나리오를 세우면 된다. 차트 분석의 목표는 명확하다. 분석의 정확도를 높여 승률을 끌어올리고, 손절을 하게 되더라도 손실폭이 제한되는 손익비 좋은 자리에서만 매수해 장기적으로 수익을 쌓아가는 것이다. 이렇게 차트 분석으로 미래 주가 흐름을 어느 정도 예상해 시나리오를 세우고 대응할 수 있다는 관점에서 보면, 차트 분석에는 분명 선행적인 특성도 존재한다. 특히 파동 분석과 같은 방법을 잘 활용한다면, 미래의 주가 흐름을 상당히 높은 신뢰도로 시나리오화할 수 있다.

이 책에서 소개할 실전 사례들을 통해 차트 분석으로 미래 시나리오를 세우고 대응하며 투자하는 방식이 충분히 가능하다는 것을 확인하게 될 것이다. 분명한 사실은 차트 분석 없이 이런 정교한 투자는 불가능하다는 것이다.

차트는 심리와 돈의 집합체다

차트는 주가의 집합체다. 주가는 모든 투자자의 돈과 심리, 매수와 매도의 힘이 모이고 모여 응축된 결과물이다. 하나의 개별 종목, 특히 거래량이 적은 소형주보다는 대형주, 대형주보다는 지수에 더 많은 사람의 돈과 심리가 모이기 때문에 소형주보다는 지수에서 차트 분석의 신뢰도가 더욱 높아진다.

소형주는 작은 시냇물과 같다. 누군가가 큰 돌 하나만 던져도 물길이 쉽게 바뀐다. 적은 자금으로도 주가를 흔들 수 있고, 휩소(속임수 움직임)를 만들기도 쉽다. 반면 지수는 바다와 같다. 웬만한 자금으로는 그 흐름을 바꿀 수 없고, 인위적으로 조작하거나 훼소를 만들기도 어렵다.

차트 분석은 결국 사람들의 심리와 돈의 흐름을 어떻게 볼 것인가에 대한 분석이고, 이를 통해 내 투자의 방향성을 찾아나가는 과정이다. 또한 차트 분석은 투자 성공의 가능성을 높이는 데 매우 큰 역할을한다. 모든 분석 기법을 마스터할 필요는 없다. 내가 주력으로 사용할 몇 가지만 제대로 익혀도 투자 승률은 분명히 달라진다. 자신이 차트 분석을 잘 못하거나 해보지 않았다고 차트 분석 자체를 폄하할 필요도 없다. 이번 장을 통해 차트 분석을 어떤 방식으로 실전에 적용하고, 어떻게 성과로 연결하는지를 보며 자신만의 무기를 만들기 바란다.

기술적 트레이딩 관점의 매수·매도

기술적 분석을 모두 다루기에는 너무 방대하기 때문에 내가 주로 사용하는 분석의 핵심 위주로 설명하려 한다. 기술적 분석에는 수많은 방법이 있는데, 나는 앞서 언급한 '거지저추파이캔피심보'라는 10가지 분석 도구를 사용해 많은 분석이 가리키는 구간(가능성 큰 구간)에서 매수·매도를 진행한다.

지지-저항 관점

지지-저항은 기술적 분석에서 가장 많이 사용되고 직관적이며 실전 효용성이 큰 도구다.

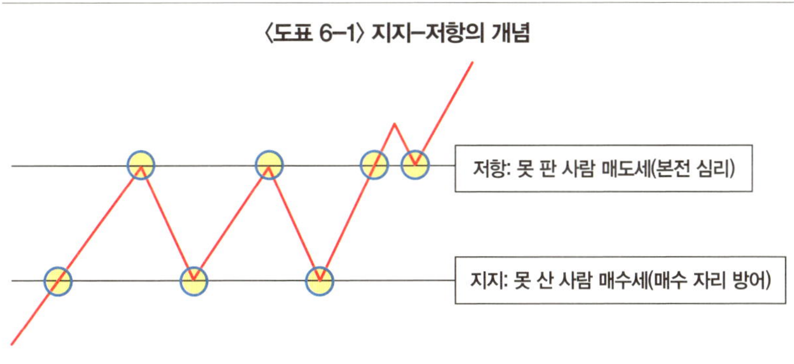

지지

〈도표 6-1〉과 같이 주가가 매수세에 의해 한 차례 기준점을 만들고 상승했다가, 처음 매수했던 구간까지 다시 하락하는 상황을 생각해보

자. 이때 과거에 매수하지 못했던 투자자들은 '이 가격이면 사도 되겠다'고 판단하며 매수에 나선다. 즉 주가가 하락할 때 주식을 사기 위해 대기하고 있는 수요, 매수 매물대가 형성되는 구간이다.

또 이미 그 가격대에서 매수했던 투자자 역시 내가 산 가격을 방어하기 위해 또는 더 많은 물량을 확보하기 위해 추가 매수에 나서기도 한다. 이처럼 사람들이 많이 매수한 자리 또는 세력이 대량으로 매수한 자리는 주요 지지가 되며, 쌍바닥과 같은 대표적인 매수 패턴이 형성되기도 한다. 이것이 바로 주식 투자에서 가장 기본적인 매수 메커니즘이다.

다만 중요한 점이 있다. 이 지지 자리가 깨지면, 그 구간에서 매수했던 투자자들은 손실을 인식하며 매도하거나 손절에 나서게 된다. 이때 기존의 지지는 악성 매물대, 즉 저항으로 바뀐다.

저항

저항은 지지의 반대 개념이다. 고점에서 매수한 투자자는 매수 직후 주가가 하락하면 곧바로 손실 상태에 놓인다. 이후 주가가 자신이 매수했던 가격까지 다시 올라오면, 이 투자자는 본전 심리에 의해 매도를 선택하게 된다. 이 지점이 바로 저항이다.

또 다른 상황도 있다. 밑에서 매수한 투자자가 고점에서 매도하지 못했는데 주가가 다시 하락했다면, '그때 팔았어야 했는데'라는 후회 심리가 생긴다. 이후 주가가 고점까지 다시 상승하면 이 투자자는 기존의 후회를 만회하고자 매도에 나서고, 그 결과 해당 가격대는 자연스럽게 저항 구간이 된다. 이처럼 세력이나 다수의 투자자가 매도한

시장을 꿰뚫는 주식 투자의 기술

자리는 주요 저항으로 작용하며, 주가가 이 구간에 다시 도달했을 때
는 좋은 매도 자리가 되기도 한다. 대표적인 예가 쌍봉 패턴이다.

다만 이 저항을 주가가 강하게 돌파할 경우, 해당 가격대에서 매수
했던 투자자들은 손실 상태에서 벗어나 수익 구간으로 전환된다. 그
순간, 기존의 저항은 지지로 바뀐다.

지지–저항 매매의 핵심 개념

지지–저항 매매에서 핵심은 다음 한 문장으로 정리된다.

저항은 돌파하면 지지가 되고, 지지는 이탈하면 저항이 된다.

이 개념은 지지–저항뿐만 아니라 이평선, 추세선 등 모든 기술적 분
석 도구에서 동일하게 적용된다. 결국 트레이딩의 핵심 아이디어는 단
순하다. 저점권의 주요 지지선에서 매수하고, 고점권의 주요 저항에서
매도하는 것이다.

실제로 많은 트레이더는 대부분의 매수·매도 기준을 지지–저항을
중심으로 설정한다. 그만큼 지지–저항은 기술적 분석의 기본이자 핵
심 개념이며, 반드시 제대로 이해하고 익혀야 할 도구다.

이평선 관점

이평선은 가장 대중적이고, 실제로 가장 많은 투자자가 동시에 바라
보는 지표다. 기술적 분석에서 매수·매도 자리가 형성되는 이유는 단

순하다. 많은 사람이 '이 구간에서는 사람들이 살 것 같다', '이 자리에서는 사람들이 팔 것 같다'라는 심리로 같은 가격대를 기준 삼아 매매에 참여하기 때문이다. 따라서 많이 보는 지표일수록 그 지표가 만들어내는 매수·매도 신호의 신뢰도는 높아진다. 이평선이 바로 그런 지표다. 우리는 이평선을 통해 주가의 추세를 확인하는 동시에 지지-저항의 기준점으로도 활용할 수 있다.

이평선은 '일정 기간 동안 매수한 사람들의 평균 매수 단가'라는 의미를 가진다.

정배열과 역배열

〈도표 6-2〉에서 보여주듯 이평선이 위에서부터 아래로 5일선, 20일선, 60일선과 같이 '주가 → 단기 이평선 → 장기 이평선' 형태로 배열된 상태를 정배열이라고 한다. 이 구간은 주가와 이평선이 우상향하는 상승 국면이다. 하락하던 주가가 상승으로 전환되는 과정에서는 단기 이평선이 장기 이평선을 상향 돌파하는 골든크로스가 발생한다. 이는 상승 추세 초입에서 나타나는 필요조건이다.

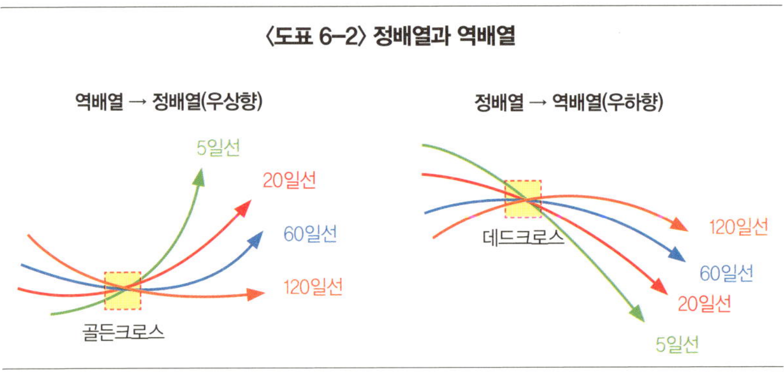

〈도표 6-2〉 정배열과 역배열

골든크로스 이후 형성되는 이평선의 우상향 구간에서는 많은 매수 참여자가 수익을 보고 있기 때문에 투자에 유리한 환경이 된다. 이런 구간에서는 주가가 조정을 받더라도 이평선을 중심으로 방어와 반등이 반복되므로 되도록 정배열 우상향 구간에서 투자하는 것이 유리하다.

반대로 이평선이 위에서부터 아래로 60일선, 20일선, 5일선과 같이 '장기 이평선 → 단기 이평선 → 주가' 형태로 배열된 상태를 역배열이라고 하며, 주가와 이평선이 함께 우하향하는 하락 국면이다. 상승하던 주가가 고점을 만들고 하락 전환되는 과정에서 단기 이평선이 장기 이평선을 뚫고 내려가는 데드크로스가 발생하며, 이는 하락 초입의 필요조건이다.

데드크로스 이후에 나오는 이평선 우하향 구간에서는 많은 매수 참여자가 손실을 보고 있기 때문에 매도 압력이 강해진다. 이런 구간에서는 주가가 반등할 때마다 매도세가 출현하며 주가가 지속적으로 밀릴 가능성이 크다. 따라서 이평선 역배열 구간에서는 되도록 매수를 피하는 것이 좋다.

지지-저항의 역할

〈도표 6-3〉과 같이, 하락 추세에서 일시 반등하는 주가가 역배열로 우하향 중인 이평선에 닿으면 이평선이 저항으로 작용한다. 그 결과 주가는 하락을 지속하려는 힘이 강해진다. 반대로 상승 추세에서 일시 하락하는 주가가 정배열로 우상향 중인 이평선에 닿으면 이평선이 지지로 작용하며, 주가는 상승을 지속하려는 힘이 강해진다.

특히 많은 사람이 매수·매도한 가격대일수록 지지-저항의 힘은 더

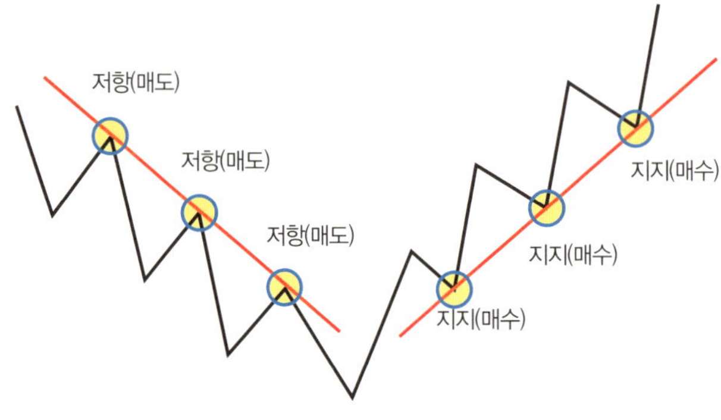

강해진다. 그러므로 이평선 역시 20일선보다는 20주선, 20개월선 등 시간 프레임이 커질수록 더 강력하다.

이평선에서 가장 중요한 선은 20선인데, 이를 중심으로 추세 전환 판단이 이뤄질 수 있다.

- 단기: 20일선
- 중기: 20주선
- 장기: 20개월선

이 선들의 돌파나 이탈을 기준으로 상승 또는 하락 추세로의 전환을 판단해볼 수 있다.

또 일봉 기준으로 장기와 단기 이평선들이 데드크로스되어 역배열로 우하향이 진행되는 구간에서는 되도록 매수를 멈추고 보수적 관점으로 바라보는 것이 좋다. 특히 연봉, 월봉과 같은 장기 이평선에서 주가가 5선을 이탈해 마감한다면 그 다음 10선까지, 이마저 이탈한 경우

시장을 꿰뚫는 주식 투자의 기술

20선까지의 하락 가능성을 염두에 둘 수 있다.

특히 증시 바닥권에서 본격 상승 추세로의 전환을 결정하는 것은 주가의 5개월 이평선 돌파 여부다. 5개월선 돌파 시 상승 추세로의 전환 가능성을 열어두고 대응할 수 있으며, 돌파하지 못할 경우 추가 하락을 염두에 둔다. 이 기준은 개별 종목뿐 아니라 지수 판단에서도 동일하게 적용된다.

지수 투자의 기준점

미국 나스닥 지수의 연봉 기준 5선, 10선 등은 매우 중요한 지지선이며, 특히 20선은 잘 오지 않는 극단적 저점 구간이다. 이런 자리들은 중장기 관점에서 상당히 좋은 매수 기회가 된다.

코스피 역시 연봉 기준 10선 부근 매수는 매우 좋은 매수 전략이다. 특히 20선은 최근 20년을 돌아볼 때 2008년 글로벌 금융위기, 2020년 코로나19 팬데믹 때처럼 극단적인 위기 국면에서만 도달한 최적의 매수 구간이었다.

이렇게 이평선은 추세 전환의 기준이 되고 중요한 지지-저항의 역할을 하며 정배열과 역배열을 통해 시장의 추세와 흐름을 직관적으로 파악할 수 있다는 점에서 매우 중요한 메인 지표라고 할 수 있다.

거래량 관점

거래량은 곧 돈이다. 보다 정확히 말하면 거래량은 매수량과 매도량의 총합, 즉 시장에 실제로 투입된 자금의 흔적이다. 세력은 주가의 움직임을 통해 얼마든지 휩소를 만들 수 있다. 하지만 거래량은 숨길 수 없다. 거래량, 즉 돈은 반드시 흔적을 남기기 때문이다. 거래량은 주가 부양을 위한 연료이자, 추세 전환 변곡점의 신호가 된다.

세력은 주가를 부양하고 시세차익을 얻기 위해 저점권에서 많은 물량을 모으고(매집), 고점에서 그 물량을 매도한다. 거래량(돈)은 이 메커니즘에 따라 움직이며, 이 돈의 흐름을 통해 앞으로 주가가 어느 방향으로 흘러갈 가능성이 큰지 예측할 수 있다는 점이 거래량 분석의 핵심이다. 이 개념을 기억하고 〈도표 6-4〉를 보자.

비트코인 가격이 바닥을 형성하던 2022년 10월 마지막 급락 시점, 투자자들의 손절과 투매 물량을 세력이 대량으로 받아내며 거래량이 폭발했다. 이는 시장 주도 세력의 본격적인 진입 신호로 해석할 수 있는 구간이다.

〈도표 6-4〉 비트코인의 가격 추이: 저점, 세력의 진입 신호

이후 2023년 3월, 시세가 반등한 뒤 조정이 나오자 개인 투자자들은 재하락에 대한 공포로 보유 물량을 투매했다. 세력은 이 물량을 다시 받아내며 가격을 급등시켰고, 이 과정에서 또 한 번 거래량이 터졌다. 그 이후부터는 거래량이 점차 감소한 상태에서 시세가 꾸준한 상승 랠리를 이어갔다.

이처럼 저점권에서 터지는 거래량은 주가가 하락 추세를 마무리하고 상승 추세로 전환될 가능성을 예고하는 강력한 신호가 된다. 반대로 고점권 거래량을 보자.

스트래티지의 사례를 보면, 2024년 11월에 급격히 증가하며 터진 거래량이 바로 최고점 거래량이라는 사실을 알 수 있다. 고점권에서 터지는 거래량은 세력이 자신들의 물량을 개미들에게 넘기며 매도하

〈도표 6-5〉 스트래티지의 주가 추이: 대량 거래와 고점 신호

는 과정에서 발생하는 것이 보통이다.

일반적으로 거래량이 크게 터지는 구간은 다음과 같다.

- 최저점권 매집 구간

- 상승 과정 중 가장 강한 상승 구간(상승 3파동)

- 주가 고점 구간(상승 5파동 말미 또는 abc 조정 초입)

- 주가 최저점 구간(조정 c파동 말미)

이렇게 거래량이 터지는 위치를 통해 현재 주가 사이클의 위치를 대략 가늠해볼 수 있다.

또 하나 중요한 포인트가 있다. 거래량이 터진 구간은 강력한 매물대가 된다는 점이다. 저점권에서 강한 거래량이 터진 캔들의 고가를

〈도표 6–6〉 알테오젠의 주가 추이: 거래량 터진 매물대 돌파하며 시세 분출

시장을 꿰뚫는 주식 투자의 기술

주가가 돌파할 경우, 이는 세력이 형성한 매물대에 올라탄 자리로 매우 좋은 매수 포인트다.

〈도표 6-6〉의 알테오젠의 사례를 보면, 2018년 4월 강한 거래량이 발생한 이후 주가는 해당 캔들의 고점을 넘지 못한 채 횡보했다. 그러다가 2019년 11월 마침내 그 고점을 돌파했고, 이후 약 870%에 달하는 상승이 나타났다.

이 논리는 고점에서도 동일하게 적용된다. 고점권에서 거래량이 터진 캔들의 저점을 주가가 이탈하는 것은 매도 관점으로 전환해야 한다는 신호다.

여기서 반드시 짚고 넘어가야 할 잘못 알려진 통념이 하나 있다.

양봉 거래량은 세력의 매수, 음봉 거래량은 세력의 매도다. (×)

이는 실전에서는 거의 의미가 없다. 거래량 분석에서 중요한 것은 거래량이 터진 캔들이 양봉이냐, 음봉이냐가 아니라, 그 거래량이 저점권에서 터졌는지, 아니면 고점권에서 터졌는지다. 그리고 이후 주가가 그 캔들의 위로 돌파하는지, 아니면 아래로 이탈하는지에 따라 향후 주가의 방향성이 결정되는 경우가 많다.

정리하면 거래량은 세력의 진입과 이탈 흔적을 가장 정확하게 보여주는 지표이며, 추세 전환의 신호이자 강력한 지지-저항의 기준점이 된다.

주가는 속일 수 있어도, 돈(거래량)은 속일 수 없다. 이것만 기억하더라도, 당신의 기술적 분석은 완전히 다른 레벨로 올라설 수 있다.

반드시 사야 할 저점 패턴

기술적 분석에서 중요한, 실전에서 자주 나타나는 저점 패턴들을 〈도표 6-7〉에 정리했다.

이 저점 패턴들의 공통점은 주가가 저항을 상향 돌파하면서 상승 추세가 시작된다는 점이다. 패턴별로 주요 저항 지점이 존재하는데, 이를 목선(neckline)이라고 한다(도표에 검은색 선으로 표시했다). 목선 위로 주가가 돌파했을 때를 매수 타이밍으로 볼 수 있으며, 목선 돌파 후 지지받는 구간도 좋은 매수 자리다.

이런 패턴은 실전에서 자주 발생하므로 형태를 기억해둘 필요가 있다. 형태는 조금씩 다르지만 원리는 같다. 주요 저항 지점인 목선을 돌파하며 추세 전환을 이뤄내는 패턴이라는 공통점이 있으며, 주가가 목선을 돌파하는 파란색 원 부근이 매수 자리다.

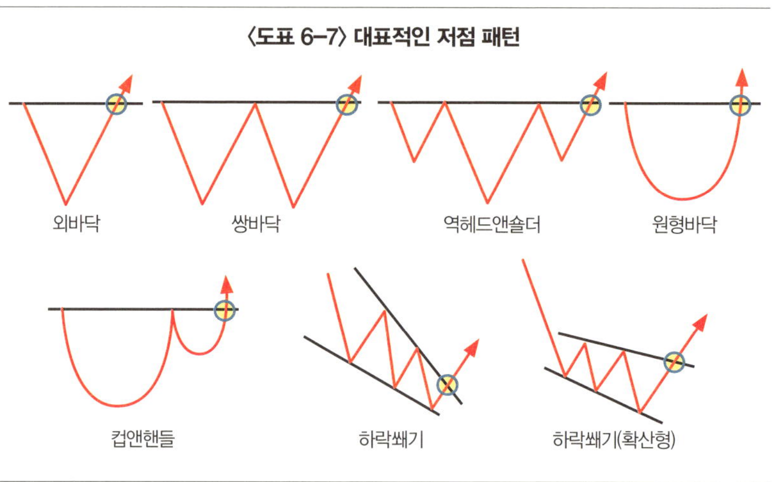

〈도표 6-7〉 대표적인 저점 패턴

반드시 팔아야 할 고점 패턴

실전에서 자주 나타나는 고점 패턴들을 〈도표 6-8〉에 정리했다.

이 고점 패턴들의 공통점은 주가가 지지선을 하향 이탈하면서 하락 추세가 시작된다는 점이다. 패턴별로 주요 지지 지점이 존재하는데, 저점 패턴에서와 마찬가지로 이를 목선(검은색 선)이라고 한다. 패턴별 주요 지지 지점인 목선을 주가가 이탈하는 빨간색 원은 좋은 매도 자리다.

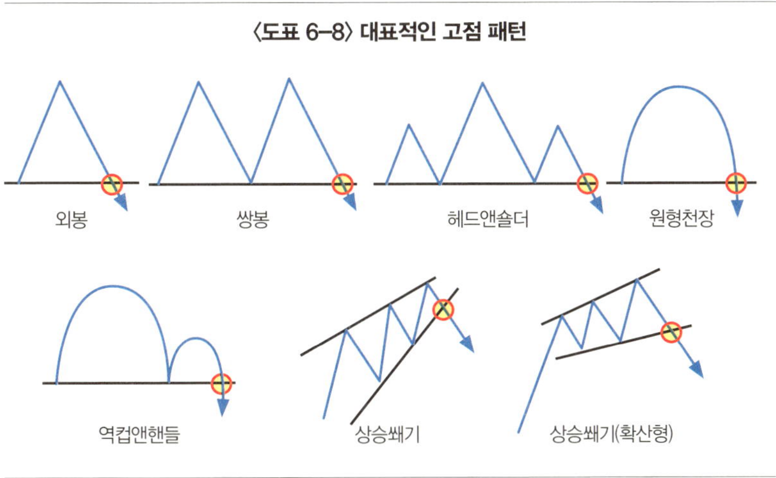

〈도표 6-8〉 대표적인 고점 패턴

캔들 패턴을 기반으로 매매할 때는 형태 자체에 집착하기보다 패턴이 만들어내는 원리를 이해하고 실전에 적용하는 것이 중요하다. 캔들 패턴의 핵심은 '특정 패턴에서 저항을 돌파하면 상승 추세가 발생하고, 지지선을 이탈하면 하락 추세가 발생한다'는 구조다. 즉, 모양이 아니라 지지-저항의 작동 원리에 주목해야 한다.

실전에서는 트레이더 간에 '이 모양이 헤드앤숄더가 맞나?', '이 패턴을 하락쐐기라고 할 수 있나?'와 같이 세부적인 형태를 두고 논쟁을 하기도 한다. 중요한 것은 주가 움직임이 만들어내는 지지-저항이 어디에 형성돼 있는지, 그리고 그 지지-저항을 주가가 실제로 돌파하거나 이탈하는지다. 패턴의 명칭이나 세부적인 모양이 중요한 것이 아니라 패턴별 지지-저항을 기준으로 돌파 시 매수, 이탈 시 매도 자리를 찾아내는 것이 핵심이다.

그리고 반드시 짚고 넘어가야 할 점이 있다. 어떤 패턴이 형성됐더라도, 목선을 돌파하거나 이탈해야 비로소 패턴이 확정된다는 점이다. 목선 돌파 이전에 '역헤드앤숄더니까 상승할 것이다', '상승쐐기 형태니까 무조건 하락이다'와 같이 미래 주가를 단정적으로 예측하는 것은 패턴 매매의 본질과 거리가 멀다.

패턴 매매의 핵심은 예측이 아니라 대응이다. 목선 돌파 또는 이탈이 실제로 발생했는지 확인하고, 그 결과에 따라 대응하는 것이 중요하다. 또 지지-저항 매매와 마찬가지로, 목선을 돌파하는 척하거나 이탈하는 척한 뒤 반대 방향으로 움직이는 휩소도 매우 흔하게 발생한다. 따라서 종가상으로 목선이 확정적으로 돌파 또는 이탈했는지를 반드시 확인해야 한다.

여기서 언급한 캔들 패턴뿐만 아니라 그 밖의 모든 기술적 분석 도구 역시 마찬가지다. 핵심은 기법이 아니라 원리다.

이 2가지를 항상 점검하며 미리 세운 원칙에 따라 감정 없이 칼같이

 시장을 꿰뚫는 주식 투자의 기술

대응하는 것, 그것이 기술적 분석을 실전 성과로 연결하는 데 가장 중요하다.

미리 결정된 투자 계획

사전에 정해진 타점 계획

투자에서 가장 중요한 것은 매수와 매도를 사전에 결정해두는 것이다. 감정에 따라 즉흥적으로 매매하는 것이 아니라 미리 정한 매수가, 매도가, 손절가에 따라 원칙적으로 투자해야 한다. 또 일시보다는 분할로 매수·매도를 진행하는 것이 좋다. 다만, 고점권에서 리스크가 높은 자리라면 칼 같은 일시 매도도 필요하다.

매수의 경우 타이밍을 놓쳤다면 다음을 기약하면 된다. 하지만 매도는 다르다. 내가 이미 물량을 보유한 상태이므로 타이밍을 놓치면 큰 손실로 연결될 수 있다. 따라서 매도 전략에는 특히 정확한 사전 판단과 과감한 결단이 필요하다.

시장 상황을 고려한 계획

강세장에서는 주가가 예상보다 더 오를 가능성이 크기 때문에 성급한 매도를 경계해야 한다. 반대로 약세장에서는 목표가에 도달하지 않았더라도 욕심을 버리고 적정 구간에서 분할 매도를 시작하는 것이 현명한 선택이다.

주식을 사거나 팔 때는 기본적 분석과 기술적 분석이 동시에 같은 방향을 가리키는 가능성 큰 구간에서 실행해야 한다. 이때 중요한 점은 심리나 본능이 아니라 원칙이다. 가능성 큰 구간을 미리 정해두고, 실제 주가가 그 구간에 도달했을 때 망설이지 않고 과감히 실행해야 수익을 극대화할 수 있다.

엘리엇 파동의 핵심 원리: 추세 5파, 조정 3파

기술적 분석에서 파동의 중요성은 아무리 강조해도 지나치지 않다. 특히 주가의 미래 시나리오를 세우고 대응할 수 있는 기준을 마련할 수 있다는 점에서 파동은 독보적인 분석 기법이라고 할 수 있다. 파동 분석은 내 시나리오 투자에서 매우 큰 부분을 차지한다. 다만 이 책의 성격상 모든 내용을 담기보다는, 반드시 알아야 할 핵심 구조와 실전 활용 관점만 선별해 담았다. 보다 깊이 있는 파동 해석과 세부 전략은 다음 책에서 본격적으로 다룰 예정이다.

주식 시장의 완전수 3

파동을 이해하기 위해 가장 먼저 기억해야 할 숫자는 '3'이다. 3은 동서고금을 막론하고 완전수로 불린다. 그 이유는 단순하다. 안정성과 완성을 이루기 위한 최소 단위이기 때문이다. 의자를 안정적으로 지탱하는 3개의 다리, 승부를 가르는 삼세판, 기독교의 삼위일체, 불교의 삼존불, 논리적인 글을 구성하는 서론·본론·결론까지, 숫자 3은 인간의 사고와 구조 전반에 깊이 스며들어 있다.

숫자 3의 안정성은 누군가가 인위적으로 정한 규칙이 아니다. 그 자체로 자연의 질서이자 반복되는 현상이다. 그리고 놀랍게도 숫자 3은 주식 시장에서도 동일한 역할을 한다. 상승과 하락이 완성되는 기준으로 작동하는 것이다.

과거부터 주식 시장의 주요 이론으로 자리 잡아온 일본의 사케다

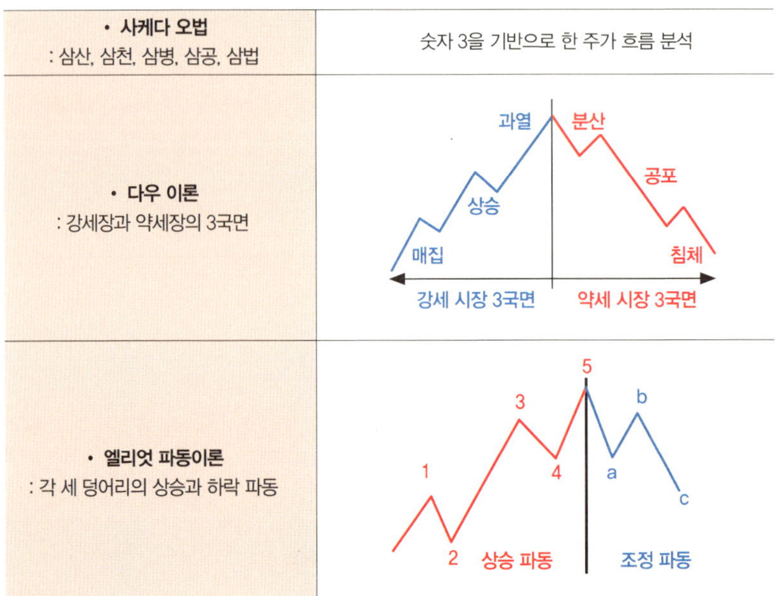

오법이나 미국의 다우 이론과 엘리엇 파동이론 등이 모두 숫자 3을 근간으로 삼고 있다.

이처럼 숫자 3은 주가 흐름에서 세 차례의 굴곡을 그리며 상승하거나 하락하는 특성으로 나타난다. 이는 특별한 이유 때문이 아니라 시장 참여자들의 심리와 행동이 만들어내는 자연스러운 현상이다.

핵심은 여기에 있다. 주가가 특정 방향으로 세 번의 상승 또는 하락 파동을 완성했다면, 그 흐름은 일단 마무리 단계에 접어들 가능성이 커진다. 그리고 그 지점에서 주가는 반대 방향으로 전환할 준비를 하게 된다.

즉, 파동 분석의 본질은 이런 특성을 이용해 주가의 변곡점을 잡아내 미래의 시나리오를 세우고 대비할 수 있게 해준다는 점이다.

파동의 원리

실전에 적용할 때 주의 사항

인간이 주가의 미래를 정확히 예측하는 것은 불가능하다. 다만, '주가가 이렇게 전개될 가능성이 크다고 가정하고 그에 맞는 전략을 세우되, 그 가정이 틀릴 때는 이렇게 대응하겠다'라는 시나리오는 충분히 세울 수 있다.

이런 시나리오를 세우는 도구로 활용할 수 있는 대표적인 방법이 바로 엘리엇 파동이론이다. 수많은 기술적 분석 기법 중에서도 파동분석은 미래의 주가 흐름을 하나의 방향이 아닌 여러 가능성의 시나리오로 정리할 수 있다는 점에서 매우 중요한 의미를 지닌다.

단타를 전문으로 하는 단기 트레이더나 전문 투자자가 아니더라도, 엘리엇 파동의 기본 개념을 숙지해두면 투자 전반에 큰 도움이 된다. 실전에서 매수·매도·손절의 기준점을 보다 명확히 설정할 수 있으며, 특히 강한 상승이 본격적으로 전개되기 직전인 종목을 선별하는 데 높은 신뢰도를 제공하는 분석 방법이기 때문이다.

엘리엇 파동이론을 세상에 처음 소개한 랄프 넬슨 엘리엇(Ralph Nelson Elliott)은 주가가 무작위로 움직이는 것이 아니라 상승과 하락의 파동을 그리며 일정한 구조와 반복성을 가진다는 사실을 발견했다. 그는 이런 파동 구조를 바탕으로 상승장과 하락장의 전개를 실제로 예측하기도 했다.

엘리엇 파동의 기본 개념은 〈도표 6-10〉과 같다.

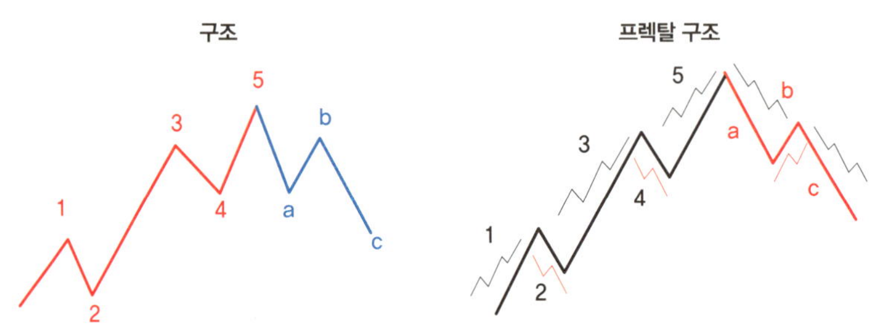

〈도표 6-10〉 엘리엇 파동의 구조와 프랙탈 구조

• 파동의 기본 규칙

1. 상승 파동은 5개의 파동(1~5)으로 구성되며, 이후 조정은 3개의 파동(a-b-c)으로 이뤄진다. 하락의 경우 동일한 구조가 반대로 적용된다.

2. 각각의 파동은 더 작은 파동들로 세분화될 수 있으며, 동시에 더 큰 파동 구조의 일부를 이루는 프랙탈 구조를 가진다.

3. 2파는 1파의 저점을 붕괴하지 않는다. 이는 상승 추세가 유지되고 있음을 판단하는 핵심 기준이다.

4. 4파는 1파의 고점과 겹치지 않는다. 이 규칙이 훼손될 경우, 해당 파동은 상승 구조로 보기 어렵다.

5. 3파는 1·3·5파동 중 가장 짧은 파동이 아니다. 일반적으로 3파는 가장 강하고 큰 거래량이 동반된다.

주가는 총 5개의 상승 파동(1·2·3·4·5)과 3개의 하락 파동(a·b·c)으로 구성되며, 이런 구조를 반복하면서 움직인다. 이것이 엘리엇 파동이론의 출발점이다. 여기서 주목해야 할 점은 파동이론이 등장하기 이전부터 시장은 이미 그와 같은 구조로 움직여왔다는 사실이다.

〈도표 6-11〉에서 실제 테슬라의 2020~2023년 상승과 하락 사이클을 보자.

주봉 기준으로 살펴보면, 테슬라의 주가는 명확한 5개의 상승 파동과 3개의 하락 파동으로 구성된 사이클을 형성하고 있다. 이를 일봉이나 4시간봉 등 더 작은 시간 프레임으로 확대해보면 대파동 안에 중파동이, 중파동 안에 다시 소파동이 존재한다는 것을 확인할 수 있다. 이들 역시 동일한 상승-조정 구조를 반복한다.

많은 트레이더가 이 파동을 극단적으로 세분화해 1분봉, 5분봉과 같은 매우 짧은 시간 프레임에서까지 파동을 카운팅하며 주가를 예측하려 한다. 그러나 이런 방식은 실전 효용성 측면에서 큰 의미를 갖기 어렵다. 파동 분석은 초단기 예측 도구보다는 일봉·주봉·월봉과 같은 큰 시간 프레임에서 시장의 방향성과 구조를 인식하기 위한 도구로 활용하는 것이 훨씬 효과적이다. 즉, 지금이 상승에서 하락으로(또는 하락에서 상승으로) 전환될 가능성이 큰 구간인지, 아니면 상승(또는 하락)이 더욱 강화될 수 있는 국면인지를 판단하기 위한 큰 흐름의 시나리오를 세우는 데 적용하는 것이 바람직하다.

앞서 언급했듯이, 1~5의 상승 파동은 총 3개의 덩어리를 그리며 진행된다. 처음 설명한 '완전수 3'의 개념이 다시 등장하는 지점이다. 반대로 abc 조정 파동은 2개의 덩어리지만, 실전에서는 3개의 덩어리(5개의 파동 형태)로 하락이 확장되는 경우도 빈번하다. 이 구조는 고점과 저점, 그리고 추세 전환 가능성을 판단하는 데 매우 중요한 단서다. 주가가 특정 방향으로 세 번의 파동 덩어리를 완성했다면, 이후에는 추세가 반전될 가능성이 크다고 볼 수 있기 때문이다. 이 역시 일봉·주봉 기준의 큰 흐름에서 파동을 해석할 때 신뢰도가 높다.

실제로 많은 기관 투자자, 펀드 매니저, 마켓 메이커들 또한 엘리엇 파동 구조를 기본 전제로 두고 거래한다. 파동을 인식하고 이를 기준으로 투자하는 시장 참여자가 늘어날수록 파동 분석의 신뢰도는 자연스럽게 강화된다.

물론 파동 분석에는 한계도 존재한다. 현재 주가가 파동의 어느 위치에 있는지 시간이 지난 뒤에야 명확해지는 경우가 있으며, 연장 파동이나 복합 조정 등으로 인해 카운팅이 쉽지 않은 사례도 다소 있다. 그럼에도 엘리엇 파동 구조를 비교적 명확하게 따르는 종목들이 상당 수 존재한다는 점에서 이를 선별해 활용한다면 실전 투자에서 충분히 의미 있는 성과를 기대할 수 있다.

상승장·하락장·횡보장을 구분하고, 내가 투자해야 할 시점과 피해야 할 시점, 그리고 사야 할 자리와 팔아야 할 자리를 가르는 데 엘리엇 파동은 매우 강력한 무기가 될 수 있다.

엘리엇 파동 실전 적용

중요한 것은 엘리엇 파동이론을 실전에 어떻게 적용하고 수익을 낼 것인가다. 지금부터는 엘리엇 파동을 실전에서 활용하는 매수·매도 노하우를 다루려 한다.

진짜 조정 구분하기

조정에 대한 이해는 엘리엇 파동 분석에서 매우 중요한 요소다. 투자 성과의 상당 부분은 지금의 하락이 '상승 흐름에서 잠시 나타나는 조정인지(가짜 조정), 아니면 상승이 마무리되고 본격적으로 나타나는 큰 폭의 조정인지(진짜 조정)' 구분할 수 있느냐에 달렸다.

가짜 조정은 상승 추세 중에 나타나는 일시적 조정을 말한다. 이때의 조정은 기회가 된다. 반대로 진짜 조정은 상승 파동이 완성된 후 추세가 꺾이며 시작되는 비교적 큰 규모의 하락이다. 이때의 조정은 리스크가 된다. 따라서 대응 원칙은 명확하다. 가짜 조정이라면 조정 구간에서 매수를 준비해야 하고, 진짜 조정이라면 조정이 시작되는 초입에서 매도를 고려해야 한다. 엘리엇 파동은 바로 이 지점을 판단하는 데 투자자에게 가장 강력한 기준을 제공한다.

〈도표 6-12〉의 왼쪽 그림을 보자. 작은 조정과 큰 조정은 크기와 비율이 확연히 다르다. 큰 조정은 상승의 후반부와 하락의 초반부가 겹쳐

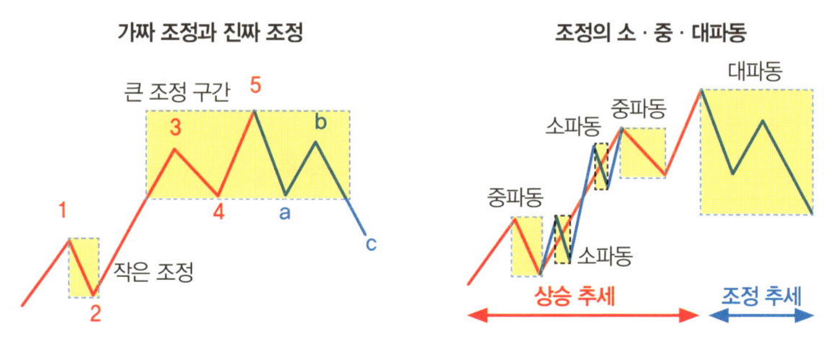

나타나기 때문에 조정의 규모가 매우 커진다. 그동안 나온 조정보다 확연히 큰 조정 구간이 나온다면, 일단 진짜 조정을 의심해봐야 한다.

〈도표 6-12〉의 오른쪽 그림은 세부적 흐름을 보여준다. 파동이 '상승 1, 2, 3, 4, 5 → 조정 a, b, c' 형태로 진행될 때 대파동은 그 안에 세부 파동(중파동, 소파동)을 품고 있다. 여기서 나오는 소파동, 중파동 조정은 상승 과정의 조정이기 때문에 곧 추가 상승이 나온다. 즉, 매수하면 수익이 나는 조정이다.

하지만 상승 5파동 뒤에 나오는 대파동 조정 abc는 1파동부터 올라온 전체 상승 파동의 끝을 의미하는 큰 조정이므로 이때는 매도로 대응해야 한다. 가장 좋은 것은 마지막 상승 5파동 과정에서 욕심을 버리고 분할 매도하는 것이다. 실전에서 마지막 5파동은 짧게 나오거나 절단되는 경우도 많기 때문에 가장 강한 3파동에서 큰 수익을 내고 5파동에서는 보수적으로 매매하는 것이 좋다.

매수 타이밍 잡기

파동 기준으로 매수 타이밍은 어떻게 잡을 수 있을까? 가장 기본적인 아이디어는 abc(지그재그) 조정이 나왔을 때 매수하는 것이다. 물론 모든 조정이 abc 형태로만 나오는 것은 아니다. 그러나 최소한 abc 형태의 조정이 확인됐다면, 이는 1차적으로 매수를 고려할 수 있는 자리가 된다.

• abc 매수

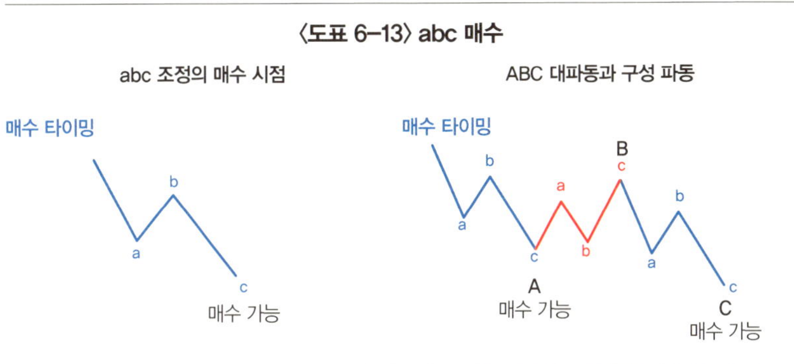

〈도표 6-13〉 abc 매수

먼저, 〈도표 6-13〉의 왼쪽 그림과 같이 abc 형태의 조정이 마무리되는 c파 끝에서 매수를 고려할 수 있다. 일반적으로 a파와 c파의 길이는 1:1 또는 1:1.618 비율을 이루는 경향이 있다. 다만, 〈도표 6-13〉의 오른쪽 그림에서처럼 우리가 보고 있는 abc 조정이 하나의 독립된 조정이 아니라 대파동 ABC 조정의 '구성 파동 A'일 가능성도 염두에 두어야 한다. 이럴 때 대파동 A파의 끝과 이후 나타나는 C파 끝에서 분할 매수하면, 그다음 일어날 반등에서 수익을 취할 수 있다.

지금 나타난 abc 조정이 구성 파동에 불과한지, 아니면 대파동 ABC 조정이 끝난 것인지는 이전 상승 파동(1~5파)의 크기와 현재 조정 파동의 길이, 기간을 비교해 판단할 수 있다. 만약 직전의 상승 파동에 비해 abc 조정의 길이가 지나치게 짧고, 조정 기간 역시 매우 짧다면, 대파동 A 조정만 마무리됐을 가능성이 있다. 이때는 대파동 B, C 조정이 이어질 가능성을 열어두고 대응해야 한다.

또한 조정이 abc 세 파동이 아니라 5개의 하락 파동으로 한 덩어리가 더 하락하는 형태(복합 조정)로 나타나는 경우도 자주 발생한다. 이처럼 주가가 이미 하락 5파동을 완성한 상태라면, 이후에는 반등 가능성을 염두에 두고 매수 관점으로 접근할 수 있다.

이런 abc 조정 매수 전략은 개인 투자자의 본능적인 매매 패턴과 정반대의 개념이라는 점에서 특히 의미가 크다. 대부분의 개인 투자자는 주가가 상승하는 양봉에서 매수하고, 하락하는 음봉에서 손절한다. 즉, 비싸게 사고 싸게 파는 구조에 빠지기 쉽다. 반면 abc 매수는 최소한의 조정 구조가 확인된 후 주가가 상승으로 전환될 가능성이 큰 자리에서 진입한다는 점에서 감정에 휘둘리기 쉬운 개인 투자자에게 매우 강력한 대안이 될 수 있다. 이 전략만 제대로 이해하고 적용하더라도 전체 투자 수익률을 눈에 띄게 개선할 수 있을 것이다.

• 2가지 전략을 병행하는 3파동 매수

일반적으로 엘리엇 파동에서 가장 길고 강한 파동은 3파동이다. 그리고 이 3파동은 보통 1파 고점을 돌파하는 순간 확정된다. 즉, 이 시점은 엘리엇 파동 관점에서 가장 명확한 매수 타이밍이라고 할 수 있다.

첫 번째 방법은 주가가 1파 고점을 돌파하고, 해당 가격대가 지지로 전환되는 시점에 매수하는 것이다. 이 방법의 장점은 3파동 진입 가능성이 매우 크다는 점이다. 다만, 1파 고점을 돌파한 이후에도 단기 조정을 줄 수 있고, 때에 따라서는 하락 추세 속 반등인 abc 파동일 가능

 시장을 꿰뚫는 주식 투자의 기술

〈도표 6-14〉 3파동 매수

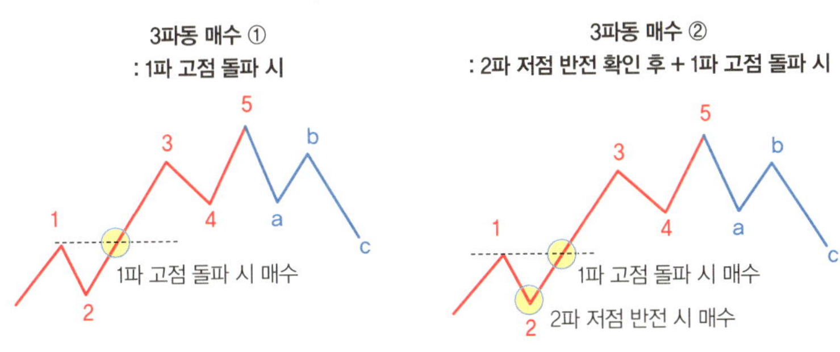

성도 완전히 배제할 수는 없다. 또한 이 시점은 이미 주가가 어느 정도 상승한 상태이기 때문에 저가 매수 관점보다는 선물이나 레버리지 투자와 같이 추세 추종형 매매에 더 적합한 구간이라고 볼 수 있다.

두 번째 방법은 일반적인 현물 투자자에게 보다 적합한 방식이다. '1파 상승 → 2파 조정'이 마무리된 이후, 주가가 반전하는 3파 초입에서 분할 매수하는 전략이다. 이 방법의 장점은 상대적으로 저가 매수를 할 수 있다는 점이다. 그러나 이 구간은 아직 3파동이 확정되기 전 단계이므로 실패할 경우 다시 하락으로 이어질 수 있다는 불확실성을 염두에 두어야 한다.

따라서 실전에서는 두 번째 방법으로 3파 초입에서 분할 매수한 이후 첫 번째 방법인 1파 고점 돌파 시 추가 매수하는 식으로 2가지 매수 전략을 병행하는 것이 가장 안정적인 접근이라고 할 수 있다.

매도 타이밍 잡기

매도는 매수보다 경우의 수가 훨씬 많은데, 여기서는 대표적인 고점 패턴인 헤드앤숄더 패턴을 활용한 매도 방법을 중심으로 살펴보려 한다.

헤드앤숄더 패턴은 일반적으로 상승 파동의 종료 지점과 하락 파동의 시작 지점이 겹치는 구간에서 자연스럽게 형성된다. 이 패턴의 핵심은 주요 지지-저항 역할을 하는 목선에 있다.

가장 이상적인 매도는 상승 5파동의 마지막 구간, 즉 최고점 부근에서 매도하는 것이다. 그러나 실전에서 이 타이밍을 정확히 잡기란 쉽지 않다. 만약 5파동 구간에서 매도하지 못했다면, 다음과 같은 매도 전략을 고려할 수 있다.

- abc 조정 파동 중 b파의 고점, 즉 헤드앤숄더 패턴의 오른쪽 어깨 구간에서 1차 매도
- 이후 a파 저점이자 목선이 붕괴하는 구간에서 2차 매도

즉, 오른쪽 어깨와 목선 이탈 구간에서 분할 매도를 할 수 있다는 의

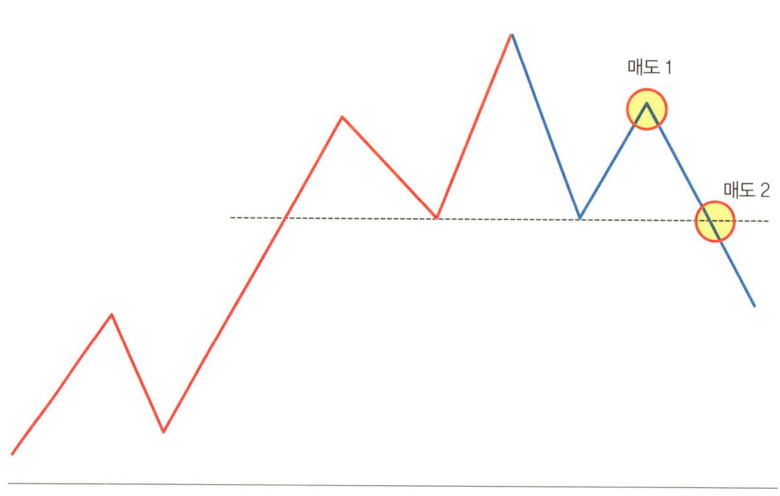

〈도표 6-15〉 헤드앤숄더 패턴을 이용한 매도 시점

시장을 꿰뚫는 주식 투자의 기술

미다. 여기서 반드시 주의해야 할 부분이 있는데, 바로 b파 반등 구간
이다. 이 반등을 새로운 상승의 시작으로 오인해 b파 고점에서 추격
매수를 하는 투자자들도 있다. 하지만 이후 전개되는 c파 하락에서 손
실 난 계좌를 들여다보며 오랜 시간 심리적 고통을 겪을 수 있다. 따라
서 헤드앤숄더 구간에서의 반등은 기회가 아니라 위험 신호로 인식하
는 것이 중요하다.

엘리엇 파동 실전 사례

내가 실전에서 활용했던 파동 카운팅 사례와 그에 따른 매수·매도 판단을 구체적으로 소개한다.

비트코인의 상승 파동과 하락 파동

파동은 주식에만 국한되지 않는다. 원자재, 지수, 비트코인 등 가격이 형성되는 모든 차트에서 동일하게 적용된다. 특히 비트코인은 고변동성 자산이자 대중심리가 가장 강하게 투영되는 자산으로, 파동의 구조가 비교적 선명하게 드러난다.

2019년부터 시작된 비트코인의 상승장, 2021년부터 찾아온 하락장, 그리고 또다시 찾아온 상승장 모두 파동 구조 안에서 나타났다.

〈도표 6-16〉 비트코인 차트에서 확인되는 상승 및 하락 파동(2018~2024)

시장을 꿰뚫는 주식 투자의 기술

2019년 이후 비트코인은 1~5파동으로 구성된 대규모 상승 랠리를 완성했다. 이후 조정 국면에서는 주식 시장과 마찬가지로 복합 조정 (w-x-y-x-z) 형태, 즉 큰 세 덩어리의 하락 파동을 그리며 조정을 마무리했고, 다시 한번 상승 랠리로 전환됐다.

중요한 포인트는 이 대파동(1~5)을 더 세부적으로 분해해보면, 그 안의 중파동과 소파동 역시 상승 1~5파동과 조정 파동 구조로 동일하게 카운팅할 수 있었다는 점이다. 이는 엘리엇 파동이 단순한 패턴이 아니라 프랙탈 구조를 가진 자연적 질서임을 보여준다.

특히 2021년 11월부터 2022년 11월까지 이어진 하락 구간은 약 77.5%에 달하는 매우 큰 하락폭을 기록했다. 그러나 이 하락 역시 명확한 세 덩어리 파동 구조로 하락했다는 점에서 의미가 있다. 따라서 2022년 11월에 형성된 저점은 최소한 기술적 반등 이상의 움직임을 기대해볼 수 있는 자리였으며, 실제로 이후 강한 상승 랠리가 이어졌다.

파동 카운팅을 통해 현재 가격이 정확히 어느 지점에 있는지를 100% 단정할 수는 없다. 그러나 주가의 위치를 높은 확률로 추정하고, 몇 가지 유력한 시나리오로 압축할 수만 있다면 투자 성과를 크게 개선할 수 있다.

특히 비트코인처럼 변동성이 큰 자산일수록 상승과 하락의 폭이 크기 때문에 파동을 활용한 고점·저점 접근 전략이 더욱 강력한 효용성을 가진다. 즉, 고변동성 자산일수록 파동 분석의 가치가 커진다는 점을 이 사례가 명확히 보여준다.

아이온큐의 상승 파동과 하락 파동

　아이온큐는 2024년 9월 6달러대에서 출발해 2024년 말 약 53달러까지 상승하며, 불과 3개월 만에 730% 이상 급등한 양자컴퓨터 관련주다. 이후 2025년 초 급락 국면에서는 3배 레버리지 상품이 상장폐지될 정도로 극단적인 변동성을 보여준 대표적인 고위험·고변동성 종목이기도 하다.

　그러나 이처럼 극단적 변동성을 보이는 중소형주 역시 엘리엇 파동을 통해 구조적으로 분석할 수 있다는 점이 중요하다. 아이온큐의 2024년 12월 구간을 살펴보면, 마지막 상승 5파동이 상승쐐기 형태로 진행됐고, 이후 고점을 소폭 높이는 휩소가 나온 뒤 급락했다.

〈도표 6-17〉 아이온큐 차트에서 확인되는 상승 및 하락 파동(2024~2025)

시가총액이 낮은 중소형주일수록 움직임이 빠르고, 변동성이 크며, 휩소가 빈번하게 발생하는 경향이 있다. 따라서 이런 종목을 매매할 때는 '최고점에서 팔겠다'는 욕심을 버리는 것이 무엇보다 중요하다. 파동상 5파동으로 추정되는 구간에 진입했다면, 추가 상승을 기대하기보다는 분할 매도로 접근해 물량을 줄여가는 것이 좋다.

양자컴퓨터는 본격적으로 수익화되거나 안정적인 기업 실적으로 연결되는 단계는 아니기 때문에 본격 수익화와 강한 서사가 발생하기 전까지는 테마에 따른 급등과 급락이 반복되는 구조로 주가가 형성되기 쉽다. 고변동성 테마주는 3파동의 가장 강한 상승 랠리 구간에서는 적극적으로 대응하고, 대부분의 물량은 3파동 말미에서 분할 매도로 접근한다. 5파동까지 보유하기로 하더라도 일부 물량만 남기는 전략이 리스크 관리 측면에서 유리하다.

비트코인 도미넌스의 하락 반전 예측

2025년 7월, 나는 비트코인 도미넌스(Bitcoin dominance)의 하락 반전을 전망했다. 비트코인 도미넌스란 암호화폐 시장에서 비트코인이 차지하는 시가총액 비중을 의미한다. 이 지표는 자금이 비트코인에 머무르고 있는지, 아니면 알트코인으로 확산되고 있는지를 보여준다.

일반적으로 도미넌스가 하락 반전할 경우 알트코인의 강한 상승이 나타나거나 비트코인 시장의 조정 국면이 시작되는 등 암호화폐 시장 전반에 중요한 국면 전환이 발생한다. 따라서 코인 투자에서 도미넌스는 반드시 함께 점검해야 할 핵심 지표 중 하나다.

나는 2025년 7월, 약 2년 9개월에 걸친 도미넌스 상승이 끝날 것이라고 전망했는데 해당 구간은 도미넌스의 최고점 구간이었다. 나는 어떻게 이 최고점 가능성을 미리 인지할 수 있었을까? 그 근거는 파동 분석이었다.

〈도표 6-18〉은 비트코인 도미넌스의 주봉 차트다.

주봉 기준으로 살펴보면, 도미넌스는 총 5개의 상승 파동을 완성했다. 특히 2024년 12월 이후 전개된 마지막 5파동은 상승쐐기 형태로 진행됐으며, 이후 패턴 이탈과 함께 본격적인 하락 파동으로 전환됐다. 현재 국면은 파동 구조상 하락 abc 중 c 파동이 진행되는 과정으로 추정된다. 이 사례는 엘리엇 파동 분석이 개별 종목이나 지수뿐만 아니라 비트코인 도미넌스와 같은 시장 구조를 보여주는 지표에도 동일하게 적용될 수 있음을 보여준다.

〈도표 6–18〉 비트코인 도미넌스의 주봉 추이(2022~2025)

파동 관점에서 AI 버블이 진행 중인 현재 미국 증시를 분석해보면, 2026년은 지수 조정이 발생하더라도 이후 다시 한번 마지막 상승 파동이 나갈 가능성을 전망해볼 수 있다.

이처럼 파동 분석은 새로운 국면으로의 전환, 중요한 변곡점의 형성, 다가올 위기와 기회를 사전에 인식할 수 있게 해준다는 점에서 투자자가 반드시 체득해야 할 핵심 분석 도구라 할 수 있다. 나는 이 파동 분석을 중심으로 시장의 흐름을 바라보고 있으며, 당신 역시 이를 자신만의 분석 방식으로 반드시 마스터할 것을 권한다.

6장의 액션 플랜

- 내 보유 종목 중 하나를 골라 일봉 차트를 열어보자. 그리고 지지-저항, 이평선, 거래량, 캔들 패턴 관점에서 저점 패턴 또는 고점 패턴이 있는지 확인해보자.

- 내 보유 종목 중 하나를 골라 일봉 차트를 분석해보자. 현재 파동 위치가 상승 파동인지, 조정 파동인지를 구분하고 세부 카운팅을 적어보자.

- 내 관심 종목들의 일봉 차트를 열고, abc 조정 파동에서 매수가 가능한 종목이 있는지 체크해보자.

7장

주도주 매매 전략: 올라갈 종목만 추적하라

가장 빠르게, 가장 큰 수익을 올리는 방법은? 주도주 투자가 정답이다. 그렇다면 주도주는 어디에 있고, 어떻게 찾아낼 수 있을까? 이 장에서는 주도주의 특성과 주도주 포착법, 주도주 매매법에 대해 알아보려 한다.

주도주가 투자의 핵심인 이유

트렌드 변화가 부를 바꾼다

인류의 생활상은 시기별로 삶의 방식을 바꾸는 혁신 기술의 변화와 함께 퀀텀점프해왔다. 그 과정에서 수혜를 입고 돈을 빨아들이는 기업

에는 자연스럽게 주가 급등이 따라왔다. 2장에서 소개한 시대별 시가 총액 순위 변화는 이런 트렌드 변화를 극명하게 보여준다.

시대별로 해당 시대를 주도하고 번창했던 산업은 〈도표 7-1〉과 같다. 그리고 우리는 현재 기술혁신에 의한 4차 산업혁명이 태동하는 시대에 살고 있다. 기술의 발전 속도는 시간이 갈수록 빨라지기 때문에 투자자는 이 트렌드의 변화를 정밀하게 포착해야 한다. 특히 4차 산업혁명의 주도 업종인 AI, 자율주행, 로봇, 드론, 양자컴퓨팅 등의 성장은 이제 초입 단계에 불과하며 이 안에 큰 기회가 있다는 사실에 집중해야 한다.

종목을 고를 때는 첨단 기술 변화 때문에 나타나는 실적 기반 장기 트렌드와 실적으로 연결되지 않는 단기 테마를 구분해야 한다. 보통 버블 랠리의 초중반은 실적주가 주도하지만, 후반으로 갈수록 스토리와 기대감에 의한 무실적 테마주가 강세를 보이는 경향이 있다.

코로나19 버블 후반부에 주가 급등의 광풍을 몰고 왔지만 한순간에 폭락한 메타버스 산업이 대표적 사례다. 메타버스는 미국의 세계적 빅

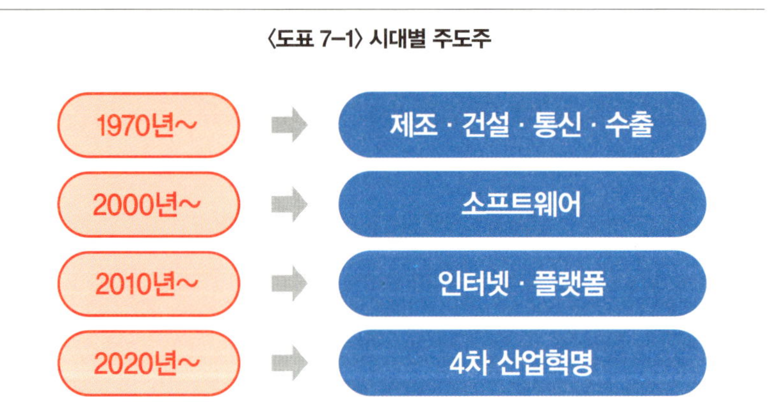

〈도표 7-1〉 시대별 주도주

테크 기업인 페이스북조차 2022년에 사명을 메타로 변경할 만큼 이슈가 된 산업이었다. 하지만 실제 매출로 연결되지 못했기에 급등했던 관련 기업들의 주가는 연속성을 가지지 못하고 하나같이 폭락의 길을 걸었다. 물론 메타버스도 언젠가는 AI 트렌드와 융합되고 실생활에서 사용되면서 실적을 가시화할 것이다. 그 시점이 온다면 메타버스 관련주도 실적과 연동된 진짜 랠리를 보여주게 될 것이다.

엔비디아가 장기간 미국 시가총액 1위를 유지해온 애플을 제친 사례를 살펴보자. 2024년 엔비디아의 시가총액 1위 등극은 단순한 주가 상승 이벤트가 아니라 산업의 중심축이 '모바일 혁신'에서 'AI 혁신'으로 이동했음을 보여주는 상징적인 사건이었다.

엔비디아는 2022년 10월을 기점으로 본격화된 AI 트렌드를 타고 급등하며 해당 산업의 흐름을 주도해왔다. 2022년 10월 저점부터 2025년 12월까지의 상승률이 약 1,650%에 달하며, 이는 단순한 호재

〈도표 7-2〉 엔비디아의 주가 추이(2022~2025)

가 아닌 시대 트렌드를 정확히 선점한 결과라고 할 수 있다.

반면 기존 시가총액 1위이자 한 시대를 풍미했던 애플의 주가 상승률은 같은 기간 약 118%에 그쳤다. 애플은 AI 산업이 아닌 애플카(전기차) 프로젝트에 약 10년간 막대한 투자를 지속해왔지만, 뚜렷한 성과를 내지 못한 채 해당 사업을 정리했다. 뒤늦게 AI 트렌드의 중요성을 인식하고 애플카 사업을 공식적으로 중단한 뒤 AI 산업에 집중하겠다는 전략 전환을 발표했다.

현재 시점에서 애플은 AI 모멘텀의 중심에 서 있다고 보기는 어렵다. 다만 향후 애플이 AI 산업에 얼마나 집중하고, 이를 실질적인 제품과 실적으로 연결할 수 있느냐에 따라 다시 한번 시가총액 구조의 변화가 나타날 가능성도 배제할 수는 없다.

이 사례가 시사하는 바는 분명하다. 시대의 트렌드 변화는 단순히 한 기업의 주가를 넘어 기업과 투자자 모두의 운명을 좌우한다. 이는 투자의 본질에 해당하는 요소로, 개별 종목의 세부적인 기술적 분석에 앞서 항상 직관적으로 인식하고 집중해야 할 가장 중요한 판단 기준이다.

시대별 주도주 찾는 방법

시대별로 주도주는 끊임없이 교체됐다. 이는 곧 트렌드가 고정된 것이 아니라 기술과 산업 발전에 따라 지속적으로 변화하고 진화한다는 의미다. 〈도표 7-3〉은 한국 증시 역사에서 나타난 시대별 주도 트렌드의 변화를 보여준다.

이처럼 시대별 기술 발전과 산업 구조 변화에 따라 주도 트렌드는 계속해서 바뀌었다. PC·스마트폰·전기차·AI처럼 한 시대의 생활 방식과 산업 지형을 근본적으로 바꿔놓는 주도산업이 등장하면, 그 중심에 선 1등 기업은 장기간 시대 주도주로 자리 잡으며 압도적인 주가 상승을 만들어낸다.

따라서 투자에서 가장 중요한 질문은 '지금 주가가 오를 것인가?'가 아니라 '지금 우리는 어떤 트렌드의 한가운데에 있는가?'다. 현재의 주도산업이 무엇인지, 그 안에서 자금과 관심이 가장 강하게 몰리는 주

〈도표 7-3〉 한국 증시 시대별 주도주

- **1998~1999년:** 인터넷 · 정보통신(닷컴 버블) → 새롬기술, 다음, SK텔레콤, 한글과컴퓨터 등
- **2003~2007년:** 조철기(조선 · 철강 · 기계) → 현대중공업, POSCO, 두산중공업 등
- **2009~2010년:** 7공주 → LG화학, 기아차, 삼성전기, 하이닉스, 삼성SDI, 삼성테크윈, 제일모직
- **2010~2011년:** 차화정(자동차 · 화학 · 정유) → 현대차, 기아차, LG화학, SK이노베이션, 에쓰오일 등
- **2015년:** 화장품(중국 한류) → 아모레퍼시픽, LG생활건강, 코스맥스, 한국콜마 등
- **2016~2017년:** 반도체 → 삼성전자, SK하이닉스 등
- **2020년:** BBIG(바이오 · 배터리 · 인터넷 · 게임) → 삼성바이오로직스, LG화학, 네이버 · 카카오, 엔씨소프트 등
- **2023년:** 배터리(소재) · 반도체 → 에코프로, SK하이닉스, 한미반도체 등
- **2025년:** 반도체(AI) → SK하이닉스, 삼성전자

도주가 무엇인지를 큰 흐름에서 읽어내고자 항상 노력해야 한다.

기술적 분석이 타이밍을 정교하게 파악하도록 해준다면, 시대 트렌드에 대한 인식은 '무엇을 보유할 것인가'를 결정한다. 이 2가지가 맞물릴 때 장기적으로 의미 있는 성과에 가까워질 수 있다.

시장을 꿰뚫는 주식 투자의 기술

10배 주도주의 12가지 필수 조건

투자자라면 누구나 10루타, 즉 10배 이상 상승하는 종목을 잡고 싶다는 꿈을 꾼다. 실제 주식 시장 역사에서 10배 오른 종목들에는 어떤 특징이 있었을까?

일시적 테마주 상승이 아니라 추세를 강하게 이끌었던 주도주들에는 몇 가지 공통점이 있다.

시대 변화 속에서 트렌드를 주도한다

몇 배, 몇십 배가 오르는 주도주는 시대 변화 속에서 트렌드를 이끌며 대중의 관심과 소비가 몰려 수혜를 받는 기업이다. 독보적 경쟁력, 경제적 해자를 보유했으며 시대와 환경의 변화, 기술의 발전, 트렌드, 소비 유행, 환율 및 금리 변화, 정책 변화의 수혜 등에 힘입어 실적이 급증하며 미래 실적 예상치 또한 급격히 상향되는 기업이다. 인터넷, 스마트폰, 전기차, AI 등 시대 흐름을 타며 트렌드를 이끌었던 기업들은 언제나 실적과 예상 실적의 급증을 보여줬고 이는 시장에서 부여하는 멀티플(PER) 상승으로 이어졌다. 이 오버슈팅으로 인해 주가는 기업의 본래 가치보다 훨씬 더 많이 상승하고, 올라간 주가는 정당성을 부여받으며, 이후 실적 모멘텀이 꺾이거나 경쟁자들의 증가로 영업이익률이 꺾이며 랠리는 끝난다.

주가는 결국 실적이다. 주도주는 소비자가 지갑을 열게 하고 실적, 특히 실적 증가폭이 가파른 종목이다. 이 과정에서 영업이익이 가파르게 증가하며 경쟁력의 증거인 영업이익률 또한 급증한다. 단, 해당 업종이나 기업의 실적 활황이 숫자로 나타난 지 오래라면 주가는 이미 상당히 올라 있을 가능성이 크다. 실적이 얼마간 올랐다고 무조건 주도주가 되는 것은 아니지만, 실적 급증이 없는 주도주도 없다. 따라서 우리는 실적이 주도주의 핵심 요건이라는 점에 집중할 필요가 있다.

〈도표 7-4〉 10배 상승 주도주 예시

No.	종목	업종	기간	상승률	모멘텀
1	아마존닷컴	온라인 판매	23개월 (1997.5~1999.4)	84배	인터넷 쇼핑 확산 기대
2	다음 (현 카카오)	인터넷	3개월 (1999.11~2000.2)	53배	인터넷 플랫폼 확산 기대
3	현대상선 (현 HMM)	해운업	50개월 (2003.3~2007.5)	61배	해운업 빅 사이클
4	애플	제조	56개월 (2003.4~2007.12)	32배	휴대용 미디어 기기 대중화
5	삼천리자전거	자전거	8개월 (2008.9~2009.5)	17배	전국 자전거도로 사업
6	넷플릭스	OTT 서비스	33개월 (2008.10~2011.7)	17배	OTT 서비스의 확장
7	기아	자동차	30개월 (2009.3~2011.4)	13배	실적, 환율 등 우호적 요인
8	선데이토즈 (현 위메이드플레이)	게임 개발	10개월 (2013.12~2014.10)	6배	휴대전화 게임 애니팡 열풍
9	아모레퍼시픽	화장품	20개월 (2013.11~2015.7)	5배	중국 한류 열풍 수출 증가
10	F&F홀딩스	의류	51개월 (2017.1~2021.4)	11배	중국 진출 브랜드 확장
11	아프리카TV	미디어 플랫폼	46개월 (2018.1~2021.11)	13배	1인 미디어 확산
12	테슬라	자동차	25개월 (2019.10~2021.11)	27배	전기차 확산
13	씨젠	진단키트	10개월 (2019.11~2020.8)	15배	코로나19 진단키트 수요 증가
14	에코프로	이차전지	12개월 (2022.7~2023.7)	24배	이차전지 테마
15	엔비디아	AI · 반도체	36개월 (2022.10~2025.10)	17배	AI 트렌드 주도

※ 시세 저점에서 최고점 기준

 시장을 꿰뚫는 주식 투자의 기술

〈도표 7-4〉는 단기간에 큰 시세를 냈던 주도주들을 보여준다.

오프라인 중심의 소비 구조를 온라인으로 전환한 아마존닷컴, 휴대용 미디어 기기를 대중화하며 새로운 생태계를 만든 애플, 정책적 수혜를 바탕으로 자전거 시장의 성장을 이끌었던 삼천리자전거, 영화와 드라마의 시청 패턴을 완전히 바꿔놓은 넷플릭스, 전기차 산업의 방향성을 선도한 테슬라, 그리고 현재 AI 트렌드를 이끌며 시가총액 1위에 오른 엔비디아까지. 이처럼 큰 상승을 만들어낸 시대별 주도주들은 공통으로 실적의 구조적 급증을 만들어낼 수 있는 트렌드를 선도했고, 그 과정에서 정책 변화에 빠르게 적응하거나 직접적인 수혜를 받은 기업들이었다.

여기서 가장 중요한 요소는 트렌드의 존속 기간, 즉 지속성이다. 트렌드가 짧다면 그로 인한 수요 증가 역시 일시적일 수밖에 없고, 이는 곧 기업 이익의 지속성이 짧아진다는 것을 의미한다. 그러면 주가 역시 잠깐 급등한 뒤 빠르게 사그라들 가능성이 크다. 다음은 이런 트렌드 지속성의 한계를 명확히 보여주는 사례다.

코로나19 팬데믹 때 코로나19 진단키트 테마로 급등한 씨젠을 보자. 씨젠은 10개월간 15배가 올랐다. 매우 이례적인 상승률인데, 그만큼 코로나19가 전 세계에 미친 영향이 컸고 이에 따라 진단키트 수요가 폭발적으로 증가하며 실적에 직접적으로 반영됐기 때문이다.

〈도표 7-5〉 씨젠의 영업이익 추이　(단위: 억 원)

구분	2019년	2020년	2021년	2022년
영업이익	2.2	67.6	66.7	19.7

실제 씨젠의 영업이익은 2019년 2.2억 원에 불과했으나, 코로나19 발생 후인 2020년 67.6억 원, 2021년 66.7억 원으로 폭발적으로 증가했다. 하지만 코로나19가 점차 잠잠해지면서 진단키트 수요가 급감하자 2022년 19.7억 원으로 급격히 감소했다. 주가 역시 동일한 흐름을 보였다. 코로나19 발발 직전인 2019년 11월 1만 600원이었던 주가는 2020년 8월 16만 1,900원까지 단기간에 급등했지만, 이후에는 매우 빠른 속도로 급락했다.

이 사례는 실적이 아무리 단기간 폭증하더라도, 그 성장이 지속되지 못하면 주가는 한순간에 무너질 수 있다는 점을 명확히 보여준다. 즉, 주도주 투자에서 진정으로 중요한 것은 실적의 크기가 아니라 그 실적을 만들어내는 트렌드와 재료가 얼마나 오래 지속될 수 있느냐다. 이 지속성을 예측하는 능력이 주도주 투자의 핵심 역량이다.

또 다른 사례로 선데이토즈(현 위메이드플레이)를 살펴보자. 선데이토즈는 2012년 하반기 모바일 게임 애니팡을 출시하며 폭발적인 성공을 거뒀다. 애니팡은 다운로드 2,000만 건, 동시접속자 200만 명을 기록하며 모바일 게임 역사상 가장 큰 흥행 사례로 자리 잡았다.

전 국민이 애니팡을 즐겼고 유료 아이템 결제가 급증하면서 회사의 실적이 빠르게 개선됐다. 이에 따라 선데이토즈의 주가는 약 10개월 만에 6배 이상 상승했다.

<도표 7-6> 선데이토즈의 영업이익 추이 (단위: 억 원)

구분	2012년	2013년	2014년	2015년
영업이익	−1.1	173	612	249

 시장을 꿰뚫는 주식 투자의 기술

선데이토즈의 실적은 2012년 영업이익 -1.1억 원에서 2013년 173억 원으로 급격한 턴어라운드를 기록했다. 이어 2014년에는 612억 원까지 폭증하며 정점을 형성했다. 그러나 유행은 오래가지 못했고, 2015년에는 영업이익이 249억 원으로 급감했다.

주가 역시 실적 흐름을 그대로 반영했다. 2013년 12월부터 약 6배 상승한 주가는 2014년 10월 고점을 형성한 이후 빠르게 하락세로 전환됐다. 하나의 게임에 수익 구조가 과도하게 의존할 경우 트렌드의 수명이 제한될 수밖에 없다는 구조적 한계를 명확히 보여준 사례다.

'진단키트로 검사만 하지 말고 주식을 샀다면 어땠을까?'

'애니팡 아이템을 유료 결제하기 전에 주식을 샀다면 어땠을까?'

이런 가정과 후회는 일단 뒤로 미루자. 우리가 주목해야 할 지점은 따로 있다. 이 사례들이 공통으로 말해주는 사실은 분명하다. 시장과 주가는 기업 이익의 피크아웃과 이후 감소 가능성을 놀라울 정도로 빠르게 포착해 선반영한다는 점이다. 그래서 주도주 투자에서 집중해야 할 대상은 실적 급증만이 아니다. 중요한 것은 그 실적을 만들어내는 모멘텀이 얼마나 오래 지속될 수 있느냐다. 그리고 그 모멘텀이 약화되기 시작하는 시점을 얼마나 빠르게 감지하느냐도 그에 못지않게 중요하다.

이 두 사례가 공통으로 말해주는 바는 여기서 더욱 분명해진다. 주가는 실적과 모멘텀에 반응하지만, 결말은 그 지속성에 좌우된다. 따라서 투자자는 언제나 다음 질문을 스스로에게 던져야 한다.

이 상승은 일시적인 이벤트인가, 아니면 앞으로 수년간 실적을 지탱할 구조이 질문에 답할 수 있어야만 반짝 급등주와 진짜 시대 주도주를 구분할 수 있다. 여기에 기술적 분석을 결합해 모멘텀이 꺾이는 지점에서의 매도 타이밍까지 정교하게 포착할 수 있다면, 투자가 단순히 수익을 내는 행위를 넘어 수익의 크기와 효율성을 동시에 끌어올리는 전략으로 완성될 것이다.

큰 시장(산업)을 이끈다

혁신 기술이 만들어내는 상승 랠리는 5년 내외로 이어지는 경향이 있다. 닷컴 버블(1995~), 모바일 혁명 이후의 FANG(Facebook·Amazon·Netflix·Google) 랠리(2016~)가 대표적이다. 현재 진행 중인 AI 랠리(2022년 10월~) 역시 이런 흐름의 연장선이다.

이 시점에서 투자자가 가장 먼저 고민해야 할 질문은 단순하다.

이 트렌드 안에서 누가 시장을 이끄는가?
그 트렌드의 가장 큰 수혜는 어떤 기업이 가져갈 것인가?

이 질문에 답하는 과정이 주도주를 포착하는 첫 번째 단계다. 주도주의 상승폭을 결정하는 핵심 요소는 미래 실적 증가의 기울기다. 이를 판단하기 위해서는 해당 기업이 속해 있는 산업의 시장 규모를 반드시 살펴봐야 한다.

시장이 클수록, 그리고 그 시장의 성장률과 파이가 클수록 그 안에서 일부 점유율만 확보하더라도 해당 기업에 돌아가는 몫이 커진다. 전기차(자율주행), AI, 로봇 등이 대표적인 예다.

현재의 핵심 트렌드인 AI 산업을 보자. AI 시장 규모는 2025년 약 2,437억 달러로 추정되며, 연평균 28% 성장을 이어가 2030년에는 8,300억 달러에 이를 것으로 전망된다. 이 중 미국 시장이 2025년 기준 약 662억 달러로 가장 큰 비중을 차지하는데, 이는 AI 산업을 이끄는 미국 주도주의 수익률이 가장 높게 나타날 가능성이 크다는 의미다.

AI 산업의 초기 성장과 매출 확대를 주도한 엔비디아는 2022년 10월부터 2025년 7월까지 약 2년 반 만에 주가가 약 17배 상승하며, 마이크로소프트와 애플을 제치고 시가총액 1위에 올랐다. 이는 새로운 산업이 태동 초기의 고성장 국면에 진입할 때 나타나는 전형적인 고수익 구간의 수혜 사례다. 산업이 성숙기에 접어들고 경쟁이 심화되면, 주도주라고 하더라도 수익률은 자연스럽게 낮아진다.

일반적으로 시장이 이미 대중에게 깊이 침투한 성숙기보다 성장 초입일수록 주가 상승폭이 훨씬 크다. 또한 성장 초기에는 시장을 선점한 소수 기업이 사실상 독점적 지위를 차지하며, 이 과정에서 영업이익률이 급격히 상승하는 경향이 있다. 실제로 초기 AI 시장을 이끈 엔비디아의 GPU 칩은 수요가 공급을 압도하며 "비싸도 좋으니 우리에게 팔아달라"는 고객사의 요청이 이어졌고, 그 결과 2025년 4분기 기준 영업이익률은 약 67%에 달했다.

다만, 산업 성장 초기에는 수많은 기업이 경쟁에 뛰어든다. 초반에 두각을 나타낸 기업이라고 하더라도 어느 순간 경쟁에서 밀려 소리 없이 사라질 가능성 역시 항상 존재한다. 따라서 산업의 흐름과 경쟁 구도를 지속적으로 점검해야 한다.

시장의 크기가 곧 실적의 크기이며, 큰 시장에서 점유율을 독식하며 산업을 이끄는 기업이라면 주가의 상승 추세는 생각보다 훨씬 길게 이어질 수 있다. 주도주에서 소외되거나 이익과 영업이익률이 감소하기 시작한 기업은 매수 대상에서 제외해야 한다.

스토리만이 아니라 실적으로 뒷받침한다

성장 산업에서 주도주를 찾을 때 가장 경계해야 할 요소는 그럴듯한 스토리만 있고 실적이 따라오지 않는 경우다. '이 산업은 엄청나게 성장할 것이다'라는 이야기는 중요하지 않다. 소비자가 실제로 지갑을 열지 않는다면, 그 기업은 결국 스토리와 기대만 남긴 채 단기간 주가 상승 이후 상승분을 모두 반납하게 될 것이다.

대표적인 사례가 수소차 기업 니콜라다. 니콜라는 화려한 스토리와 비전을 앞세워 시장의 주목을 받았지만, 실제 제품 생산과 매출로 연결되지 못했다. 급등했던 주가는 이후 장기간 하락의 길을 걸었으며, 니콜라는 2025년 2월 법원에 파산보호 신청을 했고 공식적으로 상장폐지가 됐다.

이처럼 스토리만 있고 숫자가 없는 기업, 즉 매출과 이익으로 전환되지 않는 산업과 기업은 언젠가 찾아올 하락을 반드시 대비해야 한다. 반대로 시대 변화를 이끄는 진짜 산업은 소비자의 지갑을 열게 하고, 그 트렌드를 이끄는 주도주는 실적 증가와 주가 상승의 열매를 거

시장을 꿰뚫는 주식 투자의 기술

둔다.

따라서 실적 증가 예상치, 실제 실적의 증가 속도와 추세를 함께 확인해야 한다. 만약 주도주의 실적 증가세가 꺾이고 영업이익률 감소가 연속적으로 나타난다면, 그때는 매도를 준비해야 할 시점이다.

지수보다 강하다

주도주는 언제나 자신이 속한 지수보다 강한 흐름을 보인다. 주도주는 지수 대비, 업종 대비, 동일 업종 내 종목 대비 모두 강한 특성을 지닌다. 즉 주도주는 코스피·코스닥·S&P500·나스닥 등 자신이 속한 지수보다 더 강한 상승률을 기록하고, 그 주도주가 속한 업종 역시 시장 평균보다 강하며, 같은 업종 내 다른 종목들보다도 앞서 나간다.

이런 상대적 강세는 단순한 느낌이 아니라 상승률 비교라는 객관적 기준을 통해 명확히 확인할 수 있다. 특히 IMF 외환위기, 글로벌 금융위기, 코로나19 팬데믹과 같은 대규모 하락장 이후 시장이 바닥을 다지고 반전할 때, 지수 대비 가장 먼저, 그리고 가장 강하게 움직이는 종목들이 등장한다. 이들이 바로 다음 상승 사이클을 이끄는 주도주가 된다.

〈도표 7-7〉은 미국 증시의 대표지수인 S&P500과 AI 트렌드의 중심에 있는 엔비디아의 2023년 초 주가 흐름을 비교해 보여준다.

엔비디아 주가와 S&P500 지수는 2022년 11월 20주 이평선을 동시에 돌파했지만, 이후 S&P500 지수는 수평 횡보하며 20주선을 이탈했고 이후의 상승도 비교적 느렸다. 반면 엔비디아는 최초 20주선 돌파 이후 이탈 없이 빠르게 우상향했다. 이후 2023년 9월 조정에서도 S&P500 지수가 20주선을 크게 이탈하며 가격 조정을 보인 반면, 엔비디아는 큰 폭의 이탈 없이 기간 조정 후 가파르게 상승했다. 엔비디아는 2025년까지도 AI 버블 랠리의 대장주 역할을 했다.

이렇게 주도주는 상승장 초입에서부터 지수보다 먼저, 그리고 강하

〈도표 7-7〉 엔비디아와 S&P500의 추이(2023~2025)

시장을 꿰뚫는 주식 투자의 기술

고 빠르게 상승하는 경향이 있다. 또한 조정 구간에서도 가격 방어가 탁월하다. 이런 특성을 이해한다면 상승장 초입에 주도주를 선별해 투자 기회를 잡아낼 수 있다.

하락장 말미부터 상승장 초입, 지수가 반등을 위해 꿈틀대는 구간에서 특정 종목이 지수보다 빠르고 강하게 치고 나간다면? 그 종목이 주도주로서 반등을 주도해 시장의 상승 전환을 이끌 가능성이 크다. 모두가 공포에 사로잡힌 하락장 한가운데서 지수를 뚫고 강하게 상승하는 트렌드, 그리고 그 트렌드를 주도하는 종목에 주목해야 한다.

52주 신고가를 뚫으며 강력한 시세를 분출한다

강한 주도 트렌드는 반드시 52주(1년) 신고가를 돌파하며 상승 랠리를 연출한다. 이는 필연적 과정이다. 52주 신고가란 지난 1년간 누적된 모든 매물과 하락 압력을 흡수하고 저항을 뚫어냈다는 의미다. 다시 말해 1년간의 악성 매물을 모두 소화한 뒤 매물대가 사실상 비어 있는 구간에 진입했다는 뜻이며, 이 구간에서는 주가를 위로 끌어올리기가 매우 수월해진다.

많은 투자자가 신고가를 두려워한다. 그러나 매물대가 없는 구간은 오히려 시세 상승이 가장 쉬운 구간이다. 이는 모든 주도주의 공통되는 특성이기 때문에 52주 신고가를 두려워할 필요가 없다. 주도주는 신고가를 돌파하며 계속해서 위로 나아가는 가장 강한 종목이기 때문이다.

52주 신고가 외에도 일정 기간 상승률 상위 종목, 상한가 종목, 거래

대금 상위 종목 등 시장의 관심과 자금이 집중되는 종목들을 통해서도 주도주를 확인할 수 있다.

〈도표 7-8〉은 52주 신고가 돌파 이후 시세를 분출하는 테슬라의 사례를 보여준다.

52주 신고가 부근은 가장 강력한 저항·매물대 구간이었으며, 이를 돌파한 후 리테스트 조정을 거쳐 매우 강력한 상승 랠리가 펼쳐졌다. 52주 신고가 부근에 이르렀을 때, 주가가 이미 많이 올랐다고 생각해 매도한 투자자도 많았다. 하지만 52주 신고가 부근에서만 매수했더라도 고점까지 무려 1,100% 정도의 상승을 누릴 수 있었다. 이것이 바로 주도주가 상승하는 과정이다.

물론 52주 신고가의 위치가 중요 매물대와 맞물려 있는 경우가 많기 때문에 세력 입장에서는 한 번에 강하게 돌파하기보다 해당 구간에서 위아래로 흔들며 개미 털기 움직임을 보이곤 한다. 테슬라의 사례처럼, 신고가를 돌파한 뒤 그 지점까지 다시 조정을 주는 리테스트 과정을 거친 다음에 상승하는 패턴도 흔하다. 이미 많이 오른 52주 신고가 부근에서 몰빵 투자를 한 투자자는 이런 개미 털기에 시달리다가 손절을 하는데, 그러고 나면 주가가 다시 올라 이중으로 고통받기도 한다.

또한 52주 신고가만을 노리는 단기 투자자들도 많기 때문에 이 구간에서는 의도적으로 변동성을 키워 개미를 털어내는 움직임이 나타나는 경향이 있다. 52주 신고가 부근에서는 많은 개인 투자자가 탈락한다. 반대로 말하면, 이런 조정을 거침으로써 움직임이 가벼워진다는 의미이기도 하다. 가벼워진 주가가 52주 신고가 위, 즉 매물 없는 구간에 진입하고, 기업의 강한 실적 모멘텀이 지속된다면 주가는 신고가를 연속적으로 경신하며 높은 수익률을 만들어낸다. 이것이 바로 매물 소화 이후 급등하는 주도주의 본질적인 메커니즘이다.

52주 신고가 부근의 조정과 개미 털기를 버텨내는 힘은 실적 지속에 대한 확신에서 나온다. 분석이나 공부 없이 남들이 좋다고 해서 사는 사람들은 그 종목에 대한 확신이 없기 때문에 이런 심리 싸움에서 속수무책으로 당하기 쉽다.

52주 신고가를 돌파할 것인가, 아니면 해당 구간에서 다시 꺾일 것인가는 기업의 미래 실적 모멘텀에 달렸다. 단순한 기술적 돌파가 아니라 실적·트렌드·수급이 함께 뒷받침될 때 신고가는 의미를 가진다. 52주 신고가를 기록하는 종목에는 반드시 이유가 있다. 지난 1년간의 하락을 모두 만회하고 매물을 받아낸 주가는 실적·트렌드·수급 중 최소 하나 이상의 강력한 시세 분출 모멘텀을 보유하고 있다. 따라서 투자자는 '왜 신고가를 냈는가?'에 대한 답을 집요하게 찾아내야 한다.

3파동 상승 국면에서 강력한 랠리를 보인다

강한 주도주는 상승 초입부터 대규모 메이저 세력이 본격적으로 매집에 나서며 주가를 끌어올린다. 이 과정에서 기존 매물대를 돌파하고 그 위에 안착하는 흐름이 나타나며, 강한 거래량과 함께 상승이 나타난다.

주가 상승을 주도하는 핵심 메이저 세력뿐만 아니라 기관·외국인·추종 매수세 등 다양한 매수 주체가 동시에 가담하기 때문에 상승 국면에서는 거래량이 급증한다. 거래량이 동반된 상승은 방향성이 명확하게 형성된 추세 상승이라는 점에서 의미가 있다.

주도주의 가장 강력한 랠리는 파동 구조상 3파 상승 국면에서 주로 나타난다. 1파 상승은 정보가 부족하고 확신이 없는 상태에서 시작되기 때문에 이를 초기에 포착하기는 쉽지 않다. 그러나 주도주는 1파 상승 이후 2파 조정 구간에서 반드시 매수 기회를 제공한다. 주도주는 1파 상승 이후 나타나는 조정 국면에서 쉽게 무너지지 않는다. 이 조정은 하락의 신호가 아니라 단기 추종 매수와 불안한 개인 투자자를 정리하며 상승 에너지를 축적하는 과정이기 때문이다. 이 구간에서 주가가 흔들릴 수는 있으나 1파 상승의 저점을 깨는 하락은 나타나지 않는다.

2파 조정을 마친 뒤 3파 상승으로 전환된 주도주는 시장의 관심과 자금이 본격적으로 집중되면서 가장 강력하고 빠른 상승을 만들어낸다. 이후 단기 조정을 거쳐 피날레인 5파 상승에 이르기까지 상당 기간에 걸친 대규모 상승 랠리가 전개된다. 즉, 주도주 투자의 핵심은 1파

 시장을 꿰뚫는 주식 투자의 기술

시작점을 맞히는 것이 아니다. 2파 조정에서 무너지지 않는 구조와 실적·트렌드를 확인하고, 가장 강력한 시세가 분출되는 3파 구간에 올라타는 것이다.

가는 놈이 더 간다

상승장에서 가장 강한 시세는 언제나 주도주에서 시작된다. 시장의 자금과 관심이 한곳으로 집중되며 대장주가 탄생한다. 그런데 많은 투자자는 이 지점에서 의문을 품는다. '너무 오른 것 아닌가?', '이제 빠질 차례 아닌가?'라는 생각에 주도주를 팔고, 아직 오르지 않은 종목으로 갈아탄다. 그러나 결과는 대개 비슷하다. 주도주는 계속 오르고, 안 오른 종목은 계속 바닥을 기는 모습이 반복된다. 이것이 바로 시장의 생리다.

앞서 언급했듯, 주도주는 단순히 주가가 오른 종목이 아니라 시장의 트렌드를 대표하고 이끄는 종목이다. 반대로 오르지 않은 종목은 그 트렌드에서 벗어나 있거나 아직 시장의 관심과 자금이 몰리지 않은 종목이다. 물론 안 오른 종목도 언젠가는 차례가 올 수 있다. 그러나 밸류에이션이 아무리 싸더라도, 트렌드에서 소외돼 있거나 수급이 붙지 않는 종목은 상승까지 오랜 시간이 걸릴 수 있다. 그런 종목을 매수해 보유한다면 그 시간 동안 자금이 기회비용으로 묶이게 된다.

지금 당장 시장의 주목을 받고 실제로 돈이 몰리는 종목, 즉 가는 놈이 더 간다는 것이 주도주의 본질적인 특성이다. 특히 하락장에서 상승장으로 전환되는 국면에서는 예외 없이 시대를 대표하는 주도주가 탄생하며, 그 주도주가 시장의 턴어라운드를 이끈다.

따라서 주도주에 소액이라도 투자해두는 것은 상승장에서 나만 소외되는 FOMO에서 벗어나는 방법이다. FOMO에 사로잡히면 주도주가 피날레를 장식하는 최고점 구간에서 목돈을 투자해 큰 손해를 보기 쉽다. 뉴턴과 같은 천재 과학자도 주식 시장에서의 FOMO를 피하지 못했다. 항상 주도주에 관심을 기울이면서 소액이라도 좋으니 투자에 동참하는 것이 좋다.

대량 거래량(대규모 자금)이 붙는다

거래량은 곧 돈이다. 거래량은 단순한 숫자가 아니라 자금이 실제로 들어오고 나간 흔적이다. 내가 거래량을 가장 중요한 지표 중 하나로 보는 이유도 여기에 있다. 거래량만큼 자금의 의도를 직접적으로 보여주는 지표는 없기 때문이다. 특히 저점 횡보 구간에서 거래량이 많이 유입된 종목은 주목할 필요가 있다. 저점권에서 대량 거래가 발생했다는 것은 그만큼 많은 자금이 낮은 가격대에서 투입됐다는 의미다. 이후 주가가 해당 거래량이 형성된 가격 위에서 안착한다면, 매집 세력은 손실을 허용하지 않기 때문에 주가는 위쪽으로 움직일 가능성이 커진다. 이것이 저점권 거래량을 눈여겨봐야 하는 이유다.

물론 저점권에서 충분한 매집 거래량이 보이지 않더라도, 주가를 들어 올리는 과정에서 뒤늦게 거래량이 폭발하는 경우도 있다. 상승 과정에서 터진 거래량은 새로운 자금이 추세에 동참하고 있음을 보여주는 신호이며, 시세가 한 단계 확장되는 계기가 된다.

중요한 점은 주가를 움직이는 원동력은 결국 돈, 즉 거래량이라는 사실이다. 거래량이 집중된 구간은 시장 참여자들의 이해관계가 가장 강하게 충돌한 자리이며, 이런 구간은 이후 변곡점이 될 가능성이 크다. 상승이든 하락이든, 그 변곡점은 한 방향으로 큰 시세가 전개될 가능성을 내포하고 있다. 따라서 기술적 분석을 할 때는 반드시 거래량을 확인하는 습관을 들여야 한다. 거래량이 말해주는 것은 과거의 움직임이 아니라 앞으로 주가가 움직일 방향이기 때문이다.

적정 가치를 크게 초과해 상승한다(오버슈팅)

이 특징은 투자자에게 2가지 중요한 메시지를 던진다. 첫째, 주도주를 너무 일찍 팔지 말라는 것이고, 둘째, 이미 적정 가치를 크게 초과한 구간에서는 분할 매도로 대응해야 한다는 것이다.

우리는 보통 PER, PBR과 같은 지표를 통해 기업의 적정 가치, 즉 밸류에이션을 평가한다. 다시 말해 PER, PBR을 '이 주식이 현재 싼지, 비싼지'를 판단하는 기준으로 삼는다. 그러나 주도주가 시세를 본격적으로 분출하는 국면에서는 이런 적정 가치를 훨씬 넘어서는 상승, 즉 오버슈팅이 빈번하게 발생한다.

대표적인 사례가 2015년 중국 한류 열풍 당시의 아모레퍼시픽이다. 당시 주가 고점에서 아모레퍼시픽의 PER은 약 50배 수준까지 상승했다. 시세가 본격적으로 폭발하기 전인 2013년 말 PER이 25배 내외였고, 국내 화장품 업종 평균 PER이 15~20배 수준이었음을 고려하면 2015년 주가는 실적 대비 과도한 오버슈팅을 만들어냈다고 볼 수 있다.

이 상승 랠리는 2013년부터 2015년까지 이어진 아모레퍼시픽의 높은 성장성과 미래 기대감이 주가에 선반영되며 나타난 전형적인 오버슈팅 사례였다. 물론 미래 이익 증가율이 매우 높을 것으로 기대된다면, 높은 PER 역시 일정 부분 정당화될 수 있다.

그러나 앞서 언급한 세력의 시세차익 관점에서 보면, 주도주는 어느 시점에서든 과도한 밸류에이션, 이평선과의 극단적인 이격, 주가 고점 형성이라는 과정을 반드시 거치게 된다. 특히 트렌드의 지속성이 짧거나 일시적인 단기 주도주일 때는 대중의 관심과 자금이 극단적으로 쏠리면서 단기간에 적정 가치를 훨씬 초과하는 시세가 만들어지기도 한다. 하지만 주가는 결국 적정 가치로 되돌아온다.

이 개념을 가장 직관적으로 설명한 비유가 앙드레 코스톨라니의 '주

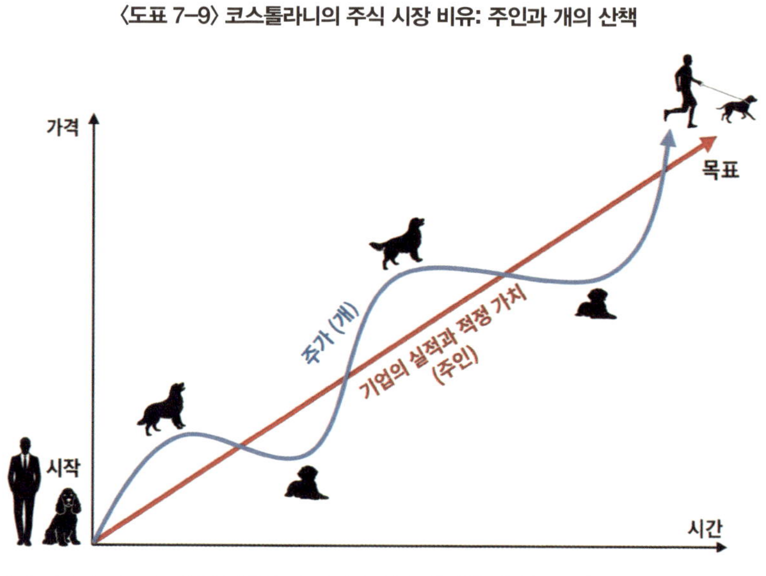

〈도표 7-9〉 코스톨라니의 주식 시장 비유: 주인과 개의 산책

시장을 꿰뚫는 주식 투자의 기술

인과 개의 산책'이다.

주인이 가는 길은 기업의 실적과 적정 가치이고, 개가 가는 길은 주가다. 산책하는 동안 개는 주인보다 앞서가기도 하고 뒤처지기도 하지만, 결국 집에는 주인과 함께 돌아온다. 즉, 주가는 단기적으로 적정 가치를 벗어날 수 있지만 장기적으로는 기업의 가치라는 기준점에 수렴할 수밖에 없다는 얘기다. 따라서 우리는 '좋은 기업인가?'라는 질문에서 한 걸음 더 나아가 '그래서 지금 이 가격이 좋은 주식인가?'라는 질문을 끊임없이 던져야 한다.

"이 회사 해외 진출했대."

"전기차 산업 유망하잖아."

"이차전지 앞으로 계속 성장할 거야."

모두 맞는 말이다. 그러나 투자자는 여기서 멈추면 안 된다. 아무리 실적 성장성이 뛰어나더라도, 그 기대가 주가에 과도하게 선반영된 시점에서는 반드시 가격 조정 또는 기간 조정이 찾아온다.

실적을 앞서 달린 주가는 결국 숨을 고르고, 그 과정에서 준비되지 않은 투자자들은 큰 손실을 경험하게 된다. 주도주의 오버슈팅을 이해한다는 것은 수익을 끝까지 가져가기 위한 용기와 탐욕을 관리하기 위한 절제를 동시에 갖추는 일이다. 주도주 투자는 이 2가지가 모두 갖춰질 때 완성된다.

증권사 리포트에서 목표 주가가 지속적으로 올라간다

증권사 리포트를 읽다 보면 목표 주가가 갑작스럽게 높아지는 종목

들이 있다. 시대의 트렌드를 이끄는 주도주는 반드시 증권사 리포트의 목표 주가 상향을 동반하며, 그 목표 주가 상향은 상당 기간 지속해서 나타난다. 물론 리포트의 목표 주가를 100% 신뢰하면 안 된다. 증권사 리포트는 다양한 이유로 매도 의견은 찾아보기 어렵고, 실제 목표 주가 또한 상승장에서는 잘 맞지만 하락장에서는 맞지 않는 경향도 있다. 하지만 어쨌든 증권사 애널리스트들이 산업·기업을 깊이 있게 분석한 보고서로, 개인 투자자는 이를 통해 산업·기업에 대한 정보와 지식을 얻을 수 있다는 점은 분명하다. 그들이 제시하는 목표 주가를 맹목적으로 믿으면 안 되겠지만, 이 목표 주가의 변화에는 관심을 가질 필요가 있다.

특히 리포트를 꾸준히 읽다 보면 목표 주가가 갑작스럽게 높아지는 기업을 찾아낼 수 있는데, 이 기업들은 대부분 실적 상향 모멘텀이라는 근거를 갖고 있다. 그 실적 상향의 근거가 일시적인지 지속적인지, 그 실적 상향의 폭이 작은지 큰지 등의 판단을 통해 실제 주가 상승의 폭을 가늠해볼 수 있다. 반대로 매도 의견이나 목표 주가가 하락하는 기업은 주의해야 한다.

외국인·기관이 적극적으로 매수한다

증권사 HTS 프로그램을 통해 외국인과 기관이 꾸준히 매수하는 종목을 확인할 수 있다. 일반적으로 한 종목의 본격적인 상승은 기업의 변화나 호재를 비교적 먼저 인지한 주체의 선행 매집 이후 시작된다. 이후 시장의 관심이 점차 커지며 수급이 확대되고, 거래량이 폭발하면서 시세가 본격적으로 분출된다.

이런 흐름은 차트상에서 거래량, 거래 대금, 외국인·기관의 순매수 추이를 통해 비교적 명확하게 드러난다. 특히 외국인이나 기관 등 특정 주체가 저점 구간에서 안정적으로 매집한 흔적이 확인되는 종목은 이미 상승을 준비하고 있다고 볼 수 있으며 추세적인 상승 모멘텀을 동반할 가능성이 크다.

어떤 주체든지 한 종목의 주가를 의미 있게 끌어올리기 위해서는 돈이 필요하다. 또한 높은 시세차익을 얻기 위해서는 가능한 한 낮은 가격대에서 많은 물량을 확보해야 한다. 이 때문에 대규모 자금을 운용하는 주체일수록 단기간이 아니라 시간을 두고 분할 매집하는 방식으로 수량을 늘려간다. 특히 외국인과 기관은 개인 투자자와 달리 한 방향으로 비교적 일관되게 매수 또는 매도를 지속할 수 있는 주체다. 따라서 외국인·기관의 매수 수급이 저점 구간에 집중돼 있거나 일정 기간 이상 지속적으로 이어질 경우, 주가는 단기 반등이 아닌 추세적인 상승 흐름으로 전개되는 경향이 있다.

수급은 주가의 결과가 아니라 원인이다. 외국인·기관 매수 수급이 축적되는 종목은 아직 주가가 크게 움직이지 않았더라도 이미 내부적으로는 방향이 정해졌을 가능성이 있다.

랠리 이후 조정을 받더라도 꾸준히 우상향한다

아마존, 애플과 같이 장기간 시대 변화를 이끌어가는 우량 주도주는 중간중간 조정과 굴곡이 존재하긴 하지만 장기적으로는 뚜렷한 우상

향 추세를 유지하는 차트가 나타난다.

반면 국내 주식 시장은 시클리컬(경기민감형) 종목의 비중이 높다는 구조적 특징을 가진다. 시클리컬 종목은 경기 사이클에 따라 실적이 개선과 둔화를 반복하기 때문에 주가 역시 장기간의 완만한 우상향보다는 상승과 하락을 반복하는 흐름이 자주 나타난다. 이로 인해 국내 주도주는 산업 및 경기 사이클의 태동과 함께 크게 상승한 뒤, 피크를 형성하고 다시 큰 폭으로 하락하는 패턴이 많다.

물론 애플과 같은 시대 주도주라고 하더라도, 주가가 과도하게 오버슈팅될 경우에는 밸류에이션이 평균으로 회귀하는 조정 과정을 겪는다. 다만 이때도 실적 성장이 꾸준히 이어지기 때문에 상승 추세가 완전히 붕괴할 정도의 극단적인 하락은 드물다.

반면 트렌드가 단기적이거나 실적 기반 없이 수급만으로 주가가 급등한 종목은 이야기가 다르다. 이런 종목은 고점 이후 과도한 하락으

로 상승분을 대부분 또는 전부 반납한다. 즉, 크게 오른 만큼 크게 하락하는 구조다. 대표적인 사례가 코로나19 진단키트 업체 씨젠이다.

코로나19 확산이라는 특수한 환경에서 실적이 급증한 씨젠은 약 1년 8개월 만에 무려 2,100%에 달하는 상승률을 기록했다. 그러나 팬데믹이 진정 국면에 접어들면서 실적 모멘텀이 약화되자, 고점 대비 88% 급락했다. 일시적 실적과 트렌드에 기반한 주도주가 어떤 결말을 맞을 수 있는지를 잘 보여주는 사례다.

따라서 단기적 트렌드이거나 실적 모멘텀이 지속되지 않는 종목이 단기간에 크게 상승했다면, 반드시 일정 구간마다 분할 매도를 해서 차익을 실현해야 한다. 특히 이런 종목들은 주가가 상승할수록 개인 투자자들의 환호와 찬양이 과도해지는 경향이 있다. 그럴 때 본능에 역행하는 결정을 해야 한다. 고점에서 추가 매수하기보다는 저점에서 확보한 물량이 있다면 그 물량만 보유하되, 중간중간 분할 매도로 대응하는 것이 바람직하다. 환희가 넘치고 추종자가 급증하며 집단적 확신이 강화되는 시기일수록 더더욱 냉정한 판단이 필요하다.

초반에 나타나는 시그널 포착법

주도주 투자의 성패는 무엇을 사느냐보다 언제 사느냐가 좌우한다. 주도주가 막 시동을 거는 구간에서 반복적으로 등장하는 패턴을 살펴보자.

실적 턴어라운드 종목을 선택하라

실적이 극적으로 턴어라운드되거나 급격히 개선되기 시작하는 초입에서는 주가가 이미 선행해 상승(1파 상승) 중일 가능성이 크다. 이후 단기 과열을 해소하는 2파 조정이 나타나고, 이 조정이 마무리된 뒤 본격적인 3파 상승 랠리가 시작된다.

물론 모든 종목이 동일한 패턴을 따르지는 않는다. 그러나 이런 흐름이 나타나는 경우, 2파 조정 후 상승 반전하는 시점에 분할 매수로 접근한다면 이후 상승 랠리에서 큰 수익을 낼 수 있다. 단, 적자 기업은 제외하고 흑자를 내고 있는 종목 중에서 투자 대상을 선별해야 하며, 그중에서도 실적 추정치가 빠르게 상향 조정되는 종목에 집중해야 한다.

3파동 상승 초입에 매수하라

1파 상승 이후에는 필연적으로 2파 조정이 나타난다. 이 조정이 마무리되고 상승으로 전환되는 3파 상승 초입은 주도주 투자에서 가장

중요한 진입 구간이다. 실전에서는 3파 상승 초입에서 1차 매수하고, 주가가 1파 고점을 돌파하는 시점에 2차 매수하는 방식의 분할 매수가 효과적이다.

특히 1파 고점을 돌파하는 구간은 52주 신고가 돌파 시점과 겹치는 경우가 많다. 따라서 평소 52주 신고가 종목을 주의 깊게 관찰하고, 지속적으로 추적하는 습관을 갖는 것이 중요하다.

바닥권 대량 거래량 구간을 돌파한 이후 안착한 종목을 노려라

바닥권에서 의미 있는 거래량이 터진 구간(박스권 또는 특정 캔들)을 돌파한 뒤, 그 위에서 주가가 안정적으로 안착하는 종목은 이후 비교적 단기간 내에 큰 상승 랠리를 보여줄 가능성이 있다. 주요 매물대를 돌파해 주가 움직임이 가벼워졌기에 세력이 본격적으로 주가를 들어 올릴 준비가 됐음을 보여주는 신호로 해석할 수 있다. 이런 종목은 단순히 올랐다는 이유로 배제할 것이 아니라 집중적으로 눈여겨볼 필요가 있다.

1등주만 공략하라

주도산업 안에서도 1등주와 2등주가 존재한다. 이 차이는 결국 상승률의 격차로 명확하게 드러난다. 가장 먼저 움직이고, 가장 크게 상승하는 종목이 1등주다.

많은 투자자가 1등주는 너무 많이 올랐다는 이유로 2등주에 접근하지만, 이는 좋지 않은 선택이다. 차라리 조정이 나온 1등주를 더 비싼 가격에 매수하는 편이 더 유리하다. 2등주는 상승 시에도 1등주보다 덜 오르고, 조정 국면에서는 1등주보다 더 깊게 하락하는 경향이 있기 때문이다. 주도주 투자에서는 항상 1등주에 올라타야 한다.

주도주는 상승뿐 아니라 하락도 주도한다

주도주는 시장과 지수의 상승을 주도한다. 하지만 그만큼 상승이 가파르게 나오고 시장보다 오버슈팅하기 때문에 하락 시에도 더 먼저 하락하며 시장과 지수의 하락까지 주도한다. 따라서 주도주라도 내 기준과 분석상 오버슈팅이라는 판단이 들 경우, 반드시 분할 매도로 대응해야 한다.

그리고 하나의 주도주가 고점을 형성하고 난 뒤, 주식 시장은 대개 다음 주도주를 준비하게 된다. 새로운 주도주는 대부분 새로운 기술 트렌드나 같은 산업 내 또 다른 밸류체인, 또는 새로운 자금흐름의 수혜를 받는 산업과 종목이다. 따라서 투자자는 특정 종목에 집착하기보다 항상 다음 흐름을 읽기 위한 관찰과 학습을 멈추지 않아야 한다. 주도주는 바뀌지만, 주도주를 찾는 원칙은 바뀌지 않는다.

　　　　　　　　　시장을 꿰뚫는 주식 투자의 기술

실전으로 보는 주도주 투자 사례

다음 실전 사례를 통해 역사적으로 시대 변화를 이끌었던 주도주들이 어떤 형태로 움직였는지 알아보자.

테슬라: 전기차 혁신이 만든 주도주의 전형

테슬라는 전기차라는 트렌드의 혁신, 실적 턴어라운드, 풍부한 유동성 안에서의 급등 랠리라는 3가지 핵심 조건을 모두 갖춘, 주도주의 교과서적인 움직임을 보여준 종목이다. 특히 실적과 주가의 관계가 얼마나 밀접한지 극명하게 보여준다. 〈도표 7-11〉은 테슬라의 월봉 차트다.

〈도표 7-11〉 테슬라의 주가 추이(2019~2024)

실적이 전환되는 시점: 2파 조정 이후 3파 상승의 시작

테슬라는 2019년 1분기 5억 2,200만 달러, 2분기 1억 6,700만 달러의 영업손실을 기록했다. 그러나 3분기에는 2억 6,100만 달러의 영업이익을 기록해 흑자 전환에 성공했다. 이 지점이 바로 실적 턴어라운드 지점이자, 본격적인 주도주 랠리가 시작된 구간이다.

실제로 주가는 실적이 흑자로 전환되기 이전, 즉 영업손실폭이 급격히 줄어들기 시작한 1분기에서 2분기 사이에 이미 반등을 시작했다. 이후 3분기와 4분기 연속으로 흑자 실적이 발표되며 상승을 이어갔고, 이 과정에서 1파 상승의 고점이 형성됐다.

그러나 급격한 상승 이후, 코로나19 팬데믹이라는 외부 충격과 함께 64%에 달하는 2파 조정이 발생했다. 주도주 상승 구조에서 흔히 나타나는 과열 해소와 수급 정리를 위한 조정 국면이었다.

이후 2020년 3월, 2파 조정이 마무리되며 본격적인 3파 상승이 시작됐다. 비록 2파 조정에서 매수하지 못했더라도 1파 고점을 돌파하는 시점, 즉 52주 신고가를 갱신하는 구간은 추세가 재확인되는 지점으로, 중요한 전략적 추격 매수 포인트였다.

핵심 포인트

- 20개월 이평선 위에서 주가가 지지를 받으며 2년 이상의 상승 랠리가 이어졌다.

- 52주 신고가 돌파 구간(1파 고점 돌파 시점) 이후에도 540% 이상의 추가 상승이 나왔다.

- 실적 상승의 속도보다 주가 상승 속도가 더 빠른 마지막 5파 상승의 오버슈팅 구간

　　　　　　　　　시장을 꿰뚫는 주식 투자의 기술

은 분할 매도 타이밍이 될 수 있다.

- 주도주의 주가는 실적보다 한발 먼저 움직이지만, 실적 없는 상승은 오래 지속되지 못한다.

에코프로: 이차전지 광풍이 만든 슈퍼 주도주의 탄생

에코프로는 이차전지 산업의 폭발적인 성장과 함께 실적 급증, 시장 내 주도 섹터 부각, 압도적인 수급 유입이 결합되며 주도주의 조건을 완벽히 충족한 종목이다. 실적이 주가에 어떻게 반영되는지, 또 파동 흐름이 어떤 구조로 전개되는지 명확히 보여준 사례다.

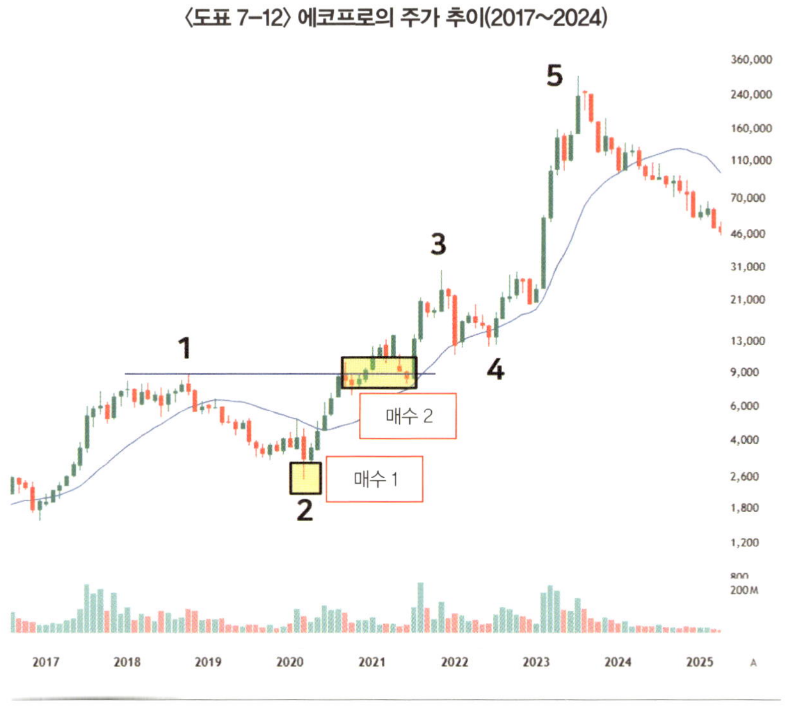

〈도표 7-12〉 에코프로의 주가 추이(2017~2024)

실적이 전환되는 시점: 2파 조정 이후 3파 상승의 시작

에코프로는 2017년 초 대량 거래를 동반한 1파 상승 랠리가 시작된 이후, 2018년 말까지 약 460%의 상승을 기록했다. 이후 코로나19 팬데믹으로 이어진 2020년 3월 저점까지 70%에 달하는 2파 조정이 발생했다.

그리고 2020년 3월 이후, 실적 개선이 가시화되며 3파 상승이 본격화됐다. 2파 조정이 마무리되고 주가가 상승으로 반전한 시점으로, 1차 매수가 가능한 핵심 구간이었다.

이후 2021년부터 2022년까지 영업이익이 급격히 증가하며 주가는 폭발적인 상승 랠리를 펼쳤다. 이 과정에서 주가는 20개월 이평선(도표 7-12의 파란색 선)을 지지선으로 삼아 추세 상승을 이어갔다. 그리고 1파 고점을 돌파하는 시점, 즉 2021년 9,000원 부근의 52주 신고가 갱신 구간은 2차 매수가 가능한 핵심 구간이었다.

결과적으로 에코프로는 상승 랠리의 저점부터 고점까지 무려 약 1만 9,200%에 달하는 상승률을 기록했다. 1파 고점을 돌파하는 52주 신고가 구간에서 매수했더라도, 고점까지의 상승률이 무려 3,330%에 달했다.

이익 성장률이 급격히 하락하기 직전이자 여러 방송에서 이차전지 주에 대한 추천과 찬양이 도배되며 개인 수급이 미친 듯 집중되던 5파 상승의 막바지, 주가는 최고점을 찍었고 이후 87%에 달하는 폭락이 이어졌다.

핵심 포인트 ──

- 20개월 이평선이 장기 주요 지지선으로 작용했다.

- 3파 상승에서는 '실적 증가 + 수급 집중 + 기술적 돌파'가 동시에 발생하며 강력한 상승이 나왔다.

- 5파 상승의 고점에서는 실적 대비 PER의 오버슈팅과 시장의 광풍, 개인 수급 집중이 함께 나타났으며, 이 구간은 분할 매도 타이밍이었다.

- 주도주의 주가 상승은 실적보다 먼저 나타나는 경우가 많지만, 실적이 없으면 끝없이 지속되지 않는다. 특히 실적 기반 없이 급등한 테마주는 주도주의 조정과는 비교할 수 없을 정도의 급격한 폭락으로 이어지는 경우가 많다.

- 아무리 유명하고 유망해 보이며 실적 전망이 밝아 보여도, 실적 둔화를 먼저 인지한 메이저 세력은 반드시 실적 발표 이전 주가 오버슈팅 구간에서 개인 투자자에게 물량을 넘긴다.

- 차트 분석이나 기본적 분석을 통해 가격이 지나치게 비싸다고 판단되는 구간에서는 반드시 분할 매도를 통해 하락에 선제적으로 대비해야 한다.

애플: 스마트폰 혁신이 만든 주도주의 전형

스마트폰으로 전 세계의 생활상을 바꿔놓은 애플을 보자. 애플은 2007년 아이폰 출시를 기점으로 모바일 생태계의 중심 기업으로 부상하며, 스마트폰 시장의 폭발적인 성장과 함께 주도주로 자리 잡았다. 혁신적인 제품, 생태계 구축, 실적 급증이라는 삼박자가 맞물리며 애플 주가 역시 전형적인 주도주의 흐름을 보여줬다. 특히 시장이 아이

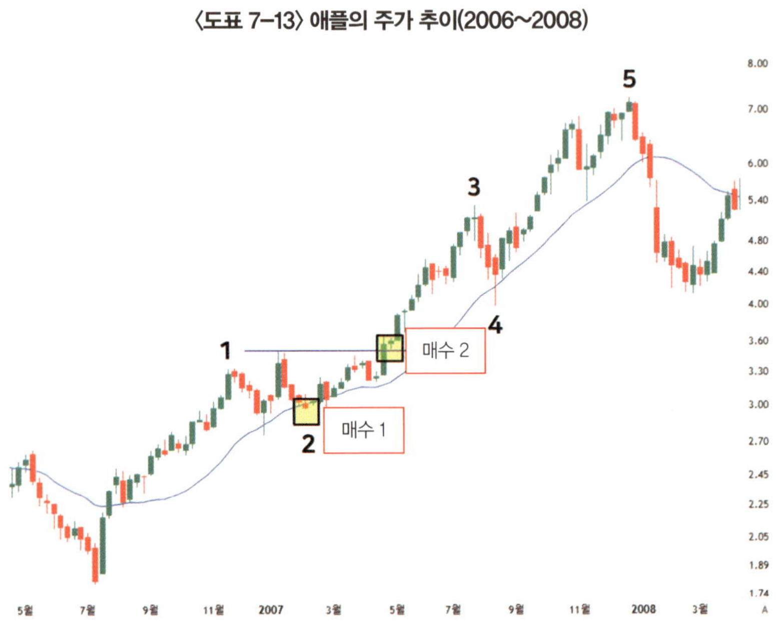

폰 출시에 앞서 선반영하는 움직임을 보이며, 주가가 실적보다 먼저 급등했다.

〈도표 7-13〉의 애플 주봉 차트를 참고해 2006~2007년 아이폰 출시 전후의 움직임을 살펴보자.

실적보다 앞선 기대감: 전형적인 5파 구조 완성

• 1파 상승(2006.7~2006.11)

차세대 스마트폰과 관련된 루머와 아이팟 성장세로 초기 매수세가 유입됐다. 기술적 바닥 이후 거래량 증가와 함께 86% 상승하며 1차 랠리를 만들었다.

- **2파 조정**(2006.11~2007.2)

1파 급등에 대한 되돌림과 실적 발표 전 불확실성에 대한 차익실현으로 약 18%의 조정이 발생했다. 2007년 1월 9일, 스티브 잡스가 아이폰을 공식 발표하면서 폭발적 관심이 유입되며 급등했으나 곧바로 큰 폭의 되돌림을 보였다. 이 조정에서도 상승 추세선인 20주 이평선이 지지 역할을 했다. 이는 본격 랠리 이전의 마지막 조정이었다.

- **3파 상승**(2007.2~2007.7)

3파 상승은 2007년 2월부터 7월까지 진행됐다. 3파 상승 직전 아이폰을 발표하고 오히려 주가를 하락시켜 개미를 털고 곧바로 급등시키는 전형적인 개미 털기 패턴이 나타났다. 이 3파 상승은 본격적인 상승 랠리와 거래량 증가, 실적 전망의 상향이 동반된 구간이었다.

- **4파 조정**(2007.7~2007.8)

3파 상승 랠리 이후 2007년 6월 29일, 아이폰이 정식 출시됐다. 아이폰 출시 후 약 한 달간 강한 랠리가 이어졌지만, 곧 25%의 조정이 발생했다. 하지만 이는 시세의 끝이 아닌 '뉴스에 판다' 식 차익실현 성격의 조정으로, 오히려 5파 상승 전 마지막 매수 기회였다. 이후 강한 랠리가 지속되며 마지막 5파 상승 랠리를 이어갔다.

- **5파 상승**(2007.8~2007.12)

아이폰 판매 본격화와 함께 혁신이 실적으로 연결되며 주가도 상승 랠리를 펼친 구간이다. 기대감과 실적의 결합이 마지막 5파 상승 랠리를 만들었다. 이때는 단기 관점에서 애플의 마지막 상승 파동이자 밸류에이션이 고평가에 접어든 구간으로, 분할 매도 타이밍이었다.

핵심 포인트

- 주가는 20주 이평선을 타고 상승했다.

- 2파 조정 구간 및 1파 고점 돌파 구간에서 매수 기회가 있었다.

- 아이폰 발표(2007.1.9) 이후 주가는 조정 후 곧바로 3파 상승 구간에 진입했다. 즉, 모바일 랠리의 시작이 된 아이폰의 발표 효과는 3파 상승을 유발한 핵심 촉매제였다. 아이폰 출시(2007.6.29) 시점은 3파 후반부로, 시장에는 기대감이 이미 상당 부분 반영된 상태였다.

- 4파 조정은 차익실현 및 불확실성 소화의 과정이었고, 5파는 실적 기대가 현실에서 확인되는 구간으로 해석할 수 있다. 실적이 뒤따랐지만, 주가는 아이폰 발표·출시 전후 미리 상승했다. 이 모멘텀이 향후 이 기업의 실적을 얼마나 확장시키고 가파른 성장을 이끌 것인가를 시장이 반영해가며 랠리를 펼친다. 따라서 실적 반영의 정도와 가파른 기울기에 따라 종목별 주도주 랠리 형태는 다르게 나타날 수 있다.

물론 애플은 장기적 흐름으로 볼 때 이 시점의 최고점조차 지금에 와서는 저점권이다. 이는 한 차례 주도주 랠리와 조정 이후에도 새로운 모멘텀이 형성되면 주도주 랠리가 다시 이어질 수 있음을 보여준다. 우리가 투자자로서 그 모멘텀을 찾아내고 주도주 흐름에 맞춰 투자하는 것이 관건이다.

모바일 혁명의 시작이었던 아이폰 발표·출시 시점에 따른 주가 흐름은 우리에게 주도주에 대한 인사이트를 제공한다. 상황은 달라도 이런 흐름은 유사하게 반복되므로 이상의 사례들을 통해 주도주 투자에 대한 감각을 다져나가기 바란다.

7장의 액션 플랜

- 지금 트렌드를 주도하는 산업은 무엇이고, 그중에서 가장 큰 수혜를 받는 종목은 무엇일지 세 종목을 골라서 적어보자.

- 내 보유 종목 중 하나를 골라 10배 주도주의 필수 조건 중 몇 가지에 해당하는지 체크해보자.

- 내 보유 종목 중 한 종목과 지수의 일봉 차트를 열고, 내 종목이 지수보다 강한지, 약한지 직접 비교해보자.

8장
ETF 매매 전략:
이도 저도 어렵다면 시장 전체를 사라

미국 지수를 사야 하는 이유

주식 시장에서 가장 장기간 안전하고 꾸준한 수익을 내온 종목은 무엇일까? 바로 미국의 주가지수다. 미국 주가지수를 사야 하는 이유는 미국의 기업들이 전 세계 트렌드와 시장, 기술혁신을 이끌기 때문이다.

과거 20년간, 미국 주가지수 중 S&P500은 연평균 10.5%, 나스닥은 연평균 14.4%의 수익률을 꾸준히 기록했다. 물론 하락한 해도 있었고 상승한 해도 있었지만, 결론적으로 꾸준히 보유만 했다면 무조건 수익이었다는 것이다. 〈도표 8-1〉은 미국 S&P500 지수를 추종하는 ETF인 SPY의 과거 30년간 연봉 차트다.

주식 시장은 버블 붕괴, 경제위기, 전쟁, 전염병, 국가 부도 등 다양

〈도표 8-1〉 SPY의 주가 추이(1993~2025)

한 사건·사고를 거쳤지만 결국 주가는 모든 위기를 뒤로하고 상승해왔다. 미국 지수가 상승할 수밖에 없는 이유가 있다. 이 지수에 속해 있는 기업들이 새로운 기술혁신을 이루며 이익을 쌓아가고, 자산 인플레이션에 따라 자산 가치의 상승 또한 누적되기 때문이다. 그리고 도태되는 기업은 S&P500에서 제외되고 새로운 기업이 들어온다. 지수를 언제 샀든지, 결국 시간이 지나면 수익을 볼 수밖에 없는 구조다.

실제 난다 긴다 하는 펀드 매니저들 중에서도 이 시장 수익률을 이기는 사람은 찾기 힘들다. 주식 투자에서 꾸준한 수익이 중요한 이유는 큰 수익은 복리에 의해 만들어지기 때문이다. 즉 꾸준한 수익률이 보장된다면 투자 기간이 길수록 기하급수적인 자산 가치 상승이 일어날 수 있다.

예를 들어 나스닥을 추종하는 ETF인 QQQ에 3,000만 원을 투자해 장기 보유한다면 수익은 얼마가 될까?

〈도표 8-2〉 QQQ에 3,000만 원을 투자했을 때 연차별 수익 (단위: 100만 원)

5년 차	59	10년 차	115	15년 차	226
20년 차	442	25년 차	867	30년 차	1,698

※ 나스닥 연평균 수익률 14.4% 적용

복리 효과 덕에 시간이 지남에 따라 투자금이 급격히 불어나 10년 차에는 약 1.2억 원이 되고, 20년 차에는 약 4.4억 원이 되며, 30년 차에는 무려 17억 원에 육박한다. 복리 효과에 따라 원금의 무려 50배가 넘는 금액으로 불어나는 것이다. 손실 없이 꾸준한 수익을 지속적으로 내는 것이 얼마나 중요한지, 그리고 그 효과가 얼마나 큰지 알 수 있는 대목이다.

주변 지인들에게 종목을 추천해달라는 요청을 많이 받곤 한다. 그때마다 내 대답은 항상 같다.

"주식 투자에 시간과 노력을 투자할 자신이 없다면, 미국 지수에 투자하세요."

물론 주식에 투자하는 개인 투자자라면 시장 수익률을 초과해 큰 수익을 내고자 하는 욕심이 있을 것이다. 하지만 그러기 위해서는 시장과 기업에 대한 관심과 공부, 경험이 필요하다. 그럴 만한 노력과 시간 투자를 하기 어렵다면, 그냥 미국 지수를 사면 된다.

내가 죽으면 재산의 90%는 S&P500 인덱스 펀드에,

나머지 10%는 미국 국채에 투자하라.

– 워런 버핏

시장을 사야 하는 시점

지수 투자에는 단서가 붙는다.

- 매수 시점에 따라 몇 년 이상의 손실이 지속될 수도 있다.
- 같은 시점에 매수하더라도 매수 방식에 따라 수익률이 크게 달라질 수 있다.
- 시장 수익률을 초과해 수익을 내고 싶다면 반드시 추가적인 공부와 노력이 필요하다.

주식 시장은 사이클을 타고 상승과 하락을 반복하고, 특히 큰 위기 시마다 큰 폭의 하락이 발생했다. 이 때문에 매수 시점에 따른 지수의 수익률도 천차만별이다. 다음 예를 보자.

- 2000년 3월 S&P500을 샀다면, 손실에서 본전을 찾기까지 13년이 걸렸다.
- 2008년 3월 S&P500을 샀다면, 13년 뒤의 수익률이 약 580%에 달한다.

물론 극단적인 예시다. 하지만 안정적인 지수 투자일지라도 주식 시장에서 매수 타이밍이 얼마나 중요한지를 명쾌하게 보여준다.

내가 가진 모든 자금으로 주식을 한 번에 산다면, 언제 사는 것이 좋을까? 당연히 주가의 최저점에서 사는 것이 가장 좋다. 하지만 최저점을 잡는 것은 현실적으로 어렵기 때문에 역사적 이벤트별 지수 하락폭과 사이클을 살펴 '저점 구간'에서 매수하는 것이 수익률을 높이는 방법이다.

시기별 S&P500 하락폭

S&P500의 경우 10% 수준의 조정은 1년 반마다 한 번씩 오는 경향이 있고, 20% 이상의 큰 조정도 최소 몇 년에 한 번씩은 반복됨을 알 수 있다. 실제로 큰 조정만을 기다려 지수가 20~30% 이상 하락한 경우에만 주식을 매수하더라도 상당히 높은 수익을 올릴 수 있다.

〈도표 8-3〉 주요 이벤트별 S&P500 주가 하락폭(1981~2025)

No.	시기	이벤트	하락폭 (고점 대비)	하락 기간	회복 기간 (전고점)	원인
①	1981년	금리 인상	28.0%	1년 8개월	3개월	금리 인상, 경기 침체
②	1987년	블랙먼데이	35.9%	2개월	1년 9개월	금리 인상, 버블, 프로그램 트레이딩
③	1991년	걸프전쟁	20.4%	3개월	4개월	전쟁
④	2000년	IT 버블	49.8%	2년 1개월	4년 7개월	IT 버블 붕괴
⑤	2003년	이라크전쟁	17.3%	3개월	3개월	전쟁
⑥	2008년	글로벌 금융위기	57.4%	1년 4개월	4년 1개월	금융 시스템 붕괴
⑦	2011년	유럽 재정위기	21.6%	5개월	4개월	부채 위기
⑧	2018년	무역분쟁 1	20.5%	3개월	4개월	무역분쟁, 금리 인상, 경기 침체
⑨	2020년	코로나19 팬데믹	35.6%	1개월	5개월	전염병
⑩	2022년	금리 인상	27.6%	9개월	1년 3개월	금리 인상, 경기 침체
⑪	2025년	무역분쟁 2	21.9%	2개월	2개월	무역분쟁, 침체 우려

〈도표 8-3〉에 제시된 하락 구간 중에서 지수가 50% 수준으로 반 토막 난 경우는 2000년 IT 버블(④)과 2008년 글로벌 금융위기(⑥)뿐이다. 그 외의 큰 하락 대부분은 20~30% 수준에서 마무리됐다. 특히 긴축·

경기 침체성 하락이었던 1981년 금리 인상(하락폭 28%, ①), 2022년 금리 인상(하락폭 27.6%, ⑩)과 같이 유사한 특성을 가진 사건은 하락폭 또한 유사함을 알 수 있다.

그 밖에 금융 시스템 붕괴나 버블의 붕괴 등 전 세계적 초대형 이슈가 아니라 단일 이슈 탓에 큰 하락이 나왔던 1987년 블랙먼데이 직후(하락폭 23.4%), 2001년 9·11테러 직후(하락폭 13.5%) 등은 단기간에 빠르게 회복되는 좋은 매수 기회였다.

주가 하락의 크기

〈도표 8-3〉에서 알 수 있듯, 하락을 촉발한 원인의 특성에 따라 지수의 하락 강도를 예측해볼 수 있다. 이 예측만 할 수 있다면 수익률은 비약적으로 올라간다.

다음은 S&P500의 상황별 하락폭이다.

1. 금융 시스템 또는 버블의 붕괴(50% 이상): IT 버블(49.8%), 글로벌 금융위기(57.4%)

2. 전 세계적으로 영향을 주는 큰 이벤트(30% 이상): 블랙먼데이(35.9%), 코로나19 팬데믹(35.6%)

3. 금리 인상 및 경기 침체(25% 이상): 1981년 금리 인상(28.0%), 2022년 금리 인상(27.6%)

4. 전쟁, 지역별 또는 일회성 이벤트(15~20% 이상): 걸프전쟁(20.4%), 이라크전쟁(17.3%), 유럽 재정위기(21.6%), 무역분쟁 1(20.5%), 무역분쟁 2(21.9%)

5. 단순 조정(0~15%)

        시장을 꿰뚫는 주식 투자의 기술

이 구분을 보면, 하락장의 특성에 따른 하락폭이 놀라울 만큼 유사하게 반복됨을 알 수 있다. 즉, 우리는 이를 통해 하락장별 적정 하락폭을 유추할 수 있고, 저점 구간에서는 과감한 투자 판단을 할 수 있다. 특히 일시 매수, 레버리지 매수는 최저점권에서는 오히려 안전하고 효율적인 전략이 될 수 있다.

상황별 하락 특성을 살펴보면, 1번 쪽으로 갈수록 하락 강도가 강하며 회복 기간도 길다. 전 세계 경제를 뒤흔들 만한 구조적 위기, 버블 붕괴, 금융 시스템의 위기일수록 더 보수적으로 준비해야 한다. 그리고 영향력의 크기가 작은 국소 이벤트나 단순 조정은 빠르게 하락하고 하락폭도 비교적 작으며, 빠르게 회복되는 경향이 있다.

하락장은 크게 다음과 같이 나눌 수 있다.

- 금융위기 · 버블 붕괴형
- 경기 침체형
- 글로벌 이벤트형
- 기타 국소적 조정

특히 경기 침체와 무관한 10~15%의 단순 조정은 비교적 자주 발생하며, 회복도 빠른 편이다. 반면 구조적 금융위기나 버블 붕괴는 큰 폭의 하락과 연 단위의 장기 조정으로 이어지는 경우가 많다.

큰 위기는 대략 10년 주기, 중간 규모의 위기는 2~3년, 소규모 조정은 비교적 자주 발생한다는 개념을 갖고 시장을 바라보는 것이 좋다. 이런 조정 국면은 언제나 매수의 기회가 된다. 이벤트의 성격에 따라

지수 하락폭을 대략 가늠하고 분할 매수로 대응한다면, 자산 증식에 더없이 좋은 기회가 될 것이다. 주식 시장에서 가장 높은 수익률은 대부분 가장 큰 하락 직후에 나타난다는 점을 잊지 말자.

지금의 하락이 어떤 성격인지, 그리고 얼마나 더 깊고 오래 이어질지 판단하기 어렵다면, 다음 질문부터 던져보자.

- 금융·제도적 시스템 붕괴가 발생했는가?
- 경기 침체 또는 과도한 긴축(금리 인상) 국면인가?
- 지나친 오버슈팅(고밸류에이션)이 있었는가?
- 버블(고밸류에이션) 붕괴가 진행 중인가?

이런 질문을 통해 스스로 어느 정도의 해답을 얻을 수 있을 것이다.

최저점의 신호

주가가 조정을 거치고 상승으로 반전될 때는 어떤 현상이 나타날까? 기본적으로 다음과 같은 일들을 볼 수 있다.

- 공포지수 극대화: 공포지수가 극단적 공포 구간에 돌입하고, 대중심리는 최악의 상태로 추가 하락을 걱정하며, 긍정론이 부정론으로 바뀐다.
- 미 정부와 연준의 개입: 금리 인상에서 금리 인하로, 긴축에서 완화로의 변화가 감지되며 유동성 부양 정책 등 시장 우호적인 형태의 발언이나 정책이 나온다.
- 기업 실적, 지표의 반전: 기업 실적이나 각종 경기 지표와 실적 지표가 턴어라

운드하거나 악화 속도가 감소한다.

- 저렴한 밸류에이션: 밸류에이션이 평균 이하로 낮아진다.

- 거래량 폭발: 저점에서 투매하는 개인 투자자와 저가 매수에 나서는 세력 사이
  의 손바꿈이 발생한다.

상황별 적정 하락폭에 더해 이와 같은 현상들 중 한두 가지가 나타나기 시작한다면, 최저점에서 주가가 서서히 반전되길 기대하며 전략적으로 매수할 수 있다.

시장의 저점과 이평선

연봉 차트는 중장기 추세에서 상당히 강한 매수 맥점을 잡아낼 수 있는 매우 좋은 지표다. 이평선은 시간봉, 일봉, 주봉, 월봉, 연봉으로 시간 프레임이 커질수록 더 높은 신뢰도를 보이는데, 이런 측면에서 연봉 차트를 보는 것은 중장기 흐름 중 주가가 현재 어떤 위치에 와 있는지 체크할 수 있는 매우 좋은 투자 습관이다.

〈도표 8-4〉의 이평선을 통해 국내 코스피와 미국 S&P500 지수 저점을 유추해보자(이평선 범례: 검은색-5년선, 초록색-10년선, 빨간색-20년선).

한국 코스피 지수

코스피 지수는 장기적으로 보면 박스권 내에서 움직이다가 박스권이 한 단계씩 상향 이동하는 구조를 보여왔다. 이는 국내 주요 기업들이 대부분 시클리컬(경기민감형) 기업이라는 점에 기인한다. 이들 기업

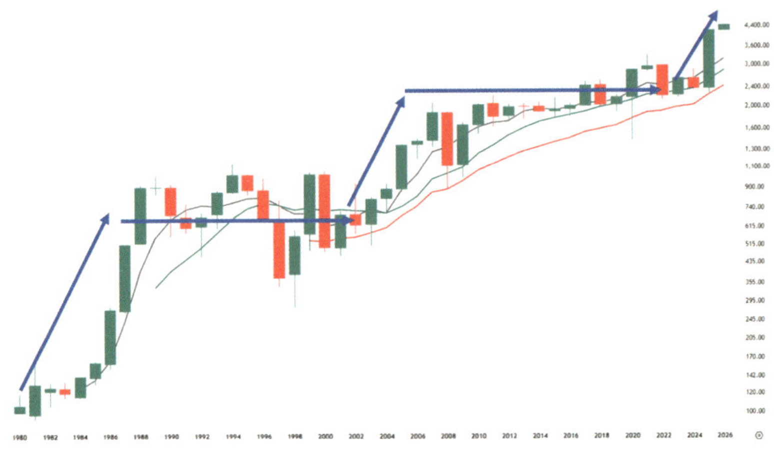

은 이익이 일정 기간 박스권에 머물다가, 이익 증가와 달러 약세 국면에서의 밸류에이션 확장이 맞물리며 주가지수가 한 단계 퀀텀점프하는 특징을 보인다.

이평선 관점에서 보면, 주가는 장기적으로 5년선(검은색)을 타고 상승하다가, 중간중간 이를 이탈하며 10년선(초록색) 부근까지 조정을 보였다. 2008년 글로벌 금융위기나 2020년 코로나19 팬데믹과 같은 특수한 위기 국면에서는 예외적으로 20년선(빨간색) 부근까지 하락하기도 했다.

일반적인 하락 국면에서는 주가가 5년선을 이탈하는 구간은 좋은 매수 기회가 되며, 10년선 부근까지 내려온다면 매우 매력적인 매수 기회로 볼 수 있다. 20년선 부근까지 하락하는 일은 매우 드문데, 이 수준까지 하락한다면 장기 관점에서 레버리지 활용도 고려할 수 있을 만큼 투자 인생에서 손에 꼽을 기회가 된다.

미국 S&P500 지수

S&P500 지수는 코스피보다 우상향 기울기가 가파르며, 하락 음봉
(빨간색)도 적다. 그만큼 S&P500에 포함된 기업들의 실적이 꾸준히 우
상향해왔음을 알 수 있다.

그리고 우상향 기울기가 가파른 만큼 5년선 밑으로 내려오는 구간
도 많지 않다. 대부분의 경우 주가가 5년선에 닿는 구간이 좋은 매수
기회였고, 10년선 부근까지 내려왔을 때는 매우 좋은 매수 기회였음을
알 수 있다.

〈도표 8-5〉 S&P500 지수의 저점과 이평선

지금까지 언급한 내용은 지수뿐 아니라 개별 종목의 매수 타이밍에
도 해당한다. 지수의 저점은 대부분 종목에서도 저점일 가능성이 크기
때문이다.

앞서 살펴본 상황별 주가 하락폭과 장기 이평선, 대중의 심리를 한

게 고려해 조정의 크기를 유추한다면 감에 의존한 투자와는 비교할 수 없는 질 높은 매수 기회를 얻을 수 있다.

주식 투자는 결국 가능성의 문제이며, 여러 근거가 동시에 겹치는 구간일수록 좋은 기회가 된다는 점을 기억해야 한다.

시장과 지수에 따라 주가의 상승 추세와 지지받는 이평선이 다른 이유는 시장마다 기업의 이익 규모, 시장 효율성, 축적된 이익의 크기, 시장 환경이 서로 다르기 때문이다. 향후 코스피와 S&P500의 시장 구조와 기업 환경이 변화한다면, 지지로 작용하는 이평선의 형태 역시 달라질 수 있다. 따라서 중요한 것은 과거를 그대로 답습하는 것이 아니라 현재 시점을 기준으로 공통점과 신뢰도 높은 가능성을 찾아내는 것이다.

   시장을 꿰뚫는 주식 투자의 기술

절대 사면 안 되는 10가지 종목 유형

주식 시장에는 사지 말아야 할 종목이 분명히 존재한다. 열악한 재무상태, 모멘텀의 부재, 산업 사이클의 하락 등으로 거래정지나 상장폐지위험이 높은 종목, 주가 하락 가능성이 큰 종목만 피하더라도 투자 성과는 크게 달라질 수 있다.

종목 선택은 복권처럼 운에 기대는 행위가 아니다. 명확한 기준을 통해 소중한 내 자산을 지킬 수 있는 종목을 골라야 한다. 주식 투자는 요행이 아니라 가능성에 투자하는 행위이며, 한두 번의 운으로 얻은 수익은 결코 지속되지 않는다.

다음 체크리스트를 통해 내가 매수하려는 종목이 몇 가지 항목에 해당하는지 반드시 점검해보길 바란다.

〈도표 8-6〉 절대 사면 안 되는 기업 체크리스트

No	체크리스트	비고(예시)
1	시클리컬 산업 중 이익 사이클 고점에 있는 기업	×
2	시대 트렌드에서 밀려난 기업	×
3	3년 연속 손실 기업	×
4	자기자본 대비 차입금 비율이 과다한 기업	O
5	영업활동 현금흐름이 3년 이상 마이너스인 기업	×
6	CB · BW 발행 과다 기업	×
7	신뢰도가 낮은 기업	×
8	분기 실적 급감에도 고평가가 유지되는 기업	×
9	거래량 10만 주 미만, 시가총액 300억 원 미만, 액면병합 이력 보유 기업	O
10	사명, 사업 분야가 자주 바뀌는 기업	×

※ 예시: 그렇다―O, 아니다―×

좋은 투자는 무엇을 사느냐보다 무엇을 사지 않느냐에서 먼저 결정된다.

시클리컬 산업 중 이익 사이클 고점에 있는 기업

시클리컬 산업은 반도체, 철강, 조선, 정유, 해운, 건설 등의 산업이다. 경기 사이클이나 수요 공급 사이클, 금리나 환율 사이클 등에 따라 이익이 주기적으로 출렁인다는 특성이 있다. 특히 코스피 시가총액 상위 종목 중에는 시클리컬 산업이 상당히 많이 포진돼 있으며, 투자 난도가 높은 산업이기도 하다.

이익 사이클이 고점에 다다랐을 때는 주가의 선반영 특성 때문에 실적보다 주가가 먼저 하락하는 경향이 있다. '실적은 높은데 주가는 낮은' 저PER 상태가 되는 것이다.

사이클은 이미 꺾이기 시작하는데 이런 저PER을 보고 싸다고 생각해 매수한 투자자는 고점에 물리기 쉽다. 따라서 시클리컬 산업은 실적이 최대치를 경신하고 주가가 이미 많이 올라와 있는 구간에서 PER만 보고 판단하는 투자는 피해야 한다.

시클리컬 산업 투자는 실적이 안 좋을 때 사서 좋을 때 팔기를 반복하는 것이지, 실적이 한창 좋은 상태에서 더 좋아진다는 전망에 투자하면 고점에 물릴 가능성이 크다.

시클리컬 종목 고점에 물린다면, 운이 나쁠 경우 5년이나 10년이 지나도 본전이 회복되지 않을 수도 있다.

시대 트렌드에서 밀려난 기업

기술 트렌드는 계속해서 바뀐다. 트렌드를 주도하는 기업은 주도주가 되어 상승하며, 밀려나는 기업은 도태돼 실적과 주가가 하락한다. 소니, 후지필름, 노키아 등 한때는 잘나갔지만 트렌드에서 소외되며 실적과 주가가 하락한 사례는 매우 많다.

트렌드 주도 종목을 적극적으로 매매하되, 소외된 기업은 주가가 싸더라도 더 싸질 수 있음을 염두에 두고 경계해야 한다. 기술 트렌드에서 한 번 소외된 기업이 재기하는 사례는 흔치 않고, 오히려 구식 산업이 되어 매출과 성장이 도태되면서 시장에서 묻혀버리는 경우가 대부분이기 때문이다.

3년 연속 손실 기업

주가는 실적의 함수다. 주가 상승의 원동력은 실적의 가파른 증가세이며, 특히 3년 이상 영업손실·당기순손실이 지속되는 기업은 주가 상승 동력이 사라졌다고 볼 수 있다. 물론 단기 턴어라운드로 주가 상승이 나타날 수도 있다. 하지만 우리의 투자 목적은 혹시 있을지 모르는 주가 상승에 베팅하는 도박이 아니라 가능성에 투자하며 손실 가능성을 최소화하는 것이다.

만약 손실이 3년 이상 지속되면 근본적인 사업성에 문제가 있다고 보는 것이 맞다. 상장폐지나 관리종목 편입 등의 요건을 떠나 손실이 지속되는 기업은 피하는 것이 좋다.

자기자본 대비 차입금 비율이 과다한 기업

　부채비율, 특히 유동부채 비중이 과다하게 높은 기업은 구조적으로 수익을 내기 어렵고, 금융 비용 부담 탓에 도산에 이를 가능성이 크다. 산업 사이클상의 위치, 성장주 여부, 기업의 질 등에 따라 기준은 달라질 수 있지만, 부채비율이 200%를 초과하면 경계, 400%를 넘어서면 명확한 위험 신호로 보는 것이 일반적이다.

　다만 성장주는 미래에 대한 투자로 부채비율이 기본적으로 높은 경향이 있다. 이때는 단순 수치보다 그 부채가 실제 성장과 실적으로 연결되고 있는지가 핵심이다. 이와 함께 이자보상배율(이자 감당 능력)과 만기 구조, 현금흐름 등도 반드시 함께 확인해야 한다. '부채비율이 200%를 넘었으니 무조건 위험하다'가 아니라 '이자 감당 능력 + 유동성 구조 + 부채의 목적 + 산업 특성'을 종합적으로 판단해야 한다는 얘기다.

　기업도 사람과 같다. 버는 돈보다 갚아야 할 돈이 더 많은 상태는 지속될 수 없다. 특히 금리 인상기에 높은 부채비율은 치명적 약점이 되므로 이런 기업에는 더욱 보수적인 접근이 필요하다.

영업활동 현금흐름이 3년 이상 마이너스인 기업

　대표적인 신호가 현금흐름표에서 '영업활동 현금흐름 마이너스, 투자활동 현금흐름 플러스, 재무활동 현금흐름 플러스'가 동시에 나타나는 경우다. 이는 본업으로는 현금을 벌지 못하고 차입이나 자본 조달

로 버티고 있음을 의미한다.

특히 순이익은 플러스인데 영업활동 현금흐름이 마이너스라면 주의해야 한다. 이익이 실제 현금 유입을 동반하지 않는 가짜 이익이거나 외상매출 비중이 과도하게 높은 구조일 가능성이 크기 때문이다. 더 나아가 3년 연속 영업활동 현금흐름이 마이너스라면, 손익계산서상 매출 증가와 흑자에도 불구하고 실제로는 돈이 들어오지 않는 가짜 성장일 확률이 높다.

현금이 없는 기업은 위기 상황에서 버틸 힘이 없으며, 한 번의 충격으로도 쉽게 무너질 수 있다.

CB·BW 발행 과다 기업

CB(Convertible Bond, 전환사채)와 BW(Bond with Warrant, 신주인수권부사채)는 기업 입장에서 상대적으로 불리한 자금조달 방식이다. 일반적인 금융권 차입이나 유상증자보다 조건이 불리해 신용도가 낮거나 부채가 과다해 자금조달이 어려운 기업들이 선택하는 경우가 많다. 따라서 CB·BW를 발행했다는 사실 자체만으로도 기업의 재무상태가 탄탄하지 못하다고 볼 수 있다.

CB·BW 발행 규모가 시가총액 대비 10~20% 이상이면, 주식 수 증가로 인한 희석 위험이 크게 높아진다. 특히 전환가가 현재 주가 대비 30% 이상 낮을 경우, 전환 후 차익실현 매물이 쏟아지면서 주가 하락 압력이 급격히 커질 수 있다.

또 전환 가능 시점(통상 발행 후 1년)이 가까워질수록 매도 압력이 커지는 경향이 있으며, 특정 투자자(세력)의 반복적인 CB·BW 참여 역시 경계해야 한다. 그리고 발행 목적이 '운영 자금 확보'와 같이 불분명하다면, 이는 유동성 위기의 신호일 가능성도 배제할 수 없다.

실제 니콜라, 쌍방울, 디지털대성 등은 과도한 CB·BW 발행 이후 주가 급락을 겪었다. 실전에서는 발행 규모, 전환가, 전환 시점, 투자자 구성, 자금 사용처를 종합적으로 분석해야 하며 CB·BW 발행이 과다한 기업에 투자했을 때는 구조적으로 수익을 내기 어렵다는 점을 명심해야 한다.

<h2 style="text-align:center">신뢰도가 낮은 기업</h2>

감사 비적정 의견을 1회라도 받은 적 있는 기업

감사 의견 적정이 아닌 한정, 부적정, 거절 등을 1회라도 받은 이력이 있는 기업은 조심해야 한다. 기업 운영에서 신뢰는 제일의 가치가 되어야 하며, 한 번이라도 회계 신뢰성에 문제가 있었다면 그 기업은 투자자 보호 의지가 없다는 의미로 받아들여도 된다.

회계상 이런 문제가 있는 기업들은 실제 큰 폭락을 맞는 경우가 매우 흔하다. 실패하지 않고 살아남는 투자자들은 이런 기업에 단 1원도 투자하지 않는다는 사실을 기억하자.

거짓말하는 기업

CEO가 거짓말하는 기업도 마찬가지다. 최고경영자이자 오너가 도덕성을 갖추지 못하고 소비자를 기만하고 속이는 기업이라면 그 기업

시장을 꿰뚫는 주식 투자의 기술

이 제공하는 제품과 서비스, 경영 철학에도 그런 점이 고스란히 녹아들기 마련이다. 그런 기업은 지속 가능성이 떨어져, 결국에는 내리막길을 걷게 된다.

예컨대 수소차 기업으로 한때 크게 주목받았던 니콜라는 수차례의 거짓말과 매출에 대한 과대포장, 반복되는 번복 등으로 주가가 결국 대폭락을 맞았다. 결국 상장폐지로 이어져 투자자들은 투자금 대부분을 잃는 상황에 직면했다.

기업의 신뢰도 하락은 멀티플의 감소 사유가 된다. 매출의 실체가 없을 가능성이 크기 때문이다. 인간관계에서와 마찬가지로 주식 투자에서도 기업에 대한 신뢰도가 1순위 판단 요소다.

분기 실적 급감에도 고평가가 유지되는 기업

실적이 분기 기준으로 분명히 하락했는데, 주가는 오히려 상승하거나 유지되는 경우에는 주의해야 한다. 실적 악화에도 주가가 내려가지 않는다는 것은 의도적으로 주가가 버티는 중일 수 있기 때문이다. 주가 하락 전 세력이 물량을 개미들에게 넘기기 위해 일부러 주가를 오버슈팅시키거나 주가가 하락하지 않도록 버티면서 물량을 넘기는 경우가 있다. 이 시점의 주가는 미래에 대한 기대나 호재만으로 유지되는 상황이기 때문에 실적 대비 시가총액이 과도하게 높아지며 밸류에이션(PER) 또한 매우 높아진다.

이런 버블은 어떤 뉴스나 이슈로 인해 한순간에 터지기 마련인데, 이때는 대개 주가가 급락하기 때문에 탈출하기가 쉽지 않다. 주가 상승의 모멘텀은 실적이라는 사실을 기억하고, 실적과의 괴리나 부자연스러운 주가 움직임이 포착된다면 과감히 빠져나와야 한다.

거래량 10만 주 미만, 시가총액 300억 원 미만, 액면병합 이력 보유 기업

이 조건에 꼭 부합할 필요는 없지만 거래량 10만 주 미만, 시가총액 300억 원 미만, 액면병합(액면분할의 반대로, 여러 주식을 하나로 합쳐 주식 수를 줄이는 것) 등의 이력이 있는 종목은 작전 세력의 표적이 되기 쉽다. 규모가 작고 대주주 지분율이 높거나 거래량이 적다면 적은 금액으로도 주가를 움직일 수 있기 때문이다.

유동성이 적은 소형주는 소액으로도 주가를 띄우기 쉬워 급등주로 위장하기 좋다. 여기에 액면병합이 겹치면 유통주식 수가 줄어들어 수급 통제가 쉬워지고, 주가 단위가 높아지면서 마치 고가 우량주처럼 보이는 착시 효과가 발생해 개인 투자자들의 유입을 유도한다.

이런 종목은 뉴스 없이 급등 후 대량 매도가 쏟아지며, 개인 투자자는 매도 자체가 어려워 탈출이 불가능한 상황에 놓이기 쉽다. 실전에서 '저유동성 소형주 + 액면병합 + 급등'이라는 3가지 조건이 동시에 나타나는 종목은 반드시 피하는 것이 좋다.

사명, 사업 분야가 자주 바뀌는 기업

사명이 자주 바뀐다는 것은 미래에 대한 불안정성과 불투명성의 방

증일 수 있다. 보통 기업의 이름을 바꾸는 이유는 사업이 실패하거나 새로운 방향성을 찾기 위한 시도로 볼 수 있다. 이 과정에서 대표 교체가 잦아지면 경영 리더십에 문제가 있을 가능성이 커지고, 이는 주식 시장에서 신뢰를 잃게 해 멀티플을 하락시키는 요인으로 작용한다.

사업 포트폴리오가 급격히 바뀌는 기업은 미래 예측이 어려워 투자자들이 불안감을 느끼게 되고, 실적에 대한 불확실성은 주가 하락 요인으로 작용한다. 사명과 사업 분야가 자주 바뀌는 기업은 비즈니스 모델의 일관성이 없고 장기적 성장 가능성이 작아 주가가 급락할 리스크도 높다. 이런 기업은 시장에서 도태되기 십상이다.

8장의 액션 플랜

- 지수 ETF 전용 증권 계좌 하나를 기존 계좌와 분리해 개설해보자.

- 이 계좌는 소액을 꾸준히 적립하되, 이번 장에서 다룬 기준에 따라 지수가 바닥권에 근접할수록 매수 비중을 늘린다. 이 계좌는 30년 뒤에 확인하는 장기 계좌로 설정한다.

- 현재 보유 종목 중 비중이 가장 큰 종목 하나를 골라 '절대 사면 안 되는 기업 체크 리스트'에 대입해보자. 체크 항목에서 '그렇다(O)'가 많이 나온다면 비중을 줄이거나 즉시 매도하는 결단이 필요하다.

3부

상승효과를 극대화하는
'실전 기술'

9장
시나리오 만드는 법

이번 장에서는 내가 2024년 코스피의 바닥과 이후 상승 국면을 어떻게 인식하고 어떤 근거로 상승 시나리오를 세웠는지 그 과정을 설명하고, '주식 투자 시나리오' 만드는 방법을 소개하고자 한다.

이 과정을 이해한다면, 당신 역시 앞으로의 투자에서 단순한 전망이나 감정이 아닌 구조와 근거를 바탕으로 한 투자 판단을 할 수 있게 될 것이다. 이는 장기적으로 투자 성과를 높이는 데 큰 도움이 되리라고 확신한다.

나의 투자 판단 체크리스트

본격적인 사례에 들어가기 전에, 내가 투자 판단 과정에서 활용하는 체크리스트를 소개하고자 한다. 투자에서 가장 중요한 질문은 단순하다.

지금 내가 하려는 투자는 확률적으로 이길 수 있는 투자인가?

중요한 것은 수익 가능성이 큰 구간에서만 베팅하는 것이다. 이를 위해 나는 매번 동일한 질문을 스스로에게 던지고, 체크리스트를 통해 판단을 검증한다.

물론 투자 분석을 하는 방식에는 정답이 없다. 시장 국면, 종목의 시가총액, 업황, 그리고 대형주인지 중소형주인지에 따라 중요하게 보는 요소는 달라질 수밖에 없다. 나 역시 모든 종목을 동일한 기준으로 보지 않으며, 상황에 따라 분석의 비중과 관점을 유연하게 조정한다. 다만, 중요한 것은 자신에게 맞는 분석 틀을 만들고 반복적으로 개선해나가는 것이다. 이 과정이 쌓이면 어느 순간 자신만의 투자 판단 기준과 체크리스트가 완성된다.

이어지는 '시나리오 실전 사례'의 분석은 다음에 제시할 체크리스트를 기반으로 이뤄졌다. 다만 이 체크리스트는 하나의 정답은 아니며 참고용으로 활용하되, 당신에게 적합한 기준을 만들어가는 출발점으로 삼길 바란다.

이 체크리스트는 큰 흐름에서 내가 올바른 투자 판단을 하고 있는지, 스스로 점검하기 위한 기준이다. 체크 항목 중 다수가 'Yes'라면, 그 구간은 확률적으로 수익 가능성이 큰 구간이다. 하지만 이 체크리스트가 모든 판단을 대신 해주지는 않는다. 모든 사람에게 유효한 만능 지표도 아닐 수 있다. 종목 선택과 투자 타이밍은 각자의 상황과 투

〈도표 9-1〉 투자 판단 체크리스트

구분	질문	체크
	지금 이 시장은 싸울 수 있는 시장인가?	
시장	글로벌 유동성의 방향은 완화 쪽인가?	☐ Yes / ☐ No
	달러는 강세의 끝 또는 약세 전환 초기인가?	☐ Yes / ☐ No
	금리 인상 구간은 아닌가?	☐ Yes / ☐ No
	환율 상승 시 시스템 위기 신호는 아닌가?	☐ Yes / ☐ No
	핵심 기술 및 산업이 실적과 수급으로 시장을 이끌고 있는가?	☐ Yes / ☐ No
	이 기업은 이야기가 숫자로 바뀌고 있는가?	
기업	이 기업은 시장점유율, 기술 포지션 등 경제적 해자를 보유했는가?	☐ Yes / ☐ No
	실적 상승이 둔화되고 있지는 않은가?	☐ Yes / ☐ No
	실적 감소 국면이 끝났거나 턴어라운드가 예상되는가?	☐ Yes / ☐ No
	미래 성장에 대한 모멘텀을 보유한 기업인가?	☐ Yes / ☐ No
	환율, 유가, 금리 등 해당 기업의 실적에 영향을 주는 핵심 요인이 유리한 국면에 있는가?	☐ Yes / ☐ No
	역사적 PER · PBR 하단 구간인가?	☐ Yes / ☐ No
	손실폭이 제한적이고 수익 가능성이 큰 구간인가?	
차트	파동상 하락의 마지막 또는 초기 상승 전환 국면인가?	☐ Yes / ☐ No
	월봉 · 연봉상 주요 이평선 등 강한 지지 구간인가?	☐ Yes / ☐ No
	주요 저점 패턴을 완성했는가?	☐ Yes / ☐ No
	거래량의 변곡이 일어났는가?	☐ Yes / ☐ No
	과매도 국면에 진입했는가?	☐ Yes / ☐ No
	대중의 심리가 극단적 공포 구간에 진입했는가?	☐ Yes / ☐ No
위 판단 근거들을 타인에게 설명할 수 있는가?		**☐ Yes / ☐ No**

자 성향, 스타일에 따라 달라질 수밖에 없기 때문이다.

나 역시 때에 따라 다양한 분석을 종합해 판단하기도 하고, 하나의 밸류에이션 지표나 하나의 차트 신호만으로 판단하기도 한다. 투자에는 정해진 단 하나의 정답이 존재하지 않는다. 결국 최종적인 투자 판단은 수학 공식처럼 계산하는 것이 아니라, 경험과 반복을 통해 쌓인

감각과 인사이트를 기반으로 이뤄지는 경우가 많다. 자신만의 기준과
체크리스트를 만드는 노력이 반드시 필요한 이유다.

시나리오 실전 사례

코스피 바닥 및 상승장 분석

다음은 내가 2024년 말, 코스피 바닥권 매수 및 상승장 시나리오를 세웠던 근거와 판단 과정이다. 당신도 당시 상황과 함께 어떤 투자 판단을 했는지를 떠올리며 비교해본다면 더 많은 인사이트를 얻을 수 있을 것이다.

2025년 초, 코스피는 오를 만하면 꺾이고, 이번엔 정말 오르나 싶으면 꺾이는 등 2022년 말부터 2년 넘게 장기 횡보하며 투심이 완전히 무너져 있었다. 강한 AI 랠리를 보여주던 미국 증시와 비교되며 '국장 탈출은 지능순'이라는 자조 섞인 조롱 밈까지 퍼졌다. 그러나 나는 이 시점을 코스피의 반전 가능성이 열려 있는 구간, 더욱이 싸도 너무 싼

〈도표 9-2〉 2024년 말, 코스피 반전 의견 장표

시장을 꿰뚫는 주식 투자의 기술

국면으로 판단했다. 단기 변동성은 있을지라도 중장기 기준으로는 손실 가능성보다 기대 수익이 압도적으로 큰 구간이라고 봤고, 코스피 3000포인트 돌파 가능성까지 포함한 강한 긍정 시나리오를 제시했다. 그 근거들을 하나씩 살펴보자.

시장을 통한 시나리오: 코스피의 우호적 환경

첫 번째는 코스피의 우호적 환경이었다. 2025년 4월부터 코스피는 급등 랠리를 시작했는데, 다음은 코스피 강세에 영향을 준 요인들이다.

• 실적 사이클 턴어라운드

코스피는 반도체, 조선, 자동차 등 시클리컬 산업 위주로 실적 턴어라운드 구간에서 강세를 보이는 경향이 있다.

• 달러 약세

달러 약세는 외국인 자금의 국내 유입을 촉진하고, 밸류에이션 오버슈팅을 유발할 수 있는 요인이다.

• 저유가

저유가는 에너지 수입국인 한국의 원가 부담과 물가 압력을 동시에 낮춰 기업 이익률 개선과 금리 안정에 긍정적으로 작용한다. 이러한 환경은 '실적 개선 + 할인율 안정' 구조를 만들어 코스피 밸류에이션 상향을 뒷받침하는 요인이 된다.

당시 국내 주요 업종들에서 재고 증가 둔화, 수주 잔고 확대, 원가 부담 완화 등의 변화가 나타나고 있었고, 2025년은 AI 기술혁신 훈풍이 국내로 전이되며 특히 메모리 반도체(삼성전자, SK하이닉스)의 전반적인 실적 턴어라운드를 예상할 수 있는 해였다.

특히 코스피 강세를 예상한 핵심 요인 중 하나는 달러 약세 가능성이었다. 달러 약세는 외국인 자금 유입을 촉진하며, 이는 국내 증시에서 수급 확대와 밸류에이션 오버슈팅을 만들어내는 데 매우 중요한 조건 중 하나다.

당시는 2024년 9월 첫 금리 인하 이후 추가적인 금리 인하가 예상되는 국면이었고, 트럼프의 미 대통령 당선으로 트럼프 1기 때와 유사하게 달러의 하락이 조만간 나올 것으로 예상하고 있었다.

실제로 2017년 트럼프 1기 때에도 달러는 트럼프 취임 직전 고점을 형성한 뒤, 미국의 재정 확대와 약달러 정책 속에서 빠르게 약세로 전환됐다. 그 과정에서 코스피는 외국인 수급 유입과 함께 강한 상승 흐름이 나타났다.

이와 같은 흐름이 트럼프 2기가 시작되는 2025년에도 반복될 가능성이 크다고 판단했기에 코스피의 중장기 강세 시나리오를 세울 수 있었다.

역시나 2025년 1월 트럼프의 취임 직전, 달러는 고점을 만들고 추세 하락을 시작했으며, 코스피는 상승 흐름으로 진입했다. 미국의 재정 확대와 약달러 정책은 글로벌 자금의 위험자산 선호를 자극하고, 해당 자금은 상대적으로 저평가된 한국 증시로 유입될 수밖에 없는 구조였다.

또 하나의 중요한 근거는 원/달러 환율이었다. 2024년 말 원/달러 환율은 시스템 위기 신호라기보다는 국내 정치적·수급적 요인 때문에 1,480원을 돌파한 상황이었다. 이런 환경에서의 고환율은 외국인 투자자 입장에서 국내 증시에 투자할 경우, 향후 환율 하락에 따른 환차익까지 기대할 수 있는 구조임을 의미한다. 즉, 외국인 수급이 강하게 유입될 조건이 갖춰져 있었다.

여기에 더해 국내 증시 강세의 또 다른 핵심 변수인 유가 역시 글로벌 경기 둔화 우려와 공급 증가 등의 영향으로 중기 하락 추세를 유지하고 있었고, 이는 에너지 수입국인 한국 경제에 구조적으로 우호적인 환경을 조성하고 있었다.

종합해보면 당시 한국 증시는 수급, 달러, 유가 측면에서 더없이 유리한 환경에 놓여 있었던 셈이다.

코스피 상승장 전망의 두 번째 근거는 기업의 실적과 밸류에이션이었다. 2024년 말, 국내 증시는 AI 산업혁명의 수혜, 특히 HBM과 전통 메모리 반도체 수요 급증으로 반도체 산업의 급격한 실적 증가가 예상되고 있었다.

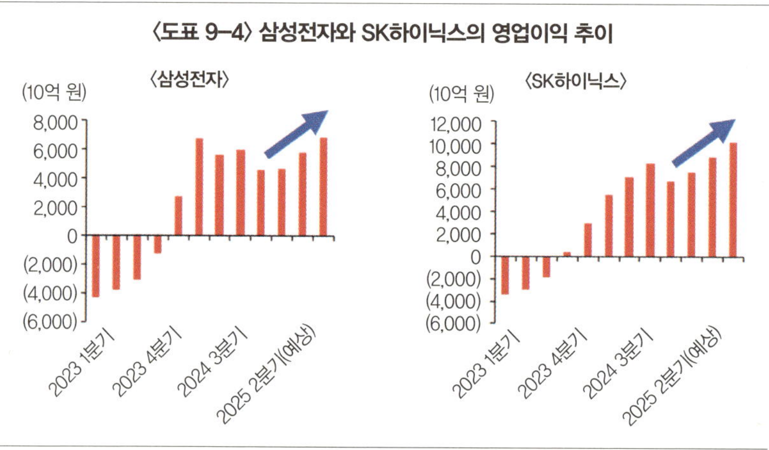

〈도표 9–4〉 삼성전자와 SK하이닉스의 영업이익 추이

※ 출처: SK증권

삼성전자와 SK하이닉스 등 반도체 산업은 코스피 시가총액에서 상당한 비중을 차지하기 때문에 반도체의 실적 상향은 곧 코스피의 상승을 의미한다. 이런 실적 증가와 함께 코스피 상승을 견인할 근거는 '매우 싼 가격'이었다.

〈도표 9-5〉는 코스피의 장기 PBR 차트다.

2024년 말 코스피의 PBR은 0.84배 수준으로 글로벌 금융위기, 코로나19 때와 유사한 극단적 저평가 영역에 진입해 있었다.

삼성전자 또한 과거와 비교할 때 유례없이 싼 밸류에이션을 보여주고 있었기 때문에 시간의 문제일 뿐, 반드시 수익 전환이 가능한 국면이었다. 시장과 기업 모두 주가의 폭발 가능성을 예고하고 있었다.

차트를 통한 시나리오:

기술적 분석이 동시에 상승을 가리키는 구간

〈도표 9-6〉의 코스피 연봉 차트에서 보듯이, 2024년 말 코스피는 10년선에 도달해 있었다.

코스피는 하락 국면에서도 대부분 10년선 부근에서 반등하는 경향이 있으며, 최악의 경우에도 20년선에서는 반등하는 특성이 있다. 당시는 시스템 위기가 아니었기 때문에 10년선에서 반등할 가능성이 충

분하다고 판단했다. 여기에 PBR 약 0.84배라는 극단적 저평가 밸류에 이션을 함께 고려하면, 이 구간에서 분할 매수로 접근할 경우 향후 기대 수익이 상당히 높다고 판단할 수 있었다. 또한 캔들 패턴, 파동, 프 랙탈 패턴(동일한 패턴이 반복되는 현상), 보조지표 등 주요 기술적 지표들 역시 동시에 상승 시그널을 가리키고 있어 확률 측면에서 매우 유리한 구간이었다.

내가 2024년 말부터 2025년 초까지 코스피의 바닥권과 2025년 대 세 상승장을 예상할 수 있었던 이유는 단 하나의 근거 때문이 아니다. 시장 환경, 기업 실적, 밸류에이션, 기술적 분석이 모두 같은 방향을 가 리키고 있었기 때문이다.

이처럼 여러 근거가 겹치는 구간에만 베팅하는 것이 시나리오 투 자의 본질이다. 나는 단순히 '오를 것 같다'라는 감이 아니라 '왜 이

　　　　　　　　　　시장을 꿰뚫는 주식 투자의 기술

가격에서 더 하락하기 어려운가, 오른다면 그 근거는 무엇인가?'를 점검했다.

투자에서 중요한 것은 바닥을 정확히 맞히는 능력이 아니라 가능성이 큰 구간에서 공포를 이성으로 이겨내는 판단력이다. 시장은 언제나 공포 속에서 바닥을 만든다. 그리고 최고의 투자 판단은 항상 공포의 한가운데서 탄생한다. 이 사실을 이해하는 순간, 투자는 더 이상 운이 아니라 전략이 된다.

9장의 액션 플랜

- 내 보유 종목 중 하나를 골라 시장, 기업, 차트 관점에서 투자 시나리오를 직접 세워 보자.

- 시장, 기업, 차트 관점에서 내 보유 종목이 매수 관점에 부합하지 않는다면 비중을 줄이거나 매도를 검토하자.

- 시장, 기업, 차트 관점에서 가장 좋다고 판단되는 종목을 선정해 소액으로 실제 매수를 실행해보자.

10장
수익을 만드는 매매 구조 설정법

10장에서는 개인 투자자들이 실전에서 가장 많이 실수하고 가장 어려워하는 매수와 매도의 구조적 문제를 다루고자 한다. 많은 투자자가 '언제' 사야 하는가에 집중하지만, 실제 수익을 가르는 것은 타이밍만이 아니다. 어떤 방식으로 진입하는가, 그리고 수익을 내는 매수에는 어떤 구조가 필요한지를 알아야 한다.

이 장에서는 내가 실전에서 활용해온 매수 방식, 적게 잃고 많이 버는 구조를 만드는 손익비의 개념, 그리고 세력의 대표적인 속임수인 휩소를 통해 투자 성과를 한 단계 끌어올리는 방법을 정리하고자 한다.

수익을 극대화하는 매수의 핵심 원리

분할 매수 vs 일시 매수

매수 방식은 크게 2가지로 나뉜다.

- 분할 매수: 가격이 내려갈 때마다 물량을 나누어 접근
- 일시 매수: 맥점에서 한 번에 진입하고, 맥점 이탈이나 매수 근거가 훼손되면 손절

특정 방식이 절대적으로 우월한 것은 아니다. 매수 방식은 시장 환경, 투자자의 성향, 그리고 보유 현금 비중에 따라 선택이 달라져야 한다. 다만 개인 투자자들은 대체로 분할 매수보다 일시 매수를 선호한다. 매수 직후 주가가 급등할 것이라는 기대, 그리고 상승 구간에서 더 큰 수익을 얻고 싶다는 FOMO 심리 때문이다.

두 매수 방식의 구조적 차이와 장단점을 명확히 정리하고, 상황에 따라 어떤 선택이 확률적으로 유리한지 살펴보자. 이를 이해한다면 매수 방식 하나만으로도 투자 성과가 크게 달라질 수 있다.

분할 매수

분할 매수는 첫 매수에 큰 비중의 금액을 넣지 않고 2~3회 이상 나누어 매수하는 방법이다. 기본적으로 리스크를 줄이는 방식으로, 가격

을 나누는 방법과 시간을 나누는 방법으로 구분할 수 있다.

한 가격, 한 시점에 시드머니를 모두 투입하면 변동성과 심리에 휘둘릴 가능성이 크다. 특히 매수 기준이 아직 명확하지 않은 투자자일수록 분할 매수를 해야 심리적·구조적으로 안정을 유지할 수 있다.

분할 매수의 가장 큰 장점은 첫 매수 후 주가가 하락하더라도 다음 구간에서 더 낮은 가격으로 추가 매수를 할 수 있다는 점이다. 그러면 평균 매입 단가가 자연스럽게 낮아진다. 반면 단점은 첫 매수 이후 주가가 곧바로 상승할 경우 초기 투입 금액이 적어 수익 규모가 작아진다는 점이다.

따라서 확신이 강한 자리, 주가가 매우 싼 구간 또는 맥점 근처에서는 분할 매수보다 일시 매수 후 맥점 이탈 시 손절하는 방식이 더 효율적일 수 있다. 가능성이 크다고 판단되는 자리일수록 더 큰 시드머니를 투입할 수 있기 때문이다. 반대로 추가 하락 가능성은 존재하지만 현재 구간 역시 매력적인 가격대라면, 저점권에서 분할 매수를 시작하는 전략이 합리적이다. 정확한 저점을 맞히기 어렵다는 전제를 받아들이고, 확률을 분산시키는 것이다.

이처럼 분할 매수는 시장 상황과 매수 확신도에 따라 활용해야 한다. 분할 매수 방법은 다음과 같이 가격 분할과 시점 분할로 구분할 수 있고, 이 2가지를 혼합해 사용할 수도 있다.

가격 분할

가격 분할은 주가 하락에 따라 매수 구간을 나누는 방식으로, 평균 매입 단가를 낮춰 리스크를 줄이고자 할 때 효과적이다. 예컨대 3회

분할 매수를 계획한다면 다음과 같이 할 수 있다.

① 1만 원에서 1차 매수한다.

② 9,000원에서 2차 매수한다.

③ 8,000원에서 3차 매수한다.

이렇게 했을 때 매수 평균 단가는 9,000원이 되며, 주가가 8,000원을 찍고 상승할 경우 9,000원 이후부터 수익으로 전환된다. 이 방식은 1만 원에서 전액을 일시 매수했을 때보다 확실한 단가 하락 효과를 얻을 수 있어 수익률 관점에서도 유리하다. 앞서 언급했듯이, 1차 매수 이후 주가가 곧바로 상승하면 초기 투입 금액이 적어 수익 규모가 제한되는 단점이 있다. 하지만 일시 매수였다면 8,000원까지 20%의 하락을 견디거나 손절해야 했을 것이므로 두 방식의 장단점은 분명히 갈린다.

가격 분할은 고정 가격뿐 아니라 하락률 기준(-10%, -20%, -30%)으로 설정할 수도 있고, 차트 분석을 통해 주요 지지선이나 매물대마다 분할 매수하는 방식도 가능하다. 이때 분할 가격의 범위는 종목의 변동성, 매수 자리의 신뢰도, 현금 비중에 따라 유연하게 조정해야 한다.

한 가지 주의할 점은 분할 가격의 간격이 너무 좁으면 효과가 떨어진다는 것이다. 예를 들어 1만 원, 9,800원, 9,500원처럼 매수 간격이 좁으면 분할 매수의 의미가 사라질 수 있다.

시점 분할

시점 분할은 가격이 아니라 매수 시점을 나누는 방식이다. 가격 변동보다 시간에 따른 리스크를 분산하고 싶을 때 사용한다. 예컨대 3회 분할 매수를 계획한다면 다음과 같이 할 수 있다.

① 최초 매수를 결정한 시점에 1차 매수한다.

② 3개월 뒤 2차 매수한다.

③ 6개월 뒤 3차 매수한다.

이 방식의 목적은 가격이 아닌 시차를 두고 진입하는 것이다. 따라서 가격 변화는 무시한다. 시점 분할의 간격은 투자 성향에 따라 달라진다. 단기 트레이더는 분·시간 단위로, 중장기 투자자는 일·주·월 단위로 시점을 나눌 수 있다. 다만 시간만 분할하기 때문에 시차가 지나도 가격이 크게 변하지 않을 경우 분할 효과가 작아질 수 있다는 점을 고려해야 한다.

매수 종목이 시클리컬 기업인데 해당 산업의 경기가 더 안 좋아질 것으로 예상하거나, 전쟁이나 악재 또는 폭락의 정점에서 현시점에 대한 확신이 부족해 매수 시점의 시차를 두고 싶을 때도 유용하다. 시점을 분할했는데 매수 가격에 큰 차이가 없더라도 시간 리스크를 분산한다는 목적은 달성한 셈이다. 또한 시간이 흐르면서 가격이 자연스럽게 분산되는 경우가 대부분이기에 분할 매수로서 충분한 의미가 있다.

또 지금부터 추가 조정이 나올 것으로 판단되는 구간이라면, 1차 매수 후 주가의 변동성 크기에 따라 1~2일에서 1~2주 정도 시차를 두고 매수함으로써 추가 하락 리스크를 어느 정도 피할 수 있다. 예를 들어 5일 정도 상승 후 조정이 시작되는 초입이라면, 1~2일 정도 조정이 나올 것을 고려해 시차를 두고 매수하는 방법이다.

분할 매수의 비중

가격 분할을 사용할 때 매수 비중을 정하는 방법은 크게 2가지다.

• 동일 비중 매수

분할 매수 시마다 똑같은 비중을 투입하는 것으로, 가장 일반적인 방법이다. 예컨대 총 3,000만 원을 1만 원, 9,000원, 8,000원에서 각각 1,000만 원씩 세 번 매수하는 식이다.

• 하락할수록 더 많이 매수

가격이 하락할 때마다 진입 비중을 높여 평균 단가를 효율적으로 낮추는 전략이다. 저밸류에이션 구간 또는 기술적 맥점 부근에서 조정 시마다 서서히 더 많이 물량을 늘려가는 개념으로 사용하면 좋다. 예를 들어 회차별 매수 비율을 1:2나 1:3, 혹은 1:1:2:4와 같이 주가가 하락할수록 비중을 높여가며 매수하는 방식이다.

이 방식은 초기에 적은 비중으로 시작하므로, 진입 직후 가격이 급등하면 전체 수익금이 기대보다 적을 수 있다는 단점이 있다. 그러나 하락장이 길어질수록 하단에서 매입하는 물량이 압도적으로 많아지기 때문에, 평균 단가가 현재 가격에 가깝게 빠르게 내려온다는 강점이 있다.

결과적으로 적은 반등만으로도 수익 전환이 가능해지므로, 약세장에서 느긋하게 수량을 모아갈 때 유용하다. 특히 변동성이 크고 강제

 시장을 꿰뚫는 주식 투자의 기술

청산 위험이 있는 선물 거래에서는 평균 단가를 관리함으로써 청산 가격과의 거리를 벌려 안정성을 확보하는 데 도움을 줄 수 있다. 이 방식은 계획 없는 무한 물타기와 다르며, 적절한 매수 구간에 대한 사전 계획, 그리고 자금 관리 계획을 통해 진행되어야 한다.

일시 매수(손절하는 매매)

일시 매수는 첫 매수 시 현금 비중을 제외한 모든 시드머니를 한 번에 투입하는 방식이다. 매수 평균 단가는 첫 진입 가격에서 결정되며, 저점권이거나 가능성이 크다고 판단되는 확신 구간에서 사용한다. 단, 내 매수 판단이 틀렸거나 주가가 맥점을 이탈할 경우 손절하는 것을 전제로 해야 한다.

이 방식의 단점은 분할 매수와 달리 하락 시 추가 대응이 어렵다는 점이다. 특히 고점권에서 일시 매수할 경우 심리적 부담이 매우 큰데, 실제로 많은 개인 투자자가 이런 실수를 반복한다. 반면 매수 직후 주가가 바로 상승하면 수익 규모가 커진다는 장점이 있다.

따라서 일시 매수의 핵심은 매수와 동시에 손절 기준을 정해두는 것이다. 기준 없이 진입하면 높은 매수 비중 때문에 하락 시 손실이 빠르게 확대되고, 결국 원칙이 아닌 감정에 휘둘려 손절 기회를 놓치고 바닥에서 투매하는 상황에 빠지기 쉽다.

분할 매수는 하락에 추가 매수로 대응하지만, 일시 매수는 대응 수단이 손절밖에 없다. 손절이 싫다면, 처음부터 손절하지 않아도 될 만큼 해당 종목이나 지수에 대한 강한 확신이 있을 때만 사용해야 한다.

또한 손절을 전제로 하는 만큼 손익비 좋은 자리(손절 가격에서 최대한 가까운 가격)에서 진입하는 것이 필수다. 단, 이 방식에서는 다음과 같은 조건이 필요하다.

- 투자자 스스로 맥점 또는 저점권을 설정할 수 있어야 한다.
- 그 맥점까지 기다려 손익비가 가장 유리한 가격에서 매수해야 한다.
- 맥점 이탈 시 과감히 손절할 실행력이 필요하다.

일반적인 개인 투자자들은 기술적 분석으로 맥점을 정확히 잡기 어렵고, 설령 잡더라도 손실 확정에 대한 두려움으로 손절을 실행하지 못하는 사람이 많다. 이런 성향이 있다면 일시 매수보다 분할 매수가 훨씬 안전한 선택이다. 추천하는 기본 전략은 분할 매수를 중심에 두되, 주가가 크게 하락해 종목이나 지수가 명확히 싸졌다고 판단되는 구간 또는 확률이 매우 높은 자리에서만 선별적으로 일시 매수를 활용하는 것이다.

주식 투자에서 가장 중요한 것은 리스크 관리다. 아무리 높은 수익을 반복하더라도, 고점에서 크게 물려 원금 손실이 발생하면 복리 효과는 그 즉시 사라지고 만다.

분할 매수는 단기 수익은 적을 수 있지만, 하락 리스크를 크게 줄여준다. 한두 번의 도박이 아니라 평생 수많은 투자를 반복하며 안정적 수익을 누적시켜야 한다는 관점에서 본다면, 분할 매수는 손실을 줄이고 수익을 누적시키는 가장 현실적인 방식이다.

적게 잃고 많이 버는 손익비의 비밀

손익비란 'Reward-to-Risk Ratio', 말 그대로 수익 시 버는 돈과 손실 시 잃는 돈의 비율이다. 수익 시 30%를 벌고 손실 시 5%를 잃는다면 손익비는 6배 또는 6:1로 표기할 수 있다.

$$손익비 = \frac{수익(reward)}{손실(risk)}$$

- 손익비가 높다(좋다): 벌 때 많이 벌고, 잃을 때 적게 잃는다.
- 손익비가 낮다(나쁘다): 벌 때 적게 벌고, 잃을 때 많이 잃는다.

기대 수익이 기대 손실보다 커질수록 손익비가 좋아진다. 손익비를 그림으로 표현하면 〈도표 10-1〉과 같다.

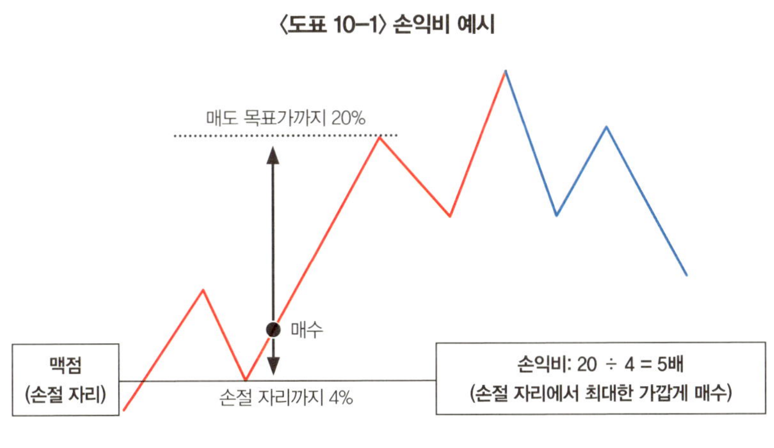

〈도표 10-1〉 손익비 예시

〈도표 10-1〉의 예와 같이 매수한 지점에서 매도 목표가까지의 기

대 수익률이 20%이고, 손절 자리까지 손실폭이 4%인 경우 손익비는 '20% ÷ 4% = 5배'가 된다. 매수 자리가 손절 자리에서 멀어질수록 손익비는 낮아진다. 따라서 되도록 맥점(손절 자리)에서 최대한 가까운 자리에서 매수해야 한다.

높은 손익비가 중요한 이유는 손실을 짧게 끊고 수익을 길게 가져갈 수 있기 때문이며, 실제로 손익비는 승률에도 영향을 미친다. 또 높은 손익비는 낮은 승률에서도 수익을 높여주는 역할을 하기 때문에 주식 투자에서 상당히 중요하다.

하지만 대부분의 개인 투자자는 손실 발생 시 얼마를 잃게 될지 생각하지 않고 단순히 '오르겠지'라는 막연한 기대감만으로 매수에 나서곤 한다. 심리와 본능에 충실해 수익은 짧고 손실은 긴(손익비 낮은) 투자를 반복하게 된다. 게다가 낮은 승률에 몰빵 투자까지 반복하기 때문에 계좌는 점차 0에 수렴하고 결국 '주식으로 돈을 벌 수 없다'는 결론에 도달하는 악순환에 빠진다.

손익비 높은 투자, 어떻게 만들 수 있을까?

손익비를 높이는 방법

손익비는 손절이 필요한 개념이므로 손절하는 매매에 해당한다. 손절 없이 계속 사 모아가는 경우라면 손익비 개념을 명확히 적용하기 어렵다. 손익비를 높이는 방법은 다음과 같다.

- 기대 수익은 크고 기대 손실은 작은 '맥점'에서만 매수한다.

시장을 꿰뚫는 주식 투자의 기술

- '맥점'은 곧 손절 자리가 된다. 최대한 맥점에 가깝게 매수하고, 맥점 이탈 시에는 즉시 손절한다.
- 모호한 자리에서 매수하지 않는다. 손익비가 명확한 맥점이 올 때까지 기다릴 수 있어야 한다.
  - → 손익비 기준의 투자는 손익비가 좋은 맥점에 비중을 실어 매수하는 투자인 만큼, 맥점 이탈 시 손절은 선택이 아닌 필수다.

맥점에 매수했고 해당 맥점이 신뢰도가 높은 자리일수록, 상승할 가능성도 크고 상승했을 때 큰 수익을 볼 수 있다. 반대로 맥점이 깨졌을 때는 손실을 보지만 손절가에 가깝게 매수했기 때문에 손실폭은 매우 작다. 즉, 수익은 길고 손실은 짧은 매매 방식이다.

이렇게 기대 수익이 크고 기대 손실은 작은 구간에서만 투자를 반복한다면 투자 성과가 높아질 수밖에 없다. 하지만 이런 투자를 하기 위해서는 주요 맥점에서 매수해야 하는데, 좋은 맥점 자리는 자주 오지 않는다. 결국 손익비 좋은 투자를 위해서는 기다릴 수 있어야 한다. 주가가 내려오기를 기다리는 일이 어렵게 느껴진다면, 그 기다림 자체도 수익을 만드는 과정의 일부라고 생각하면 훨씬 편해진다.

극단적으로, 평소에는 주식에 전혀 투자하지 않다가 주가지수가 30~50% 하락하는 구간에서만 베팅하는 투자 방식도 있다. 자금 관리와 원칙 없이 365일 시장에 붙어 있는 투자자보다 결과가 훨씬 안정적일 수 있다. 물론 이런 극단적인 방식을 따르라는 얘기는 아니다. 다만 매번 투자할 때마다 지금 이 자리가 손익비가 좋은 구간인가를 먼저 고민하라는 것이다. 투자의 성과는 빈도가 아니라 선택의 질에서 결정된다.

손익비 높은 맥점에는 다음과 같은 특징이 있다.

- 손익비 좋은 자리에는 안전마진이 있다. 맥점 부근에서 싸게 사기 때문에 싸게 산 만큼 안전마진이 보장돼 승률도 올라간다.
- 손절 구간이 짧다. 맥점 이탈 시 기대 손실이 작기 때문에 틀려도 적게 잃는다. 즉, 승률과 손익비가 모두 좋다.

이 두 조건이 충족되기 때문에 큰 비중의 자금을 투입할 수 있다. 중요한 것은 이런 맥점 투자만을 반복하는 것이다.

워런 버핏의 투자 파트너였던 찰리 멍거는 좋은 종목이라도 비쌀 때는 사지 않고 좋은 자리, 싼 구간이 올 때까지 기다렸다가 매수하는 방식의 투자로 잘 알려져 있다. 그렇다면 손익비 좋은 자리, 즉 맥점이란 어떤 자리를 말할까? 맥점은 이탈 시 손절이 뒤따른다는 측면에서 기술적 분석 개념으로 접근하는 것이 이해하기가 쉽다.

맥점에 사는 방법

싼 자리

모든 종목은 싼지, 비싼지에 대한 평가, 즉 밸류에이션을 할 수 있다. 앞서 살펴봤듯 S&P500도 과거 10년간의 평균 PER을 구할 수 있고, 모든 종목도 각각의 PER·PBR 차트를 통해 현재 가격이 역사적 평균 대비 어느 수준에 있는지 확인할 수 있다. 특히 지수 자체가 평균 이하의

시장을 꿰뚫는 주식 투자의 기술

싼 구간에 있다면 개별 종목들 역시 전반적으로 저평가 상태일 것이고, 이는 손익비 관점에서 매수에 유리한 환경이 형성됐음을 의미한다.

〈도표 10-2〉는 S&P500의 후행 PER(trailing PER) 장기 흐름을 보여준다. 이를 통해 지수가 어느 구간에서 기회를 제공해왔는지 살펴보자.

PER이 평균 이하의 싼 구간, 10년 평균인 18배 아래에서 매수했다고 가정해보자. 사실 PER·PBR 지표를 기준으로 손절 자리를 정하기는 모호하다. 이럴 때는 싼 구간에서 분할 매수로 모아간다는 개념으로 접근하는 것이 좋다. 이 방식은 더 하락할 위험보다 중장기적으로 평균 위로 올라설 가능성이 더 크다는 전제를 바탕으로 한다.

싼 구간에서 모아갈 경우, 하락의 룸보다 상승의 룸이 더 크기 때문에 가격 자체에서 안전마진을 확보할 수 있다. 밸류에이션은 시간이 지나년 반드시 평균으로 되돌아가려는 성질을 보이기 때문에 저밸류에이션 구간에 매수한 종목은 결국 수익을 안겨주는 시점을 맞이하기 마련이다.

〈도표 10-2〉 S&P500의 PER 추이(2008~2025)

주요 지지 구간

기술적 분석에서 지지 자리는 좋은 맥점 구간이다.

〈도표 10-3〉에서 박스권은 주가가 반복적으로 부딪혀온 구간을 동일한 간격으로 설정한 것이다. 특히 주가가 박스권 하단에 도달했을 때 강한 반등이 자주 나타난다는 점이 중요하다. 박스권의 크기가 크고 기간이 길수록 신뢰도가 높아진다.

차트에 표시한 노란 박스 구간은 매수하기 좋은 맥점이다. 이 구간에서는 '지지선 근처 매수, 이탈 시 손절'이라는 명확한 대응이 가능하다. 또는 처음부터 맥점마다 분할 매수 전략을 염두에 둘 수도 있다. 이 사례의 경우 1차 맥점에서 매수 후 이탈 시 손절하고, 그 아래 2차

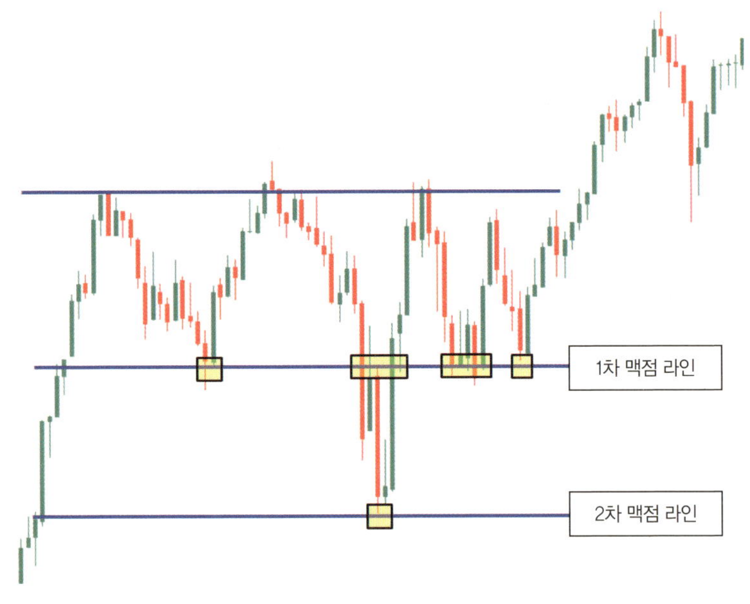

〈도표 10-3〉 지지선을 기준으로 맥점 설정하기

맥점에서 재매수할 수 있다. 이 사례에서 2차 맥점은 박스권의 높이만큼 아래로 동일하게 확장했을 때 형성되는 지지 구간이다.

이 방식의 핵심은 손절 이후 더 싼 가격에 다시 매수한다는 점이다. 손절을 했더라도 매수가가 낮아지기 때문에 매수 수량이 늘어나고, 주가가 원래 자리로만 회복해도 수익이 나는 효과가 있다.

2파 조정 국면, 1파 고점 돌파 국면

파동 관점에서도 접근하기 좋은 맥점은 비교적 명확하다.

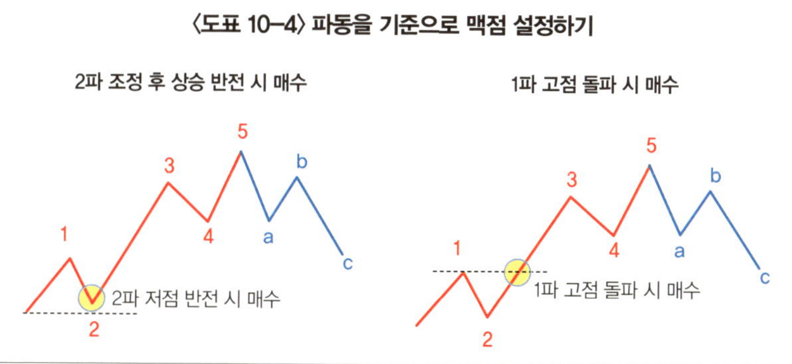

〈도표 10-4〉 파동을 기준으로 맥점 설정하기

다음의 두 경우는 손절 기준이 명확하다는 공통점이 있다.

① 상승 1파 이후 2파 조정이 마무리되는 구간

② 1파 고점을 돌파한 뒤, 지지로 전환되는 3파 초입 구간

이 지점에서 매수했을 때는 다음과 같이 대응한다.

① 2파 조정의 상승 반전 국면에서 매수한 경우: 2파는 1파 시작점(저점)을 이탈할

　　수 없으므로 1파 저점 이탈 시 손절한다.

② 1파 고점 돌파 후 매수한 경우: 1파 고점 이탈 시 손절. 단, 1파 고점을 깼더라도 아직 3파가 진행 중인 과정일 수 있으므로 좀 더 보수적으로는 1파 시작점(저점) 이탈 시 손절한다.

여기서 손익비는 손절 자리인 1파 시작점(저점)과 가까운 ①번이 좋다. 하지만 가능성 측면에서는 ②번이 좀 더 높기 때문에 적절히 상황에 따라 분할 매수로 조합하는 전략을 추천한다.

분석 방법에 따라 맥점을 잡는 방법은 많다. 중요한 것은 스스로 맥점을 정의할 수 있는 기준 마련과 그 자리를 이탈했을 때 과감히 손절할 수 있는 실행력이다.

우리는 모두 싸고 가능성이 큰 자리에서 사야 한다는 사실을 알고 있다. 그럼에도 실패하는 이유는 인내심이 부족하고 욕심이 앞서기 때문이다. 싼 자리의 특성을 알면서도 기다리지 못하고, '지금 바로 올라가 버리면 어쩌지?' 하는 욕심과 집착 때문에 손익비 최악의 자리(고점)에서 매수해 최저점에 손절하게 된다.

주식 투자는 헛스윙했을 때만 삼진이 되는 야구 게임과 같다. 모호하거나 치기 어려운 공은 그냥 넘기고 확실히 치기 좋은 공, 홈런을 안겨줄 좋은 공만 휘두르면 삼진은 피하면서 언젠가 홈런을 때릴 수 있다. 물론 타자로서의 배팅 실력, 공을 보는 눈, 체력 등 개인마다 실력 차이는 있을 수 있다. 하지만 때로는 누구나 칠 수 있는 매우 느리고 쉬운 공도 오기 마련이다. 실력이 부족한 초보라면 어려운 변화구에

　　시장을 꿰뚫는 주식 투자의 기술

공을 휘두르다가 삼진당할 것이 아니라 내가 칠 수 있는 공을 기다렸다가 치면 된다.

주식 시장은 매일 열린다. 싸고 좋은 종목은 셀 수 없이 많다. 좋은 기회를 차버리고 급등주, 작전주에 따라붙어 손실을 반복하지 않기를 바란다.

주식의 핵심 개념, 휩소

주가 움직임에서 굉장히 빈번하게 보이며 개미 털기에 사용되는 속임수, 즉 휩소는 다음과 같은 의도 속에 이뤄진다.

- 상승 의도를 가지고 있으면서 조정인 것처럼 속여 개미를 털고 주가를 상승시키는 경우
- 하락 의도를 가지고 있으면서 상승인 것처럼 속여 매수를 유도한 뒤 주가를 하락시키는 경우

이런 의도만 잘 파악해도 세력의 어깨에 올라탈 수 있다. 중요한 점은 휩소의 방향과 실제 세력의 의도는 반대라는 사실이다. 이 전제를 염두에 두고 다음 내용을 곱씹어보자. 기술적 분석, 기본적 분석, 그리고 뉴스라는 3가지 측면에서 휩소가 어떤 식으로 발생하고 어떻게 대응해야 하는지 설명하겠다.

기술적 분석의 휩소와 대응

저항 돌파 후 이탈

차트 분석에서 기본 원칙은 지지선에서 매수, 저항에서 매도다. 저항 돌파 시에는 돌파 매수가 이뤄지는데, 이 심리를 이용한 대표적인 휩소가 바로 '저항 돌파 후 이탈'이다. 세력이 저항을 돌파하는 척하며 매수세를 끌어들인 뒤, 고가에서 물량을 넘기고 주가를 다시 급락시킨

다. 이때 돌파 매수한 투자자들은 고점에 물리게 된다.

- 휩소 형태: 저항 돌파 → 급락
- 세력의 실제 의도: 하락
- 대응 원칙: 돌파 매수 이후 주가가 직전 저항선을 재이탈하면 즉시 매도한다.

저항 돌파의 신뢰도를 판단하는 좋은 방법은 장 마감 후 봉의 형태를 확인하는 것이다. 특히 일봉과 같은 큰 시간 프레임에서 돌파 후 위꼬리를 남겨 돌파 마감에 실패했다면 휩소일 가능성이 크다. 반대로 장 마감 후 봉의 형태로도 확실히 돌파했을 때 돌파의 신뢰도가 높아진다.

지지선 이탈 후 재돌파

저항 휩소의 반대 개념이다. 지지선에서 매수한 투자자들은 보통 지지가 깨지면 손절한다. 이 심리를 이용해 지지선을 이탈시키는 척한 뒤 다시 회복하며 주가를 급등시키는 경우가 있다. 손절한 투자자들은 다시 매수할 기회를 놓친 채 올라가는 주가만 바라보게 된다.

- 휩소 형태: 지지선 이탈 → 재돌파 후 급등
- 세력의 실제 의도: 상승
- 대응 원칙: 지지선 이탈로 손절했더라도 주가가 지지선을 다시 회복하면 매수한다.

이 역시 장 마감 후 봉의 형태가 중요하다. 이탈 후 아래꼬리를 남기고 지지 구간을 빠르게 회복하는 패턴은 전형적인 휩소 신호다. 반대로 장 마감 후 봉의 형태에서 지지선을 확실히 이탈하면 이탈의 신뢰도가 높아진다.

상승 5파동 종료 후 5파 고점 재돌파한 뒤 급락

상승 5파동이 명확히 진행된 종목이 이미 5파가 끝났음에도 이전 고점을 다시 돌파하는 경우가 종종 발생한다. 투자자들은 이를 파동 연장으로 착각해 재매수하거나 비중을 늘리지만, 주가는 곧바로 급락하는 경우가 많다.

- 휩소 형태: 5파 고점 재돌파 → 급락
- 대응 원칙: 상승 5파동이 완성됐다고 판단되는 구간에서는 고점 돌파가 나오더라도 보수적으로 관망한다.

이평선 골든크로스 후 하락

단기 이평선이 장기 이평선을 상향 돌파하는 골든크로스 이후 매수했지만, 오히려 주가가 하락하는 경우도 빈번하다. 이평선은 가장 많은 투자자가 참고하는 지표 중 하나이기 때문에 세력이 이를 휩소의 도구로 활용하기도 한다.

- 휩소 형태: 골든크로스 → 하락
- 대응 원칙: 골든크로스, 데드크로스 등의 단일 신호만으로 매매하지 않는다.

하나의 지표에만 의존하면 휩소에 당하기 쉽다. 여러 근거가 동시에 모이는 구간에서 매수해야만 휩소를 피해 갈 수 있다.

휩소는 주로 명확한 자리에서 발생한다. 뚜렷한 지지-저항, 파동 변곡점, 이평선의 지지-저항, 이중 바닥과 이중 천장, 추세의 변곡 등은 대중이 모두 주목하는 구간이다. 이런 자리일수록 매수·매도가 한쪽으로 몰리기 때문에 휩소가 더 자주 나타난다. 실전에서 지나치게 '명확해 보이는 자리'라면, 항상 휩소 가능성을 염두에 두어야 한다.

상승 휩소의 경우, 주가가 저항을 돌파하더라도 재이탈하면 매도한다. 이때 세력의 실제 의도는 하락이기 때문이다. 하락 휩소의 경우, 지지선에서 매수했으나 이탈로 손절한 뒤 주가가 지지선을 다시 회복하면 재매수한다. 이때 세력의 의도는 상승이기 때문이다.

휩소임이 확인되면, 휩소의 방향이 아니라 세력의 의도 방향으로 대응한다. 이것이 휩소에 대응하는 가장 기본적인 원칙이다.

기본적 분석의 휩소와 대응

호실적 발표 후 하락

호실적이 발표됐는데 주가는 오히려 하락하는 경우가 적지 않다. 대부분의 이유는 '호재 선반영 + 뉴스에 팔기'다. 특히 기대치 이상이 아닌, 단순히 양호한 실적은 매물 출회의 요인이 된다. 내부자와 이해관계인들은 이미 호실적에 대해 알고 있기 때문에 주가가 호실적 발표

전에 미리 오르는 경향이 있고, 개인 투자자들이 호실적을 보고 매수에 가담할 때 오히려 물량을 넘기고 파는 형태다.

저평가 구간에서 추가 하락

밸류에이션이 낮은 구간에서 비중 있게 매수했는데 오히려 주가가 계속 하락하는 경우가 있다. PER 5배, PBR 0.5배 등 절대적인 저평가 영역으로 보이지만 성장성, 업황, 수급, 모멘텀 부재 등의 이유로 버려진 종목일 경우다. 단지 밸류에이션, 기초 지표만 보고 매수했다가 장기 주가 침체에 갇힐 수 있다(넓은 의미의 휩소).

실전 대응 인사이트

실적이 즉각적인 주가 상승을 보장하는 것은 아니다. 호실적이나 호재 뉴스가 나오더라도 이미 주가에 선반영됐을 수 있으며, 반대로 반영되기까지 시간이 걸리기도 한다. 특히 해당 업종이나 종목에 맞는 매크로 상황(경기, 환율, 금리, 산업 사이클, 기술 트렌드 등)이 맞아야 한다. 그리고 저PER 종목이라면, '왜 이렇게 싼가?'를 먼저 분석하자. 싸기만 하고 성장 모멘텀은 없는 가짜 저밸류에이션 기업도 수없이 많다. 실적 자체보다 중요한 것은 실적의 지속성과 성장 모멘텀이다.

뉴스의 휩소와 대응

속보성 호재 후 갭 상승했다가 하락

수주 공시, 신제품 출시, 대규모 계약 체결, 정부 정책 수혜 등의 호재 뉴스가 발표된다. 장 초반 주가는 갭 상승하지만 얼마 안 가 차익실현 매물이 쏟아지며 폭락한다. 모든 호재는 발표되기 전에 내부자 정보를 활용해 이미 매수한 세력이 있다. 심지어 기사를 내보내는 언론도 마찬가지다. 호재 뉴스나 기사는 이미 사전에 매수한 세력의 이탈 (물량 넘기기) 도구가 되기도 하므로 지속적인 모멘텀이 아닌 경우 주의할 필요가 있다.

바닥권의 악재 기사

주가 바닥권에서는 큰 공포가 지배한다. 공포에 젖은 투자자에게 이런 큰 악재 기사는 마지막 카운터 펀치가 돼 최저점에서 손절하게 한다. 하지만 세력들이 이런 바닥권 악재 기사를 저점 매수를 위한 도구로 사용하기도 한다.

신문 전면 헤드라인과 뉴스, 각종 기사에 주가 폭락이나 자극적 악재 기사가 나올 경우 주가의 상승 반전이 멀지 않았음을 염두에 두어야 한다. 주가 바닥권에서 큰 악재 기사들이 쏟아져 나오는데 주가는 하락하지 않고 버티고 있다면, 오히려 매수를 준비할 필요가 있다.

고점권의 호재 기사

주가 고점권에서는 환희와 희망이 가득하다. 실적은 올라가고 증시 환경은 우호적이며 장밋빛 전망과 각종 호재 기사가 터져 나온다. 대중은 너도나도 시장에 뛰어들고 호재 기사를 보며 큰 수익을 꿈꾼다. 하지만 세력은 개인 투자자들에게 호재 기사를 터뜨리며 물량을 넘기고 시장에서 빠져나올 준비를 하고 있다. 고점권에서 각종 호재 기사가 난무하지만 이상하게도 주가가 올라가지 않고 꾸물댄다면, 시장에서 빠져나올 준비를 해야 한다.

실전 대응 인사이트

뉴스를 주식 투자 관점에서 볼 때는 사실 자체보다 의도를 봐야 한다. 특정 시점에 왜 이런 기사가 나왔는지, 이미 나온 악재를 재탕하는 것은 아닌지, 그 뉴스가 시장에서 어떤 반응을 유도하려는 것인지 읽어내야 한다.

뉴스는 대중심리를 유도하는 세력의 도구로 사용되며, 뉴스에 의한 매수·매도는 그 속임수에 당하는 첫걸음이다. 뉴스는 참고로 봐야 하며 주가의 흐름, 수급, 차트, 기본적 분석과 연결해 해석해야 한다. 뉴스가 투자의 메인이 되면 결국 정보에 이용당할 수밖에 없다. 세력의 의도는 항상 흡소의 반대 방향이라는 것을 기억하자.

흡소가 발생했을 때는 세력의 의도가 어느 방향인지부터 파악한 후, 세력이 의도한 방향에 따라 대응하면 된다. 세력의 의도가 상승인 흡소는 매수, 의도가 하락인 흡소는 매도로 대응한다.

10장의 액션 플랜

- 내 보유 종목의 목표 구간을 정하고, 분할 매도 계획을 세워 노트에 직접 적어보자.

- 매수를 계획 중인 종목이 있다면 손익비 관점에서 분할 매수 계획을 구체적으로 적어보자.

- 관심 종목의 일봉 차트를 열고 휩소의 방향이 하락인 경우를 찾아보자. 이때 세력의 의도는 상승이다. 해당 구간이 매수 관점에서 유효한지 분석해보자.

11장

자금 관리 전략:
이익을 남기고 퇴장하는 법

주식 투자에서 가장 중요한 것 1가지가 무엇이냐는 질문을 받으면 나는 단연코 자금 관리를 꼽는다. 주식 투자에 성공한 사람과 그렇지 못한 사람의 가장 큰 차이는 종목 선정이나 타이밍이 아니라 자금 관리 방식에 있다.

자금 관리는 다음과 같은 질문들로 구체화된다.

- 평소 현금 비중을 어떻게 유지하고, 매수·매도 비중을 어떻게 관리하는가?

- 주가 고점에서 어떻게 수익을 확정하고, 그 수익금을 어떻게 운용하는가?

- 투자금 규모를 내 그릇에 맞게 얼마나 효율적으로 불려가는가?

- 주식, 현금, 달러, 채권 등 자산 포트폴리오를 얼마나 적정하게 구성하는가?

투자금과 자산을 어떤 방식으로 관리하느냐에 따라 투자자의 장기

시장을 꿰뚫는 주식 투자의 기술

성과가 결정된다. 주식 투자 실력과 관계없이 자금 관리 방법만 제대로 알고 있어도 큰 손실은 보지 않는다. 꾸준한 자산 증식의 전제 조건은 절대 큰 손실을 보면 안 된다는 것이다. 원금 손실은 복리 효과를 무너뜨리는 첫 번째 요인이기 때문이다. 이런 큰 위험을 줄여주는 것이 바로 자금 관리다.

누구나 기본적인 지식을 습득하고 경험을 쌓으면 주식 시장에서 중수 이상의 실력은 갖출 수 있다. 그럼에도 많은 개인 투자자가 꾸준한 성과를 내지 못하는 이유는 단순하다. 자금 관리 방법을 모르거나 알더라도 실행하지 못하기 때문이다. 시장에서 살아남아 꾸준한 성과를 내기 위해서는 자금 관리에 더욱 철저해야 한다. 특히 변동성이 큰 주식 시장에서는 고수라고 할지라도 단 한 번의 큰 손실로 무너질 수도 있다. 방향을 맞히는 데 집중하기보다 원금을 훼손하지 않으면서 자산의 우상향을 만드는 구조에 집중해야 한다. 그 핵심 원리가 바로 자금 관리다.

이제부터 당신의 자산을 지키고, 꾸준한 복리 수익으로 이어질 자금 관리 전략을 소개하고자 한다.

내 자산의 얼마를 투자해야 할까

내 자산의 얼마를 투자할 것인가? 이 문제는 투자자에게 가장 큰 숙제이자 가장 어려운 부분이기도 하다. 대부분의 개인 투자자는 일시 매수, 즉 몰빵 매수를 한다. 하지만 몰빵 투자를 계속했을 때, 단 한 번

의 투자 실패로 내 자산 대부분을 잃을 수도 있다. 그 원리는 다음과
같다.

번 돈으로 계속 베팅하면 결국 무너지는 이유

주식 이론 중 가장 매력적으로 들리는 개념은 복리다. 번 돈을 다시
투자하면 수익 위에 수익이 쌓여 자산이 기하급수적으로 늘어난다는
논리다. 이론적으로는 맞다.

하지만 실전에서는 많은 투자자가 복리로 자산을 늘리기는커녕 오
히려 원금이 줄어드는 경험을 하게 된다. 문제는 복리 자체가 아니라
복리를 운용하는 베팅 구조에 있다. 이를 간단한 동전 던지기 게임을
통해 살펴보자.

동전 던지기 게임

당신은 이제부터 동전 던지기 게임을 시작한다. 게임 규칙은 다음과
같다.

- 내게 주어진 자본금은 100만 원이며, 베팅 비율을 자유롭게 결정할 수 있다.
- 앞면이 나오면, 베팅한 돈의 100% 수익
- 뒷면이 나오면, 베팅한 돈의 60% 손실

동전의 앞면이 나올 확률과 뒷면이 나올 확률은 동전을 던지는 횟
수가 많아질수록 50:50에 수렴한다. 더 많은 수익을 위해, 수익이 날

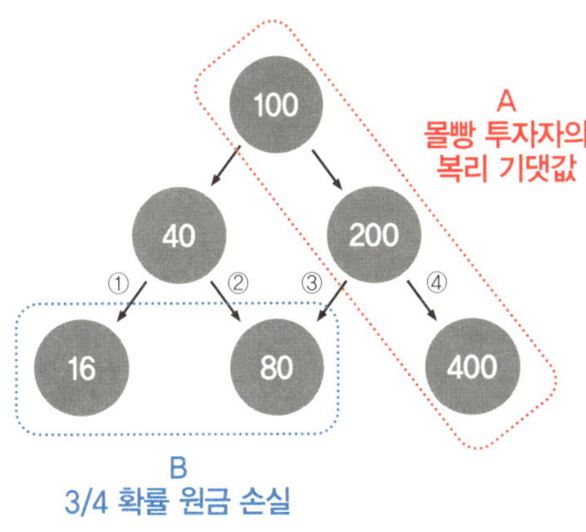

때마다 계속해서 가진 돈을 모두 베팅할 예정이다. 이 게임을 반복했을 때 결과는 어떻게 될까?

동전 넌지기 게임을 두 번 진행할 때 경우의 수는 총 4가지다.

• 연속으로 이겼을 경우(베스트 케이스)

1. 100만 원을 베팅해 100만 원을 벌었다.

→ 자산 200만 원

2. 또 200만 원을 베팅해 200만 원을 벌었다.

→ 최종 자산 400만 원

이는 〈도표 11-1〉에서 ④번, 즉 'A'의 경우이며, 게임 단 두 번 만에 300% 수익이 난다. 매번 몰빵 투자하는 투자자들이 기대하는 복리 투자의 베스트 케이스다. 하지만 이는 4가지 경우의 수 중 단 1가지, 즉 4분의 1 확률(25%)이다.

1. 100만 원을 베팅해 60%를 잃었다.

 → 자산 40만 원

2. 40만 원을 베팅해 60%를 잃었다.

 → 최종 자산 16만 원

단 두 번의 게임으로 내 원금 대부분이 사라졌다. 핵심은 이 최악의 상황이 아니더라도, 총 네 번의 경우의 수 중에서 세 번의 결과, 즉 4분의 3 확률(75%)로 원금 손실이 발생한다는 것이다. 〈도표 11-1〉에서 보듯이 ④번은 400만 원, ②번과 ③번은 80만 원, ①번은 16만 원이다. 베스트 케이스를 제외하면 모두 원금 손실이다.

주식 투자에서도 마찬가지다. 많은 사람이 베스트 케이스, 즉 계속 앞면이 나와 100만 원, 200만 원, 400만 원과 같이 순식간에 자산이 증가하기를 바라고 몰빵 투자를 반복한다. 하지만 몰빵 투자의 맹점은 한 번이라도 질 경우(손실이 날 경우) 자산이 급격히 감소하며, 게임을 반복할수록 확률적으로 파산에 가까워진다는 점이다.

이런 이상한 상황이 벌어지는 이유는 무엇일까?

자산이 커질수록 수익도 커지지만, 같은 비율의 손실이 만들어내는 금액 손실 또한 복리로 커지기 때문이다. 이것이 바로 음의 복리 효과다(11장 '복리의 마법, 그리고 그 이면의 함정' 참조).

실제로 우리는 주식 시장에서 일고여덟 번 잘하다가도 한두 번 실패로 무너지는 투자자를 수없이 목격해왔다. 복리 투자의 핵심은 얼마나 많이 버느냐가 아니라 얼마나 크게 잃지 않느냐다.

이번에는 주식 시장에서의 실제 투자 사례를 보자.

• 주식 투자 사례(몰빵 투자)

1. 1,000만 원으로 투자를 시작해 20% 수익이 났고, 원금은 1,200만 원이 됐다.

2. 30% 수익이 나서 원금이 1,560만 원이 됐다.

3. 또 30%의 수익이 나서 원금이 2,030만 원이 됐다.

4. 하락장에서 60%의 손실을 봤고, 원금이 810만 원이 됐다.

3번까지의 흐름만 보면 완벽하다. 단 세 번의 투자로 원금이 2배가 됐고, 이대로만 간다면 곧 큰 자산가가 될 것처럼 느껴진다. 그러나 문제는 난 한 번의 하락에서 발생한다. 60% 손실 한 번으로 지금까지의 모든 수익을 날린 데다가 원금 일부까지 사라졌다.

원금이 커진 만큼 같은 비율의 손실이 만들어내는 손실금도 기하급수적으로 커진다. 이것이 몰빵 투자의 치명적인 약점이다. 수익이 반복될 때는 환희에 차겠지만, 단 한 번의 실패로 그동안 쌓아온 성과가 와르르 무너지고 만다. 실제 시장에서 누구나 한 번쯤 겪어봤을 법한 장면이다. 특히 연속된 성공에 취한 사람은 그 관성에 의해 손실을 보더라도 손절이 어렵다. 한 번의 손실로 무너지기 쉬운 이유다.

복리 투자에서 흔히 간과하는 사실은 이것이다. 원금이 커질수록 수익도 커지지만, 단 한 번의 손실에도 훨씬 취약해진다는 점이다. 같은 60%의 손실이라도, 자산 규모가 커진 상태에서 맞는 손실은 치명적이다.

그렇다면 질문은 하나로 압축된다. 내 자산의 얼마를 시장에 노출해야 하는가? 역으로, 얼마의 현금 비중을 유지해야 하는가? 이 문제를 수학적·통계적 관점에서 접근해보자.

내게 최적화된 투자 비중이 있다?

이번에는 가진 돈을 모두 베팅하는 대신, 게임마다 보유 자산의 20%만 베팅하는 경우를 가정해보자. 이겼을 때 +100%, 졌을 때 -60%라는 규칙은 동일하다.

- **연속으로 이겼을 경우**(베스트 케이스)

  1. 100만 원의 20%인 20만 원을 베팅해 20만 원을 벌었다.

   → 자산 120만 원

  2. 120만 원의 20%인 24만 원을 베팅해 24만 원을 벌었다.

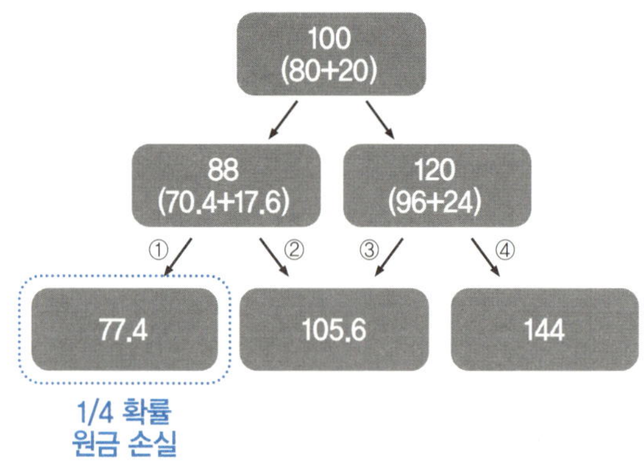

〈도표 11-2〉 동전 던지기 게임 2: 시드머니의 20%씩 베팅

→ 최종 자산 144만 원

144만 원은 앞서 몰빵했을 때의 베스트 케이스인 400만 원에 비해 터무니없이 적은 돈이다. 하지만 이는 리스크를 낮추기 위해 베팅 비율을 낮춘 대가다.

• 모두 질 경우(워스트 케이스)

1. 20만 원 베팅 후 60% 손실로 8만 원이 남았다.
 → 보유 현금 80만 원과 합쳐 자산 88만 원
2. 88만 원의 20%인 17.6만 원 베팅 후 60% 손실로 7만 원이 남았다.
 → 보유 현금 70.4만 원과 합쳐 최종 자산 77.4만 원

워스트 케이스는 77.4만 원이다. 앞서 몰빵을 계속해 두 번 연속 졌을 경우 최종 16만 원이 남은 것과 비교하면 매우 선방한 수치다. 그리고 내 돈의 20%씩만 베팅하는 방식으로 게임을 진행했을 때, 총 네 번의 경우 중에서 원금 손실이 나는 경우는 단 한 번에 불과하다. 4분의 1 확률(25%)로 원금 손실이 나며, 4분의 3 확률(75%)로 수익이 나는 것이다. 〈도표 11-2〉에서 보듯이 ④번은 144만 원, ②번과 ③번은 105.6만 원, ①번은 77.4만 원이다. 워스트 케이스를 제외하면 모두 수익이다.

모든 돈을 계속 베팅했을 때보다 손실 확률이 4분의 1로 확연히 줄었다. 핵심은 여기에 있다. 몰빵 베팅을 반복할 경우와 반대로 원금의 일부만 베팅하는 방식으로 게임을 수백, 수천 번 반복할 경우 파산이 아닌 자산 우상향을 만들어낼 수 있다는 점이다.

<도표 11-3> 동전 던지기 게임 1과 2의 결과

구분	게임 1: 몰빵 투자	게임 2: 원금의 20%씩 투자
원금 손실 확률	75%(3/4)	25%(1/4)
최선의 경우	300% 수익	44% 수익
최악의 경우	84% 손실	22.6% 손실
특성	수익 기댓값 상승 손실 기댓값 상승 원금 손실 확률 상승 **게임 반복 시 높은 확률로 파산**	수익 기댓값 하락 손실 기댓값 하락 원금 손실 확률 하락 **게임 반복 시 자산의 안정적 우상향**

동전 던지기 게임 1과 2의 결과를 정리하면 <도표 11-3>과 같다.

실제 실험 결과, 대부분의 사람이 이 같은 동전 던지기 게임에서 몰빵 베팅을 반복하며 파산했다. 파산하지 않고 살아남거나 수익을 본 사람은 베팅 비율을 잘 조절한 사람들이었다. 여기서 핵심은 앞면과 뒷면 어느 쪽에 베팅하느냐 또는 베팅 실력이 아니었다. 자산의 우상향을 결정한 것은 얼마를 베팅할 것인가 즉, '베팅 비율'이었다. 이것을 주식 투자로 바꿔 말하면, 평소 현금 비중을 얼마나 가져가느냐가 핵심이라는 것이다.

<도표 11-2>의 동전 던지기 게임에서 자산 일부만 투자할 경우 수익 기댓값이 높지는 않지만, 원금 손실 확률이 확연히 낮기 때문에 자산은 매우 높은 확률로 우상향하게 된다. 주식 투자의 성공 원리가 높은 승률로 투자를 반복하고 내 자산을 불려가는 것이라고 할 때, 우리의 선택은 당연히 현금 비중을 일정 부분 유지하면서 자산의 일부로 투자하는 방식이 돼야 한다.

그렇다면 가진 돈의 몇 퍼센트 비중으로 투자해야 할까?

내게 최적화된 투자 비율 구하는 법

핵심을 다시 한번 강조한다. 투자든 도박이든 장기적인 결과를 결정하는 것은 얼마를 벌었느냐가 아니라, 매번 얼마의 비중으로 베팅했느냐다. 아무리 좋은 전략과 높은 승률을 가지고 있어도, 자금 비중을 잘못 설정하면 결국 계좌는 무너진다.

주식 투자에서도 자신의 승률과 손익비만 알고 있다면, 이론적으로 자신에게 최적화된 투자 비율을 구할 수 있다. 바로 켈리 공식이다.

$$\text{적정 투자 비율} = \text{승률} - \left(\frac{\text{패율}}{\text{손익비}} \right)$$

- 승률: 총 투자 횟수 중 몇 번의 확률로 이기는지에 대한 비율
- 패율: 100% − 승률
- 손익비: 성공 시 수익 비율 ÷ 실패 시 손실 비율

켈리 공식은 1956년 수학자 존 켈리(John Kelly)가 제시한 수식으로, 도박 게임에서 자본의 장기 성장률을 극대화하기 위한 베팅 비율을 계산하기 위해 고안되었다. 이를 금융 시장에서는 일정 승률과 손익비를 가지고 있는 투자자가 가진 돈의 몇 퍼센트 비중으로 투자를 반복할 때 파산의 위험을 최소화하고 최적의 수익을 올릴 수 있는지로 적용해 볼 수 있다. 이 공식의 목적은 단기 수익의 극대화가 아니라, 파산 확률을 최소화하면서 자본을 가장 효율적으로 성장시키는 비율을 찾는 것에 있다. 이러한 확률 · 기댓값 중심의 접근방식은 워런 버핏의 투자 철학과도 상당히 유사하다.

그럼 켈리 공식을 통해 첫 번째 동전 던지기 게임에서의 적정 투자

비율을 구해보자.

$$\text{적정 베팅 비율} = \text{승률} - \left(\frac{\text{패율}}{\text{손익비}}\right)$$

$= 50\% - (50\% \div 1.67배)$
$= 20\%$
- 승률: 50%
- 패율: 50%
- 손익비: 1.67배 = 100% ÷ 60%

동전 던지기 게임의 승률과 패율은 각각 50%다(동전의 앞면이 나올 확률과 뒷면이 나올 확률). 이겼을 때 100%를 벌고 잃을 때 60% 손실이 나므로 손익비는 '100% ÷ 60%', 즉 1.67배다. 켈리 공식에 대입해 계산하면 적정 베팅 비율이 20%가 된다. 즉, 보유 자산의 20%를 투자하고 80%는 현금으로 보유해야 한다는 뜻이다. 앞서 비교한 두 번째 동전 던지기 게임의 20% 베팅 사례는 이렇게 구해진 값을 바탕으로 설정한 것이다.

많이 벌더라도 많이 잃으면 원금 손실로 이어지고, 이러한 상황이 반복되면 결국 파산에 이른다. 따라서 투자에서는 항상 일정 비중으로만 포지션을 운용하고, 현금을 항상 보유한 상태에서 거래를 반복하는 구조가 필수적이다. 이렇게 자금 비중을 통제하면 설령 개별 거래에서 손실이 발생하더라도 원금 훼손 가능성은 크게 낮아지며, 이 과정을 수십, 수백 번 반복할수록 자산은 확률적으로 우상향하게 된다.

이러한 방식의 자금 운용 철학은 워런 버핏을 비롯해 복리 투자로 유명한 월가 대가들의 방식과도 맞닿아 있다. 이들은 항상 일정 수준의 현금 여력을 유지하며, 경기 침체나 시장 공포 국면이 왔을 때 그

  시장을 꿰뚫는 주식 투자의 기술

현금으로 우량 자산을 헐값에 매수해 장기적으로 놀라운 수익을 만들어왔다.

〈도표 11-4〉 승률, 손익비별 적정 투자 비중

(단위: %)

구분		손익비(배)								
		1	3	5	10	15	20	30	40	50
승률 (%)	10	–	–	–	1	4	6	7	8	8
	20	–	–	4	12	15	16	17	18	18
	30	–	7	16	23	25	27	28	28	29
	40	–	20	28	34	36	37	38	39	39
	50	–	33	40	45	47	48	48	49	49
	60	20	47	52	56	57	58	59	59	59
	70	40	60	64	67	68	69	69	69	69
	80	60	73	76	78	79	79	79	80	80
	90	80	87	88	89	89	90	90	90	90
	100	100	100	100	100	100	100	100	100	100

〈도표 11-4〉는 승률, 손익비에 따른 적정 투자 비율을 보여준다. 이 표가 말하는 본질은 단순하다.

- 투자의 출발점은 '내 승률과 손익비를 아는 것'이다. 감이 아니라 실제 매매 기록으로 확인된 수치가 기준이 된다.
- 투자 비중을 결정하는 가장 중요한 요소는 승률이다. 손익비가 아무리 좋아도 승률이 낮다면 높은 비중은 위험하다.
- 승률과 손익비가 높을수록 높은 비중으로 투자할 수 있다. 자신에게 맞는 합리적 투자 비중을 파악하고 점차 늘려나가야 한다.
- 초보 투자자일수록 낮은 비중 투자가 필수다. 낮은 승률과 낮은 손익비 상태에

서 고비중 투자를 하면 반드시 망가진다.

- 나에게 적절한 수치 이상으로 비중을 키우면 원금 손실 확률이 급격히 증가한다. 시장이 아닌 비중 관리 실패가 손실의 원인이 된다.

자금 관리 없이 투자에 성공할 수는 없다

이 방식은 투자자 입장에서 단점으로 느껴질 수도 있다. 현금 전부를 투입하지 않기 때문에 상승장의 한가운데라면 몰빵 투자자보다 수익률이 낮아 보일 수 있기 때문이다.

하지만 주식 시장은 상승장만 지속되지 않는다. 인간은 본능적으로 몰빵으로 수익을 극대화했을 경우 그 매매 방식에서 쉽게 벗어나지 못한다. 그 결과 고점에서도 높은 비중을 유지하다가 하락장이 시작되면 그동안 쌓은 수익을 그대로 시장에 반납하게 된다.

투자의 본질은 반복되는 상승과 하락의 사이클 속에서 자산을 우상향시키는 것이다. 일정한 승률과 철저한 리스크 관리로 수익을 꾸준히 반복하고, 이를 복리로 쌓아가는 것이 투자자의 궁극적 목표가 돼야 한다.

실제로 코로나19 팬데믹 이후 많은 개인 투자자가 시장에 진입했다. 급등장에서는 초보 투자자들도 수십, 수백 퍼센트의 수익을 냈고, 전업 투자를 결심한 직장인도 급증했다. 그러나 이후 찾아온 하락장에서 이들 대부분은 벌었던 수익은 물론 원금까지 잃었고, 전업 투자자로 전향했던 사람들은 다시 일자리를 찾기 위해 시장을 떠났다.

공통된 원인은 하나다. 자금 관리 기준 없이 고점에서 비중을 키웠

   시장을 꿰뚫는 주식 투자의 기술

고, 레버리지와 대출까지 동원하다가 하락을 맞았기 때문이다. 이 현상은 과거에도 반복됐고, 앞으로도 반복될 것이다. 자신만의 자금 관리 기준과 리스크 관리 원칙이 없다면, 상승장에 편승해 일시적으로 큰돈을 벌 수는 있어도 그 돈을 결국 시장에 반납하게 된다. 이것이 주식 시장의 변하지 않는 진리다.

켈리 공식의 실전 적용 노하우

켈리 공식을 주식 시장에 적용할 때는 몇 가지 전제 조건이 따른다.

- 승률과 손익비가 장기간 안정적으로 유지될 것
- 각 투자 결과가 이전 투자에 영향을 받지 않고 독립적일 것
- 전액 재투자 기준으로 투자 비중을 계산할 것

주식 시장은 동전 던지기 게임과 다르다. 개인 투자자가 자신의 정확한 승률과 손익비를 명확히 알고 있는 경우는 많지 않고, 설령 알고 있더라도 이 값들은 시장 환경과 시간에 따라 끊임없이 변한다. 또 투자자의 심리와 이전의 투자 결과는 다음 투자에 영향을 미치며, 실제로는 수익 일부를 인출해 생활비나 다른 자산으로 옮기기도 한다. 이런 이유로 켈리 공식은 절대적인 비중 공식이라기보다 자금 운용의 방향성을 제시하는 기준점으로 이해하는 것이 바람직하다.

상승장과 하락장은 반복되고, 결과는 수많은 변수에 의해 달라진다. 여기서 중요한 것은 정확한 숫자가 아니라 이 공식에 내포된 본질이

다. 즉 몰빵 투자를 반복하지 말고, 수익 이후에는 일부 현금을 분리해 두며, 분할 매수·분할 비중 조절 관점으로 접근하고, 어떤 상황에서 도 일정 수준의 현금 여력을 유지하는 등 리스크 관리 중심으로 투자 구조를 설계하는 태도다.

따라서 켈리 공식은 수학 공식처럼 기계적으로 적용하기보다 시장 국면과 자신의 상태에 따라 현금 비중을 조절하는 기준점으로 활용하 는 것이 바람직하다. 예를 들어 상승장이 진행될수록 현금 비중을 늘 리고, 하락장이 깊어질수록 현금 비중을 줄이는 식이다.

또 경험이 쌓이며 승률과 손익비가 변화한다면, 이에 맞춰 적정 투 자 비중을 주기적으로 조정해나가면 된다. 중요한 점은 현금을 단순히 보유만 해서는 안 된다는 것이다. 정말 싸다고 판단되는 구간, 예상치 못한 좋은 기회가 왔을 때는 주저 없이 그 현금을 투입하는 결단도 필 요하다.

워런 버핏 역시 항상 많은 현금을 보유했고, 불황이 닥쳐 기업 가치 가 충분히 싸졌을 때 비축해둔 현금을 과감히 투입해 장기적인 초과 수익을 만들어왔다. 현금 보유의 목적은 단순히 방어가 아니라 기회를 잡는 것이기 때문이다.

하락장에선 과감히 투자를 쉬다가도 지수가 30~40% 이상 크게 하 락해 시장이 공포에 휩싸인다면? 이럴 때는 켈리 공식에 얽매이기보 다 주가가 하락할 때마다 보유 현금을 투입하는 전략을 세워야 한다. 극단적으로 지수가 반 토막 이상 난 국면이라면, 자신의 감당 범위 내 에서 레버리지를 활용하는 선택지도 고려할 수 있다.

쌀 때 많이 사고, 비쌀 때 파는 것이 주식 투자의 기본이다. 정말 좋은 기회라는 확신이 들었다면 확실히 베팅할 줄 아는 용기도 필요하다. 반대로 수익이 크게 누적되며 대출, 레버리지, 신용·미수 등 공격적 욕심이 생길수록 오히려 수익 일부를 인출하고 현금 비중을 높여야 한다. 적절한 현금 비중을 유지하는 인내심, 기회가 왔을 때 과감히 베팅할 수 있는 용기, 환희의 순간에 투자 비중을 줄일 수 있는 절제. 이처럼 본능에 역행하는 밀고 당기기가 자금 관리의 핵심이다.

투자의 목적은 한 번 크게 버는 것이 아니라 손실을 최소화하며 수익을 장기적으로 반복하는 구조를 만드는 데 있다. 누구나 운 좋게 몇 번의 성공은 거둘 수 있다. 그러나 크게 잃는 순간은 늘 예상하지 못한 시점에 찾아온다. 그 리스크를 미리 대비하는 것이 반복되는 투자에서 시드머니를 불려나가는 핵심 비법이다. 복리 효과는 이때 만들어진다. 그리고 원금에서 손실이 발생하는 순간, 복리 효과는 즉시 사라져 버린다는 사실을 반드시 기억해야 한다.

초보와 고수를 가르는 핵심, 손절매

　주식 투자를 하면서 단 한 번도 손절해보지 않은 사람은 없을 것이다. 아마 그런 사람이 있다면 이미 한 번의 큰 손실로 주식 시장을 떠났을 가능성이 크다. 이 사실 하나만으로도 손절은 선택이 아닌, 성공적인 투자를 위해 반드시 거쳐야 하는 과정임을 알 수 있다.

　실제 주식 시장에서 꾸준히 성과를 내는 투자자 중에 손절을 하지 않는 사람은 없다. 손절매는 총탄이 난무하는 전쟁터와 같은 주식 시장에서 나를 지켜주는 최소한의 안전장치이자 리스크 관리 장치다. 손절은 내 손실이 무제한 확장되는 것을 막아주는, 투자자가 반드시 갖춰야 할 생존 장치다.

　하지만 대부분의 초보 투자자는 손절 대신 손실 중인 주식을 무작정 보유하며 끝없는 물타기를 선택한다. 이 물타기는 명확한 근거에 따른 전략이 아니라 매수 단가를 낮춰 당장의 불안감을 줄이고 심리적 안정을 얻기 위한 본능적인 선택에 가깝다. 그러나 물타기가 반복될수록 투입 자금은 커지고, 주가 하락에 따른 손실 규모 역시 함께 확대된다. 결국 손실을 회복하기 위한 행동이 아니라 피해를 키워 계좌를 망가뜨리는 지름길이 된다.

　손절은 내 실수와 실패를 인정하는 과정이자 실제 내 손실금을 확정 짓는 행위로, 그야말로 뼈와 살을 깎아내는 고통을 수반한다. 손절이 쉬운 사람은 없다는 얘기다. 하지만 실전에서 성과를 낸 사람들 중에서 기준 없는 손절을 하거나 손절을 회피하는 사람은 없다. 반대로 내가 아는 대부분의 주식 초보는 과감한 손절을 잘 해내지 못한다.

　　　　　　　　　　　　　　　　　　시장을 꿰뚫는 주식 투자의 기술

손절을 잘한다고 다 고수는 아니지만, 손절을 못하는 고수는 없다. 그런 점에서 손절이 성과를 좌우하는 핵심 요소 중 하나임은 분명하다. 손절을 투자 실패로 여길 필요는 없다. 손절은 자산의 큰 피해를 막아주며, 오히려 중장기적으로 수익률을 높여줄 도구이기 때문이다.

그렇다면 손절은 언제 해야 할까? 손절에도 반드시 기준이 필요하다. 그리고 그 기준은 내가 어떤 투자 방식을 선택했는가에 따라 달라진다. 투자 방식은 크게 2가지로 나뉜다. 하나는 손절을 전제로 하는 매매, 다른 하나는 손절 개념 없이 모아가는 투자다.

손절하는 매매

트레이딩은 사고파는 매매다. 보통 지지선에서 매수하고, 저항에서 매도하는 기술적 분석 기반의 투자 방식이다. 따라서 트레이딩에는 반드시 매수 기준점이 존재한다. 이 기준점은 보통 차트상 지지 구간이며, 이를 맥점이라고 한다.

주가는 이 맥점에서 매수세에 의해 지지를 받는 것이 정상이다. 하지만 주가가 이를 깨고 내려간다면, 내가 설정한 매수의 전제가 훼손된 것이다. 지지-저항, 추세, 파동, 이평선, 캔들 패턴, 보조지표 등 모든 기술적 분석 기법에는 공통으로 매수와 매도의 기준점이 있다.

그리고 주가가 그 기준을 이탈할 경우, 다음 맥점까지 하락할 수 있는 리스크가 즉시 발생한다. 기술적 트레이딩의 기본은 명확하다. '지지선에서 매수하고, 지지가 깨지면 손절한다.' 지지선에서 매수했음에도 지지선을 이탈한 상황에서 버티는 것은 트레이딩이 아니라 기준 없는 감정 매매에 불과하다.

지지선에서 매수, 지지선 이탈 시 손절

내가 매수한 자리의 기준이 깨졌다면, 그 즉시 손절한다. 트레이딩에서 기준은 대부분 차트상 지지 구간이며, 높은 손익비를 위해서는 이 지점에 최대한 가깝게 매수하는 것이 중요하다. 하지만 주가가 해당 지지선을 명확히 이탈했다면, 그 순간부터는 리스크 관리가 필요하다. 이럴 때 손절은 선택이 아니라 반드시 지켜야 할 규칙이다.

단, 주가가 지지선을 깼지만 다시 지지선을 올라타면 재매수

〈도표 11-5〉를 보자.

파란색 선은 처음 주가가 반등했던 지점을 수평으로 이은 지지 라인이다. 주가가 반등하다가 재차 하락했을 때 첫 번째 노란색 박스에

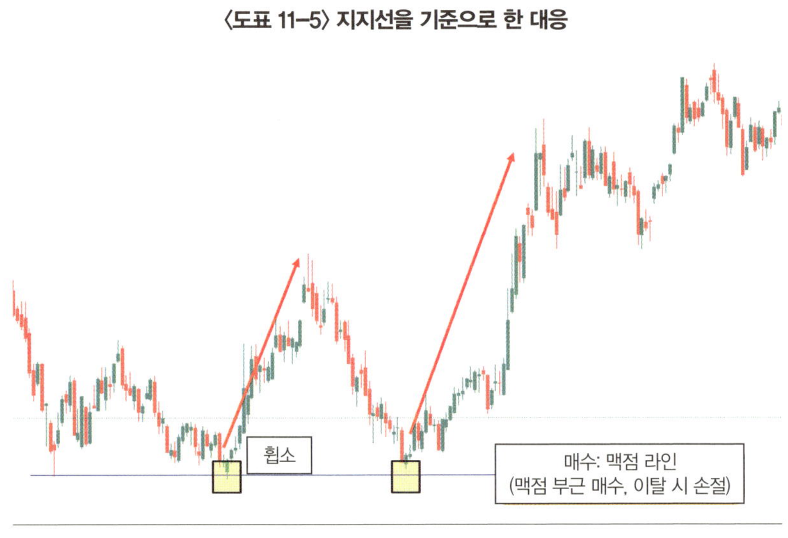

〈도표 11-5〉 지지선을 기준으로 한 대응

서 반등했다. 이 구간은 매수가 가능한 주요 맥점이다. 그런데 자세히 보면 주가는 파란색 선을 살짝 이탈했음을 볼 수 있다. 일반적인 기준으로 보면, 파란 선 부근에서 매수한 뒤 주가가 지지선을 깨고 내려갈 때 손절하는 것이 원칙이다.

그런데 주가는 파란 선을 이탈하자마자 곧바로 튀어 올랐고, 이후 급격한 상승으로 연결됐다. 이런 형태는 개미의 손절을 유도하기 위해 의도적으로 지지선을 살짝 깨는 전형적인 휩소다.

실제 파란 선 부근에서 매수한 뒤 주가가 파란 선을 깼을 때 손절한 투자자는 다시 급등하는 주가를 지켜만 봐야 했을 것이다. 따라서 지지선을 이탈하더라도 아래꼬리를 남기고 빠르게 회복하거나 장 마감 후 봉의 형태 기준으로 지지선을 이탈했더라도, 단기간 내 다시 지지선을 회복할 경우 재매수로 대응할 수 있다. 이것이 휩소에 대응하는 기본적인 방식이다. 즉, 주가가 지지선을 이탈했다고 해서 무조건 하락으로 단정해서는 안 된다. 이탈이 확정적인 하락인지, 아니면 휩소에 의한 속임수인지를 구분해야 한다.

보통 지지선을 깨는 휩소가 나올 경우, 세력의 의도는 상승이다. 이때는 휩소에 속지 않기 위해 지지선을 다시 회복할 경우 재매수로 대응한다.

두 번째 노란색 박스에서는 주가가 파란 선에 닿지 않고 그 위에서 반등했다. 이렇게 투자자가 매수할 기회를 주지 않고 지지선 위에서 반등하는 '미달'의 경우도 넓은 의미의 휩소로 볼 수 있다. 실전에서는 이런 미달도 매우 빈번하게 발생한다. 따라서 주가 반전이 확실시될 것으로 판단된다면, 파란 선에 도달하지 않더라도 파란 선 위에서 상승 반전 시 매수하거나 파란 선에 닿기 전부터 분할 매수로 접근할 수 있다. 이것이 '미달' 훼손에 대응하는 방법이다.

손절하지 않는 매매

손절하지 않는 방식의 투자도 있다. 벤저민 그레이엄, 워런 버핏 등의 투자 형태인 가치 투자 방식이다. 이런 투자 방식에서는 해당 주식의 평균 가치 아래, 낮은 가치의 구간에서 사 모아가기 때문에 '손절 자리가 여기다'라고 정확히 특정하기 어렵다. 물론 가치 투자에도 손절은 있다. 하지만 트레이딩 매매처럼 정확히 '얼마의 가격' 또는 '어느 구간 이탈'과 같이 손절점을 정하지는 않는다.

그 이유는 가치 투자의 매수 기준 자체가 트레이딩 방식처럼 10원, 100원 단위로 정확히 떨어지는 것이 아니기 때문이다. PER 또는 PBR이 얼마 이하인 구간, 이 종목에서 내가 싸다고 생각하는 가격인 몇만 원 이하 등 매수 구간 자체도 주관적이기 때문에 손절을 정확히 어디서 한다는 기준을 세우기도 쉽지 않다. 설령 세운다고 한들 그 정확성을 담보하기도 힘들다.

오히려 싸다고 판단한 구간에서 주가가 더 하락했다면, 가치 투자의 논리상 더 사야 하는 구간이지 손절할 구간이 아닐 수도 있다. 심지어 모호하게 손절했는데 최저점을 만들고 주가가 급등할 수도 있다.

실제로 가치 투자에서 흔히 발생하는 상황이 있다. 모호한 구간에서 손절을 했는데, 그 지점이 최저점이 돼 이후 주가가 급등하는 경우다. 이런 경험은 가치 투자자에게 손절에 대한 거부감을 더 키운다.

가치 투자의 본질은 향후 실적 개선이나 성장 모멘텀을 보유한 기업에 투자하거나 주가 사이클, 경기 환경, 일시적 악재 등으로 기업 가치 대비 주가가 과도하게 눌려 있다고 판단될 때 매수하는 것이다. 즉 지금은 싸지만, 시간이 지나면 평균 가치 또는 그 이상으로 회복될 것이라는 전제가 깔린 투자 방식이다. 투자의 개념 자체가 이렇기 때문에 싸다고 판단한 구간에서 매수해놓고 손절을 한다는 것이 다소 어색하게 느껴질 수도 있다.

그럼에도 가치 투자 역시 손절을 반드시 고려해야 하는 상황은 존재한다. 가치 투자에서 손절을 생각해야 하는 경우를 살펴보자.

매수 근거가 훼손됐을 때

주식을 매수한 핵심 근거가 사라지거나 훼손됐다면 현재 주가가 얼마인지, 손실이 얼마인지와 상관없이 즉시 손절하는 것이 원칙이다. 이럴 때 '조금만 오르면 팔아야지', '본전만 오면 나가야지'라는 생각은 전부 버려야 한다. 이미 매수의 전제가 무너졌기 때문이다.

이 때문에 가치 투자에서도 분할 매수는 필수다. 확신이 높은 종목일수록 비중을 높이고, 모호하거나 리스크가 있는 상황이라면 낮은 비중으로 매수를 시작해 추이를 확인하는 것이 좋다. 예를 들어 향후 실적 개선을 기대하고 매수한 기업의 핵심 제품이 시장 혹평으로 판매량이 급감했고 그 문제를 기업이 구조적으로 극복하기 어려운 상황이라면, 그 자체로 매수 근거가 훼손된 것이다. 이 경우 손절이 맞다.

또 다른 예를 들어보자. 보유 토지가 많고, 감정평가를 한 지 오래돼 재감정 시 자산 가치 상승을 기대하며 매수한 기업이 있다고 하자, 그런데 그 기업이 현금흐름 악화로 재감정도 하지 못한 채 보유 토지를 헐값에 매각해버렸다면, 이 역시 매수의 핵심 근거가 사라진 상황이다. 이때도 과감히 매도해야 한다. 또는 감정평가는 진행됐지만 해당 지역에 혐오 시설이 들어서서 감정가가 기대만큼 상승하지 않았다면, 이 역시 매수 논리가 흔들린 것이다.

이 사례들은 예시일 뿐이다. 중요한 것은 내가 매수한 매수의 근거가 훼손됐는지, 아니면 여전히 유지되고 있는지다. 매수 근거가 훼손됐다는 것은 앞으로 주가 상승을 뒷받침할 것으로 기대했던 상승 모멘텀이 무너졌다는 의미이며, 이때는 손익과 관계없이 매도가 정답이다.

내 생각보다 주가가 과도하게 하락할 때

• −10% 수준에서 손절 고려

가치 투자라고 하더라도 내가 판단한 가격보다 과도하게 하락해 계좌 손실이 −10%를 넘어갈 때는 손절을 고민해볼 수 있다. PER · PBR이 낮은 구간에서 매수했더라도 PER 밴드 차트 등을 통해 명확한 록보텀 근처에서 매수했다면, 주가는 그 기준점 부근을 지켜주는 것이 정상이다. 그런데 내가 예상한 범위를 벗어나 주가가 지나치게 하락한다면 내가 알지 못하는 악재, 실적 훼손, 구조적 문제가 숨어 있을 가능성이 있다. 이럴 때 -10% 수준에서 손실을 끊어낸다면 최악의 상황을 피할 수 있다. 물론 기업의 모멘텀과 성장성에 대해 명확한 기준과 확신이 있다면 10% 이상 하락한 구간이라도 오히려 추가 매수를 선택할 수도 있다. 핵심은 종목에 대한 확신과 내 판단의 신뢰도다.

만약 기업 자체에는 문제가 없고, 시장 전체의 환경적 요인으로 하락 중이라면 손절이 아니라 오히려 추가 매수의 기회가 될 수 있다. 이처럼 손절의 기준은 시장 상황과 투자자의 성향, 판단 근거에 따라 달라질 수 있다. 다만, 손절의 역할은 리스크 관리에 있다는 점만 기억하면 된다.

● -10% 손절 기준의 또 다른 활용

-10% 손절 기준은 트레이딩 매매나 기준 없이 진입한 매매에서도 매우 유용하다. 모든 투자자가 항상 맥점이나 주요 지지 구간에서 매수하는 것은 아니다. 이미 많이 오른 고점 부근에서 매수했을 수도 있고, 싼지, 비싼지도 모른 채 충동적으로 매수했을 수도 있다. 이런 경우라도 -10% 수준에서 손실을 끊어낸다면 추가적인 대규모 손실을 막을 수 있다.

계좌에 10% 손실이 발생했다는 것은 기준 없이 매수했거나 내 판단이 틀렸을 가능성이 크다는 신호다. 이 상태를 방치하면 손실은 20%, 30%로 확대될 수 있다.

〈도표 11-6〉을 통해 손실이 커질수록 회복이 얼마나 어려워지는지 살펴보자.

손실폭 10%까지는 괜찮다. 11% 정도만 복구하면 본전이기 때문이다. 즉, 손실 본 정도만 수익을 내면 다시 본전이 된다. 하지만 손실폭이 커질수록 상황은 급격히 달라진다.

손실 수준에 따라 본전으로 돌아가기까지 필요한 수익률 몇 가지를 제시하면 다음과 같다.

손실폭(%)	본전 회복까지 필요한 수익률(%)	비고
5	5.3	–
10	11.2	–
15	17.7	–
20	25.0	손실에 따른 피해 극대화 시작
30	42.9	–
40	66.7	–
50	100	손실폭의 2배 수익 필요
60	150	–
70	234	–
80	400	–
90	900	–
99	9,900	–
100	–	전액 손실

- 20% 손실: 25% 수익 필요

- 30% 손실: 42.9% 수익 필요

- 50% 손실: 100%(손실 금액의 2배) 수익 필요

손실 20% 지점부터는 손실폭이 커질수록 원금 회복에 필요한 수익률이 급격히 증가하며 회복 난도는 기하급수적으로 상승한다. 핵심은 명확하다. 10% 손실은 회복의 영역이지만, 20% 이후부터는 생존의 문제가 된다. 그래서 계좌 손실이 최대한 10%를 넘지 않도록 관리하는 것이 무엇보다 중요하다.

적절한 손절은 단순히 손실을 확정하는 행위가 아니라 더 큰 손실

을 막고 다음 기회를 살리는 선택이다. 손익비를 고려한 매매와 명확한 매수 기준은 손실폭을 제한해주며, 이도 저도 아닌 모호한 투자를 피하게 해준다.

만약 손절 기준이 없다면, −10% 수준에서라도 과감히 손실을 끊는 것이 최선의 선택이다. 최악의 상황만 피한다면 계좌는 반드시 또 다른 기회를 맞이할 수 있다. 크게 잃지만 않으면 시장은 언제나 다시 기회를 주기 때문이다.

<h2 style="text-align:center">손절하는 방법</h2>

손절에도 여러 방식이 있다. 다음 내용을 참고해 자신의 투자 방식과 성향에 맞는 손절 방법을 미리 정해두자.

일시 손절

일시 손절은 지금 당장 끊어내야 하는 상황에서 모든 물량을 한 번에 매도하는 방식이다. 주로 다음과 같은 경우에 사용한다.

- 가치 투자에서 매수 근거가 명확히 훼손된 경우: 기업의 실적, 성장성, 매수 근거가 사라졌다면 가격이나 손실률과 상관없이 즉시 손절한다.
- 고점권(상승 5파동 국면)에서 주요 맥점을 이탈한 경우: 고점권에서 헤드앤숄더 패턴의 목선, 핵심 지지선 이탈 시 전량 손절한다.
- 자신의 투자 성향이 분할 매매가 아닌 일시 매매인 경우: 애초에 분할 전략이 아니라면 손절 역시 일관되게 한 번에 실행하는 것이 좋다.

분할 손절

분할 손절은 리스크는 존재하지만 즉각적인 전량 손절이 필요한 상황은 아닐 때, 물량을 나누어 일부씩 매도하는 방식이다. 다음과 같은 경우에 활용할 수 있다.

- 가치 투자에서 매수 근거가 일부 훼손됐으나 개선의 여지가 남아 있는 경우: 일부 물량을 남겨두고 추이를 지켜볼 수 있다.
- 매수 후 기대했던 상승 모멘텀이 나오지 않아 기회비용이 커질 때: 상승 추세에 있는 다른 종목으로 갈아타기 위한 자금 확보를 위해 매도할 수 있다.
- 상승 흐름 중(1파 상승 또는 3파 상승) 기준점 이탈 시: 추가 상승 가능성은 남아 있으나, 리스크를 줄이기 위해 일부 물량을 매도한다.
- 고점권에서 주요 목선 이탈 이전의 사전 리스크 관리: 예를 들어 헤드앤숄더 패턴에서 목선 붕괴 전, 우측 어깨 구간에서 일부 물량을 매도한다.

트레일링 스탑(익절가 올리기)

트레일링 스탑(trailing stop)은 손절이라기보다 익절을 관리하는 방식이다. 이미 발생한 수익을 지키기 위해 익절 기준을 점차 올려가며, 그 기준을 이탈할 때 매도(익절)하는 전략이다(물론 손실 구간에서도 응용할 수 있다).

예를 들어, 1만 원에 매수한 종목이 1만 5,000원까지 상승했다고 가정해보자. 수익률은 50%다. 기준이 없는 초보 투자자는 주가가 다시 하락해 1만 원 아래로 내려가도 결국 팔지 못하기도 한다. 이런 불상사를 막기 위해, 주가가 1만 6,000원 이상에서 움직일 때 1만 5,000원

시장을 꿰뚫는 주식 투자의 기술

이탈 시 익절이라는 기준을 세운다. 이후 주가가 1만 8,000원까지 상승하면 1만 6,000원 이탈 시 익절로 기준을 끌어올린다. 이렇게 익절 기준을 단계적으로 올려가면, 최소한의 수익금은 지키면서 주가 상승을 따라가며 수익을 극대화할 수 있다.

물론 이 사례는 단순한 예시이며 각 종목의 특성이나 차트 분석에 따라 익절 가격 수준을 바꿔가면 된다. 차트 분석을 통해 익절가 기준을 세울 수 없다면 주가가 찍은 최고점의 70~90% 정도를 익절가 기준으로 삼을 수도 있다. 예를 들어 2만 원까지 상승한 종목에서 85%를 익절 기준으로 삼는다면, 2만 원의 85%인 1만 7,000원을 깨기 전까지는 주식을 매도하지 않고 기다려보는 것이다. 그리고 주가가 다시 2만 5,000원까지 상승했을 때는 2만 5,000원의 85% 가격인 2만 1,000원을 깨기 전까지는 익절 없이 보유하는 방식이다. 이런 방식은 고점이나 매도에 대한 자신만의 명확한 기준이 없을 때 사용할 수 있다.

기술적으로 트레일링 스탑을 적용할 경우, 주가 상승에 따라 주요 캔들의 저점이나 지지점을 위로 올려가며 익절가를 관리하는 방식도 가능하다.

손절 방식은 이 외에도 다양하며, 투자자 각자의 성향과 전략에 따라 선택하면 된다. 가장 중요한 것은 나만의 손절 기준을 명확히 세우고 칼같이 지키는 것이다. 원칙이 있어도 지키지 못한다면, 그것은 원칙이 아니다. 주식 시장에서 끝까지 살아남는 사람은 자신만의 기준을 가지고 있고, 그 기준을 어떤 상황에서도 지켜낼 수 있는 사람이다.

손절을 수익으로 바꾸는 비밀

손절은 분명 손실을 확정 짓는 과정이다. 그런데 손절을 하고도 수익이 나는 방법이 있다면 어떨까? 거짓말처럼 들릴수도 있지만, 손절을 하고도 장기적으로 수익 구조를 만드는 방법은 존재한다. 앞으로 설명할 내용은 당신의 투자 인생에 매우 큰 변화를 가져올 수 있는 핵심 전략이므로, 반드시 이해하고 실전에서 적용해보길 바란다. 내 투자 방식의 중요한 축이자 실전에서 반복해서 검증해온 '손절 후 재매수' 전략이 그 주인공이다.

손절에서 중요한 것은 다음 2가지다.

여기서는 진짜 차이를 만드는 두 번째 요소, 즉 손절 이후의 대응에 대해 이야기해보려 한다. 보통 손절 이후 투자자들은 해당 종목을 떠나거나 투자를 멈춘다. 하지만 이럴 때 손절은 단순히 내 손실을 확정지었다는 의미밖에 없다. 손절의 진짜 효과와 수익을 배가시키는 작업은 손절 이후에 이뤄진다. 투자자들이 손절 후 일반적으로 하는 행동은 다음과 같다.

- 손절한 종목을 증오하며 다시는 쳐다보지 않거나 아예 시장을 떠나버린다.
- 본전 심리에 사로잡혀 손절 직후 급등주에 올라탄다.

손절 이후의 판단이 이렇게 흔들리는 이유는 명확하다. 손절이라는 행위 자체가 내 손실을 확정 짓는 고통스러운 선택이기 때문이다. 주식 시장에 참여하는 사람들은 손실을 경험하는 순간 본전 심리가 급격히 강해진다. 그리고 그 본전 심리가 이후의 판단에 영향을 준다.

그렇다면 우리는 어떻게 해야 할까? 가장 먼저 해야 할 일은 단 하나다. 속은 쓰리겠지만, 손절 이후의 금액을 새로운 본전으로 받아들이는 것이다. 그리고 손절 이후 가장 합리적인 선택이 바로 '손절 후 재매수' 전략이다.

나는 손절을 비교적 긍정적인 마인드로 실행한다. 그 이유가 뭘까? 내가 손절하는 경우는 보통 맥점(핵심 지지가 되는 기준점)이 깨졌을 때인데, 해당 종목을 매수할 때 손절 가격과 그 아래 맥점인 재매수 자리를 미리 정해놓는다. 즉, 손절한 다음 더 싼 가격에서 매수를 대기하는 상태로 전환하는 것이다.

손절 이후 주가가 더 하락해 밑에서 다시 매수가 이뤄지고, 이후 주가가 재차 상승해 최초 매수 단가 부근까지만 회복해도 수익 구조는 완전히 달라진다. 손절하지 않고 버텼다면 하락 후 본전에 도달했을 때 수익률은 0%다.

하지만 손절로 추가 하락을 회피한 뒤 밑에서 재매수했다면, 같은 가격 회복에서도 몇 퍼센트에서 수십 퍼센트의 추가 수익이 발생한다. 이것이 바로 손실이 수익으로 전환되는 구조다.

손절 후 재매수 구조 정리

- 1번 맥점에서 매수: 매수와 동시에 그 아래 2번 맥점(손절 후 재매수 자리)을 미리 정해둔다.

- 1번 맥점 이탈 시 손절: 단 곧바로 회복하는 휩소인 경우 즉시 재매수한다.

- 주가가 2번 맥점에 도달하기까지 기다린다.

- 2번 맥점에서 재매수한다.

- 이후 주가가 처음 손절했던 1번 맥점까지 상승: 손절로 인한 몇 퍼센트 손실을 고려하더라도 큰 수익이 발생한다.

다음은 내가 대중에게 공개했던 나의 실제 손절 후 재매수 실전 사례다.

〈도표 11-7〉 손절 후 재매수 사례

시장을 꿰뚫는 주식 투자의 기술

손절 후 재매수 과정

① 1·2차 분할 매수

- 180달러, 160달러 분할 매수

- 매수 평균 단가 170달러

② 맥점(160달러) 하방 이탈: 손절(-6%의 손실 확정)

③ 아래 맥점 140달러에서 재매수

- 더 높은 비중으로 재매수

- 강한 2차 맥점(상승 추세선 하단, 복합 조정 파동 종결 구간)

④ 이후 138달러에서 반등: 최초 매수가 170달러 도달

- 22% 수익 발생

- 최초 손절한 -6%를 고려해도 순수익 16% 발생

- 재매수 시 물량을 더 늘렸기 때문에 실제 수익금은 더 큼

- 이후 수익은 덤

• 만약 손절하지 않았다면?

- 주가 하락 후 회복 시에도 수익률 0%(본전)

- 손절은 했지만 재매수하지 않았다면 −6%의 손실 유지

• 이 사례가 말해주는 핵심

  - 손절만으로는 수익이 나지 않는다. 그러나 손절 후 재매수를 통해 같은 가격 회

  복에서도 손실이 수익으로 전환된다.

  - 확신이 있는 자리라면, 손절 후 재매수 시 초기 매수보다 더 큰 비중을 투입하거

나 레버리지를 활용할 경우 추가 수익이 더욱 커질 수 있다.

- 특히 맥점 간 거리가 멀수록, 밑에서 더 많은 자금으로 재매수할수록 수익률과
수익금이 크게 증가한다.

이 원리의 핵심은 단순하다. 손절로 자본금이 줄어들더라도, 그만큼 더 낮은 가격에서 다시 매수하면 오히려 보유 수량은 크게 늘어난다. 이 상태에서 주가가 상승하면, 수익이 이전보다 더 커지는 것이다.

계좌가 마이너스인 상태에서 손절로 손실을 확정 짓는 일은 누구에게나 어렵다. 하지만 추가 하락이 가능한 구간에서 손절하지 않고 버틴다면, 이후의 하락 손실은 전부 내 계좌가 그대로 떠안게 된다.

나는 주가가 맥점을 이탈하는 순간, 주가가 내려가는 만큼 앞으로의 수익이 더 커진다고 생각하며 손절을 실행한다.

이때의 손절은 손실이 아니라 더 싸게 살 수 있는 기회를 위한 선택, 즉 익절에 가까운 개념이다.

또한 앞서 살펴본 것처럼, 애초부터 현금 비중을 나누어 분할 매수 전략으로 접근했다면 군이 손절하지 않고도 가격 하락을 매수 기회로 활용할 수 있다. 어떤 방식이 우월하다, 아니다를 논하려는 게 아니라 투자 방식의 차이인 것이다.

이쯤에서 당신도 느꼈을 것이다. 손절은 실패가 아니라 투자 과정의 일부라는 점이다. 손절은 더 큰 손실을 피하고, 저가에서 다시 매수함으로써 수익률을 높이기 위한 전략적 선택이 된다. 관점의 전환이 이뤄지는 순간, 손절은 두려움의 대상이 아니라 수익을 키우는 도구가 될 것이다.

손절 후 재매수의 핵심

손절 후 재매수 전략에서 반드시 기억해야 할 원칙은 다음과 같다.

- 확신을 갖고 매수했더라도 손절 기준점은 반드시 필요하다.
- 손절 기준점 이탈 시 칼같이 손절해야 한다.
- 손절했다고 시장을 떠나면 그것으로 끝이다. 주요 구간에서 재매수할 수 있는 판단력과 기준을 갖춰야 한다.
- 손절 기준점 밑에서 적절한 재매수가 이뤄진다면, 최초 손절로 확정된 손실을 훨씬 넘어서는 수익을 얻을 수 있다.
- 단, 매수 근거가 훼손된 종목은 재매수하지 않는다.

손절은 단순히 '손실의 확정'이나 '리스크 회피'가 아니라 이보 전진을 위한 일보 후퇴다. 지금 당장은 일보 후퇴할지라도 손절 후 재매수를 통해 이보 전진할 수 있다. 이런 마인드를 장착하면 손절해야 하는 상황에 처했을 때 오히려 추가 수익을 낼 수 있다는 긍정적인 태도로 손절을 실행할 수 있을 것이다.

실제 손절 후 재매수를 했을 때, 손절했음에도 오히려 보유 수량이 늘어나 있는 계좌를 보면 매우 기분이 좋다. '내 손절이 적절했구나', '내 손절에 대한 과감한 실행 덕에 오히려 수익으로 전환됐구나' 등 내 원칙과 기준을 강화하는 방향으로 멘탈이 형성되는 긍정적 효과도 있다.

손절 후 재매수라는 개념이 당장은 잘 이해되지 않을 수 있다. 또 어디서 재매수해야 할지 감이 오지 않을 수도 있다. 중요한 것은 손절하더라도 더 싼 가격에 다시 살 수 있다면 절대 손해가 아니라는 것, 그리고 손절이 당장은 손해라고 느껴지더라도 리스크를 회피하고 미래의 더 큰 수익을 위한 일보 후퇴 전략이라는 것이다. 만약 당신이 이 과정을 이해하고 실전에서 적용할 수 있게 된다면, 당신의 투자 인생은 또 다른 국면으로 퀀텀점프할 수 있으리라 확신한다.

복리의 마법, 그리고 그 이면의 함정

복리는 재테크에서 매우 중요한 개념이다. 원금에 수익(이자)이 붙고 거기에 다시 수익이 붙어 기하급수적으로 원금이 불어난다는 의미이며, 물론 이 원리는 주식 투자에도 해당한다. 복리 효과는 워런 버핏의 자산 증식 그래프에서 그 효과를 명확히 알 수 있다.

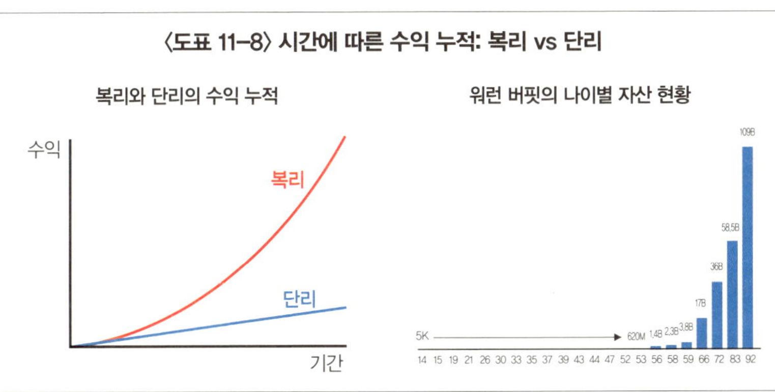

〈도표 11-8〉에서 볼 수 있듯이, 워런 버핏의 대부분 자산은 60세 이후에 형성됐다. 왼쪽의 복리 그래프와 같이 시간이 갈수록, 특히 후반부에 급격한 자산 증식이 이뤄진 것을 볼 수 있다. 원금 손실을 극도로 회피하는 투자 성향과 장기 투자 기간이 복리 효과를 가져왔고, 이것이 수십 년간 이어지며 투자 인생 후반부에 극적인 자산 증식 효과가 나타난 것이다.

하지만 주식 투자자로서 주의할 점이 있다. 주식은 고변동성 자산이며, 손실로 인한 원금 손실 가능성이 매우 큰 상품이라는 점이다. 이 사실을 이해하지 못하면 복리에 대한 착각에 빠질 수 있다.

복리의 특징

복리는 다음과 같은 특성을 가진다.

- 수익을 원금에 계속 누적시켜야 복리 효과가 나타난다.
- 원금 손실이 발생하는 순간 복리 효과는 즉시 사라진다.
- 수익이 장기간에 걸쳐 쌓일 때 효과가 극대화된다.

문제는 주식 투자에서 일반 개인 투자자가 이 3가지를 모두 충족시키기는 매우 어렵다는 점이다. 수익을 계속 누적시키기도 어렵고, 원금 손실조차 다반사다. 단타를 반복하기에 중장기로 수익을 쌓아가지도 못한다.

복리 투자에서 가장 중요한 것은 얼마를 버느냐가 아니라 얼마나 크게 잃지 않느냐다. 즉, 손실 회피와 원금 손실 제한이 복리 효과의 핵심 조건이다. 실제로 원금의 몇 배를 벌며 잘나가던 투자자들이 부의 증식을 이루지 못한 이유는 결국 큰 손실 한두 번에 무너졌기 때문이다.

손실 회피가 자산 증식의 핵심인 이유

크게 몇 번 또는 몇 해 연속 수익을 내더라도, 한 번의 큰 손실이 발생하면 수익률은 급락한다. 이런 방식으로는 절대 복리 효과를 낼 수 없다. 워런 버핏, 피터 린치와 같이 장기간에 걸쳐 압도적인 복리 수익

 시장을 꿰뚫는 주식 투자의 기술

을 만들어낸 투자 구루들의 공통점은 분명하다. 그들은 큰 수익을 좇기보다 큰 손실을 극도로 회피하며 리스크 관리에 철저했다. 원금 손실 가능성을 구조적으로 제한했다는 뜻이다.

그리고 좋은 기업이 싼 구간에 왔을 때 크게 베팅할 수 있는 넘쳐나는 현금을 항상 비축하고 있다는 점도 손실 가능성을 줄여줬다. 앞서 살펴본 켈리 공식에 담긴 의미처럼, 적정한 현금 비중을 유지하고 고점에서 큰 비중으로 물리지만 않아도 큰 손실은 피할 수 있다.

〈도표 11-9〉는 1,000만 원으로 투자를 시작해 30년간 투자했을 때의 복리 결과다.

다음의 2가지 시나리오를 상정했다.

〈도표 11-9〉 1,000만 원으로 30년 투자 시 복리 수익 예시 (단위: 100만 원)

구분	1년	2년	3년	4년	5년	6년	7년	8년	9년	10년	11년	12년	13년	14년	15년
수익	12	14	17	20	25	30	36	43	52	62	74	89	107	128	154
손실	12	14	17	20	20	23	28	34	41	38	46	55	66	79	76

구분	16년	17년	18년	19년	20년	21년	22년	23년	24년	25년	26년	27년	28년	29년	30년
수익	185	222	266	320	383	460	552	663	795	954	1,145	1,374	1,649	1,978	2,374
손실	91	109	131	157	151	181	217	260	313	300	360	432	518	622	597

※ 수익: 매년 20%씩 수익을 내는 경우
※ 손실: 매년 20%씩 수익을 내지만, 5년마다 20%씩 손실이 나는 경우(5, 10, 15, 20년 차 손실 가정)
※ 세금 등 기타 요소 미반영

결과는 극명히 갈린다.

① 시나리오 1의 30년 후 자산: 23억 7,400만 원

② 시나리오 2의 30년 후 자산: 5억 9,700만 원

수익률은 동일하다. 단지 중간에 손실이 있었느냐, 없었느냐의 차이뿐이다. 5년마다 한 번씩 손실이 반복됐을 뿐인데 최종 수익금은 4분의 1 수준으로 줄어든다.

물론 현실에서 매년 빠짐없이 수익을 내는 것은 불가능에 가깝다. 하지만 이 표가 말해주는 핵심은 결과 그 자체다. 우리는 수익을 더 많이 내는 것보다 중간에 크게 잃지 않는 것이 훨씬 중요하다는 사실에 집중해야 한다.

수익률이 다소 낮더라도 손실을 제한하며 꾸준히 수익을 쌓아가는 투자 방식이, 평소에는 높은 수익을 내다가 크고 작은 손실을 반복하는 투자보다 장기적으로는 10배, 100배 더 강력하다. 이것이 복리의 작동 방식이며, 부를 만드는 투자자들이 공통으로 지켜온 원칙이다.

복리의 본질, 시간

복리의 본질은 단순히 이익의 재투자가 아니라 '시간'에 있다. 수익만 재투자하면 자산이 불어난다고 생각하는 사람들이 많은데, 진짜 복리는 시간을 투자 수단으로 전환하는 사고방식이다. 즉 단기적인 수익률에 일희일비하지 않고, 시간이 지날수록 기하급수적으로 늘어나는 복리의 힘을 믿고 오랜 시간 지속할 수 있는 사람만이 복리를 실현할 수 있다는 뜻이다.

시장을 꿰뚫는 주식 투자의 기술

특히 트레이더나 단타를 위주로 하는 투자자들은 단기적으로 하락을 피하고 상승만 공략하는 것이 수익률을 높이는 길이라고 생각하는 경향이 강하다. 하지만 모든 하락을 피할 수도 없고, 또 하락을 상당 부분 피할 수 있더라도 어느 순간 나오는 급등을 놓쳐 다시는 그 종목을 사지 못하게 되는 경우도 있다.

실제로 시간이 2~3년 이상 지나고 수익률이 200~300%가 넘어가는 순간부터 단타 매매로는 얻을 수 없는 복리의 마법이 시작된다. 따라서 자신이 트레이더라고 할지라도 장기 투자 계좌는 되도록 함께 운용하길 권한다(11장 '효율적인 계좌 관리 방법' 참조).

사람들은 '연 20%씩 20년 벌면 얼마야?'와 같은 계산에 매달린다. 그러나 중요한 건 수익률 자체가 아니라 그 수익률을 얼마나 오랫동안 지속할 수 있느냐다. 시장에서 3년 연속 수익 내기조차 쉽지 않은데, 복리는 그 이상의 상당한 시간을 요구한다. 즉, 매년 20% 수익보다 매년 살아남는 투자가 더 어렵고 더 중요하다.

복리의 함정

복리의 가장 큰 함정은 손실에 있다. 복리는 수익에만 적용되는 개념이 아니다. 손실도 복리로 누적된다. 앞서 언급했듯이, 손실이 반복될수록 계좌는 점점 더 깊은 음의 복리 구조에 빠진다. 예컨대 10% 손실 후 본전까지는 11.2%의 수익이 필요하고, 50% 손실 후 본전까지는 100%의 수익이 필요하다.

이처럼 손실이 커질수록 회복도 어려워지며, 한 번의 큰 손실이 복리 구조 자체를 깨뜨리고 만다. 복리는 단순한 평균 수익률의 누적이 아니다. 수익은 제곱의 형태와 같은 기하평균으로 쌓인다. 따라서 변동성이 큰 방식을 선호하는 투자자는 복리 효과를 누리기 어렵다. 주식 시장은 일시 매수와 몰빵 투자를 반복하고 레버리지 투자를 반복하며 고변동 자산에만 투자하는 사람은 절대 복리로 자산을 증식할 수 없는 구조다.

또한 복리 그래프는 시간이 지날수록 가속되는 곡선이다. 그 시간의 흐름과 함께 금리, 정책, 기술 변화, 패러다임 전환 등 많은 것이 변하고 상승장과 하락장이 반복되면서 복리 효과는 쉽게 무력화된다. 단순히 수익을 재투자한다는 개념만으로는 주식 투자에서 복리 효과를 기대하기 어렵다는 뜻이다. 복리를 실현하려면 시간이 필요하다. 하지만 인간은 지루함과 불확실성에 취약하다.

당신은 다음 중 무엇을 선택하겠는가?

'3년 뒤 100% 수익이 나는 자산' vs '1개월 뒤 30% 수익이 나는 자산'

대부분의 사람은 후자를 택한다. 이런 단기 지향적 선택과 판단이 주식 시장에서 우리를 끝없이 시험에 들게 하며, 복리 효과는 심리 및 본능과 싸워 이긴 사람에게만 보상을 준다. 복리에서는 수익률이 아닌 인내심과 리스크 관리가 핵심 변수다.

복리를 내 것으로 만드는 방법

복리로 부를 쌓은 사람들의 공통점은 분명하다. 비밀스럽고 놀라

운 전략을 쓰지 않았다. 그 대신 망하지 않고 끝까지 살아남는 방식을 선택했고, 이를 묵묵히 지켰다. 그들이 공통으로 갖춘 요소는 다음과 같다.

- 시장에서 살아남을 수 있는 리스크 관리 원칙
- 빚과 레버리지에 의존하지 않는 안정적인 재무구조
- 공포가 극대화된 싼 구간에서도 매수할 수 있는 멘탈
- 이를 수년, 수십 년간 반복할 수 있는 인내와 끈기

이 모든 요소가 쌓인 결과가 바로 복리다. 반대로 리스크 관리 없이 수익의 재투자만 반복한 사람들은 커져버린 시드머니가 단 한 번의 큰 손실로 무너지고, 복리 효과를 보기는커녕 시장에서 퇴출당할 가능성이 크다. 복리를 내 것으로 만들기 위해서는 단순히 종목을 잘 고르거나 타이밍을 맞히는 데만 집중해서는 안 된다. 투자 구조 자체를 '복리형'으로 설계해야 한다.

주식 투자에서 마인드는 매우 중요하다. 일확천금을 노리는 사고방식은 복리와 정반대의 성질을 가지며, 시간이 지남에 따라 반드시 무너지게 돼 있다.

복리형 투자 구조는 다음과 같다.

- 투자금이 시간이 지날수록 점진적으로 늘어나는 구조
- 학습과 경험이 다음 투자에 반복 적용되는 구조
- 리스크를 통제하며 안정적인 수익을 꾸준히 쌓아가는 구조

복리는 단순히 수익의 문제가 아니다. 사고방식, 투자 습관, 나아가 생활 방식 전반에 작동하는 투자 인생 전체의 특성이어야 한다. 평소의 선택과 태도에서 비롯된 좋고 나쁜 영향이 주식 투자의 성과에서도 그대로 드러난다.

지금, 자신의 투자 방식을 돌아보자. 단기의 자극적인 고수익이 아니라 깨지지 않고 오래가는 방식, 손실을 회피하며 끝까지 살아남는 방식으로 투자의 방향을 바꿔야 한다. 그래야만 이 시장에서 끝까지 남을 수 있다.

효율적인 계좌 관리 방법

주식 투자를 하면서 투자 효율을 높이고 심리를 안정적으로 관리할 수 있는 가장 쉽고 강력한 방법이 있다. 바로 계좌를 분리하는 것이다. 복잡한 이론이 아닌, 누구나 바로 적용할 수 있는 계좌 분리 전략을 통해 자금 관리의 효율을 높이고 투자 심리를 안정시키는 방법을 소개한다.

장기·단기 계좌의 분리

장기 투자와 단기 투자는 매수 기준, 매도 타이밍, 리스크 관리 방식이 전혀 다르다. 이를 하나의 계좌에서 함께 운용하면 손익 계산에 혼선이 생기고 평단가 관리가 흐려져 결국 투자 판단이 감정에 흔들리기 쉽다.

계좌를 분리하면 같은 종목이라도 일부는 단기 전략으로, 일부는 장기 전략으로 명확히 구분해 운용할 수 있다. 핵심은 트레이딩이냐, 가치 투자냐가 아니라 보유 기간에 따라 계좌를 나누는 것이다.

장기·단기 계좌 분리는 자금 운용의 효율을 높이고 투자 판단을 단순하게 만들어주는 가장 강력한 자금 관리 방법이다.

실전 노하우

장기 계좌는 매매하지 않고 보유하는 계좌로 설정한다. 평소에는 보지 않고 분기별 또는 특정 조건 충족 시에만 확인한다. 반대로 단기 계좌는 단기적으로 매수·매도를 반복하거나 단기적 관점으로 투자하는 형태로 운용한다. 장·단기 계좌의 종목이 겹쳐도 상관없다.

실전에서는 장기 또는 단기 포트폴리오의 손익이 서로에게 심리적 영향을 미치기 쉬운데, 계좌를 분리해두면 이런 감정적 간섭을 차단하는 역할을 한다.

단기 계좌에서는 분봉이나 시간봉 등 단기 시간 프레임 기준의 투자를 진행하고 장기 계좌에서는 일봉·주봉·월봉 관점의 긴 시간 프레임 기준으로 투자할 수 있다.

투자를 하다 보면 처음에는 단기 종목으로 시작했지만, 손실이 나면서 비자발적 장기 투자로 연결되는 경우가 많다. 반대로 장기 투자 종목이었지만 수익이 좀 나면 '이쯤에서 익절할까?'라는 단기 수익 실현의 유혹에 빠져 계획이 바뀌기도 한다. 하지만 목적에 따라 장·단기 계좌로 나누어 운용하면 충동이나 감정에 흔들리는 매매를 방지할 수 있다.

트레이딩·비트레이딩 계좌의 분리

장·단기 계좌 분리와 유사하지만, 기간이 아닌 투자 방식을 기준으로 계좌를 나누는 방법이다. 트레이딩 계좌는 매매 중심으로, 비트레이딩 계좌는 가치 투자와 같은 보유 중심으로 진행하는 것이다.

두 계좌는 수익률 계산이나 매수·매도·손절 기준 자체가 다르다. 트레이딩 계좌는 기술적 분석을 바탕으로 자유롭게 사고파는 계좌이며, 비트레이딩 계좌는 기업의 가치가 회복되거나 적정 가치에 도달할 때까지 보유하는 계좌다. 특히 트레이딩은 빠른 대응이 핵심이고, 비트레이딩은 인내가 핵심이기 때문에 이 둘이 섞이면 매매 기준이 흐트러지고 투자 전략 자체가 무너질 수 있다.

실전 노하우

트레이딩 계좌는 보통 회전율이 높다. 자주 사고파는 과정에서 매수 단가가 계속해서 바뀌기 때문에 비트레이딩 종목과 섞이면 매수 평단가 관리에 혼란이 생길 수 있다. 특히 하나의 종목을 일부는 장기 보유하면서 일부는 트레이딩으로 수익률을 극대화하고 싶다면, 계좌 분리는 사실상 필수다.

또한 두 계좌는 성격이 다르기 때문에 수익률 관리 방식도 분리해야 한다. 트레이딩 계좌는 매매 단위별 성과와 승률이 중요하며, 비트레이딩 계좌는 개별 매매보다 일정 기간 동안 전체 자산이 얼마나 증가했는지를 기준으로 평가한다.

이를 하나의 계좌에서 섞어 운용하면 장기 보유 덕분에 자산이 늘어났음에도 트레이딩 실력이 좋은 것처럼 착각하는 오류에 빠질 수 있다. 트레이딩 계좌는 타이밍과 판단력을 검증받는 공간이고, 비트레이딩 계좌는 기업을 고르는 안목과 인내심을 검증받는 공간이다. 두 계좌는 전혀 다른 게임을 하고 있는 셈이며, 각자의 기준으로 관리하고 평가하는 것이 실전 투자에서 매우 중요하다.

익절과 수익금의 인출

수익금을 인출해야 하는 이유는 리스크 관리에 있다. 수익금 인출 없이 시드머니를 계속해서 늘려가다 보면 한 번의 손실에도 크게 무너질 수 있다. 지속적으로 재투자하다 보면 시드머니가 늘어났을 때 고점에서 큰 비중이 물릴 가능성이 있는데, 익절과 인출이라는 과정을 통해 이를 방지할 수 있다.

또 수익 실현을 함으로써 현금 비중을 마련한다는 의미도 있다. 주식 계좌 밖으로 돈을 빼내야만 투자하고자 하는 욕구를 물리적으로 제어할 수 있고, 이 현금은 기회가 왔을 때 저가 매수 재원으로도 사용할 수 있다.

특히 매도에 그치지 않고 수익금을 주식 계좌 밖으로 인출하는 데 큰 의미가 있다. 수익 실현 후 출금이라는 장치가 있어야만 주식·현금의 분리와 재투자 유혹의 통제를 통해 투자 중독으로 발생하는 손실을 사전에 통제할 수 있다.

실전 노하우

특히 선물 트레이딩을 하는 경우 수익금 인출은 선택이 아니라 필수다. 고레버리지 구조상 수익이 쌓이더라도 한 번의 변동성으로 전액 청산될 위험이 있기 때문이다.

일반적인 현물 투자에서는 수익금 인출이 수익을 확정하는 의미이자, 평소 확보해 둔 현금을 안전하게 보관하기 위한 리스크 관리 수단이 된다.

수익금 인출 시점은 목표 수익률에 도달했을 때, 현금 비중이 부족하다고 느낄 때 또는 일정 기간을 정해 주기적으로 진행하는 등의 방식으로 자신의 투자 성향에 맞게 결정하면 된다. 이렇게 인출한 자금은 시장이 조정을 받을 때 다시 투입할 수 있는 저가 매수의 자금이 되며, 동시에 과도한 레버리지 사용을 막아주는 역할도 한다.

현금 보관 방법

현금은 아무것도 하지 못하는 비효율적인 자산처럼 보일 수 있지만, 실제로는 저가 매수와 리스크 관리를 위한 가장 강력한 무기다. 현금

이 주식 계좌에 있으면 충동적으로 다시 시장에 투입하기가 쉬우므로 반드시 은행 계좌 등 별도의 계좌로 출금해 보관하는 것이 좋다.

실전 노하우

주식 계좌에는 늘 투자된 자산만 있어야 한다. 현금은 증권 계좌나 CMA(Cash Management Account), RP(Repurchase Agreement) 통장보다는 별도의 은행 계좌에 보관하는 편이 좋다. 이체 과정에 심리적·절차적 허들이 있어야 충동적 매수를 막을 수 있기 때문이다.

이자율이 조금 낮더라도 현금의 역할에 충실한 계좌가 훨씬 유리하다. 현금 전용 계좌는 월 1회 정도만 점검하며, 이때 '시장에 대한 내 관점이 변했는가'를 스스로 점검하는 루틴을 정하고 실행하면 좋다.

또한 현금을 분할 매수 대기 자금, 시장 급락 시 투입 자금, 비상금 등 목적별로 나눠 관리하면 더욱 효과적이다. 각 계좌의 목적 외 사용은 최대한 피하는 것이 원칙이다.

〈도표 11-10〉 계좌 분리의 목적과 효과

구분	분리 목적	효과
장기 · 단기	심리적 간섭 차단	계획된 투자 목적 유지
트레이딩 · 비트레이딩	목적별 성과 분석	전략과 실력 개선
수익금 인출	리스크 관리를 위한 자산 분리	투자 중독 방지, 여유 자금 확보
현금 보관 계좌	충동적 매수 차단	현금 비중 유지, 저가 매수 재원 마련

11장의 액션 플랜

- 켈리 공식의 개념을 참고하여 나에게 최적화된 투자 비중과 현금 비중을 계산해 노트에 적어보자. 감이 아닌 숫자로 정리하는 것이 목적이다.

- 내 보유 종목의 일봉 차트를 열고, 트레이딩 관점으로 접근한다면 손절매 자리는 어디인지 체크해보자.

- 이미 손절한 종목이 있다면, 당시의 차트를 열어보고 손절 후 재매수 자리는 어디였는지 확인해보자. 그리고 기회가 있다면 실전에서 손절 후 재매수를 실행해보자.

- 계좌 관리 원칙을 참고해 장기·단기, 트레이딩·비트레이딩 계좌를 분리하고 보유 종목을 직접 나눠 관리해보자. 구조를 바꾸지 않으면 결과도 바뀌지 않는다.

12장

위기를 기회로 바꾸고, 자산의 퀀텀점프를 이루는 법

일생의 기회를 마주했을 때

우리 인생에서는 몇 번의 큰 기회가 주기적으로 찾아오기 마련이다. 하지만 그 기회를 잡기가 쉽지만은 않다. 준비되지 않았기 때문이다. 큰 기회를 잡기 위해서는 최소한 다음 3가지가 갖춰져 있어야 한다.

- 기회가 왔을 때, 그때가 기회인지 알아볼 수 있어야 한다.
- 기회를 잡을 시드머니가 준비돼 있어야 한다.
- 기회를 붙잡을 방법을 알고 있어야 한다.

기회가 오더라도 기회인지 모르거나 붙잡을 방법을 모르면, 또 정작 실행할 자금이 없다면 아무 소용이 없다. 이 3가지 모두가 갖춰졌을 때 비로소 기회를 잡을 수 있다. 하지만 낙심할 필요는 없다. 이 기회는 자신의 투자 인생에서 단 한두 번만 잡더라도 자산의 퀀텀점프를 이룰 수 있기 때문이다. 이 장에서는 가장 본질적인 2가지, 즉 기회가 왔을 때 알아보는 눈과 기회를 실제 수익으로 연결하는 방법에 대해 이야기해보려 한다.

주식 투자자로서의 위기는 실생활에서 일반인, 자영업자, 사업가들이 느끼는 위기나 불황과는 다르다. 주식 투자자에게 위기란 주가의 폭락이다. 그리고 이 위기는 역설적으로 주식을 싸게 살 좋은 기회가 된다.

주가 폭락의 시점은 실제 경제 상황과 다를 수 있고 실제 체감경기와는 시차도 존재한다. 체감경기는 최악인데 주가는 이미 상당히 반등해 있을 수도 있고, 실제 경기는 좋지만 외부 변수로 인해 주식 시장은 이미 하락을 시작한 상태일 수도 있다. 이는 주가의 불확실성 회피 성향과 선반영 특성 때문이다.

주식 시장은 이슈별 원인에 따라서 하락폭이 다르게 나타난다. 그리고 별다른 이슈가 없더라도 10% 내외의 조정은 주기적으로 발생한다.

8장에서 언급한 'S&P500의 상황별 하락폭'을 다시 떠올려보자. 금융 시스템 또는 버블의 붕괴 상황에서는 무려 50% 이상 하락했고, 20~30%의 하락도 종종 발생했다.

S&P500 지수가 20% 이상 하락하는 구간은 매우 좋은 기회다. 이때 상황별 조정폭에 따라 싼 주식을 분할 매수할 수 있다면 큰 수익으로 전환할 수 있다.

그런 폭락장을 맞이한다면 우리는 어떻게 해야 할까?

- 고점권에서 가능하다면 분할 매도: 기술적 · 기본적 · 매크로 분석을 통해 고점권으로 판단되면 분할 매도로 리스크를 줄인다.

- 상황별 하락폭 예상: 지금 상황에 따른 하락폭을 예상하고, 기술적 분석 등을 통해 신뢰도를 높인다.

- 저점권에서 분할 매수: 저점권에서 적극적인 분할 매수로 접근한다.

이를 위해서는 현금이 있어야 하며, 매우 싼 최저점권에서는 레버리지도 적극적으로 사용할 수 있다. 일단 고점에서 분할 매도를 할 수 있다면 더할 나위 없이 좋다. 하지만 그러지 못했더라도 보유하고 있는 현금 비중과 최저점권의 적절한 레버리지 투자를 통해 하락장이 회복되는 국면에서 큰 수익을 거둘 수 있다.

고점에서 매도하고 저점에서 매수하는 방법

위기를 기회로 바꾸는 방법은 간단하다.

주가가 폭락하는 시점에 자산을 헐값에 사는 것.

이 책 전반에 걸쳐서 주가 하락의 원인과 하락에 대처하는 자세, 어떤 구간에서 어떻게 매수해야 하는지 등 많은 주제를 다뤘다. 이번에는 큰 흐름의 고점 매도, 저점 매수 방법을 정리해보려 한다.

고점 매도 인사이트

실적 추세와 주가 추세의 괴리 확대에 주목하라

주식 시장은 미래 실적을 선반영한다. 하지만 실적이 전혀 따라오지 못하는데도 주가가 계속 오르거나 실적 대비 주가 상승이 훨씬 가파른 구간이 있다. 이 구간은 오버슈팅일 가능성이 크며, 이때는 주가 하락이 머지않은 구간일 수 있다.

매 분기 실적 발표 시점마다 밸류에이션을 점검해보고, 주가가 PER 확장(실적 대비 오버슈팅)만으로 오르고 있다면 1차 분할 매도 시그널로 본다. 실적은 제자리인데 주가는 끊임없이 신고가를 경신한다면, 주가 상승에 대한 정당성은 이미 사라진 것이다. 그 오버슈팅이 끝나면 주가는 큰 폭락을 맞을 수 있다.

정확히 주가 최고점에서 팔기는 어렵다. 최고점을 맞히지는 못하더라도, 이런 오버슈팅 구간에 분할 매도하는 투자 방식을 반복할 때 수익률은 상당히 올라갈 수 있다.

'이 주식을 이 가격에 다시 살 수 있겠는가?'라는 질문을 던져라

내가 보유한 종목의 가격이 크게 비싸 보이지 않더라도, 만약 지금 이 주식을 보유하고 있지 않은 상태라고 가정했을 때 이 가격에 다시 살 자신이 없다면 이미 주가는 고점권일 가능성이 크다. 수익이 나는 구간에서는 보통 '이미 많이 올랐지만 더 오를 것 같다'는 기대, 지금까지의 가파른 수익 증가에서 비롯된 욕심 등의 감정 때문에 매도보다는 오히려 레버리지를 이용해 추가 매수를 선택하기 쉽다.

그럴 때 자신에게 질문을 던져보자. '내가 지금 이 주식을 보유하지 않았다면, 이 가격에 사겠는가?' 이 질문에 대한 답변이 '아니요'라면, 해당 구간은 분할 매도를 고려해야 할 시점일 가능성이 크다.

신규 진입자의 환호성은 매도 시그널이다

평소 투자에 관심 없던 사람들까지 주식 시장에 관심을 갖고 투자에 뛰어들며, 확신에 찬 유튜브 영상들이 쏟아지는 시기는 대중심리의 극단일 가능성이 크다. 이 시그널은 어떤 고점에서든 대부분 들어맞는다. 물론 이 시그널이 뜬 이후에도 극단적 오버슈팅이 당분간 더 지속될 수도 있다.

하지만 신규 진입자들이 환호하며 환희에 가득 찬 구간은 시점의 문제이지, 상승 랠리의 막바지 국면일 가능성이 크다. 그 환호성이 끝나는 순간은 반드시 온다.

이런 현상이 시장에 나타날 때는 분할 매도를 통해 일부라도 수익을 확정해 심리와 수익의 안정성을 확보한 상태에서 나머지 물량으로 투자 판단에 임하는 것이 좋다.

수익 실현이 아깝다는 생각이 들 때가 매도 타이밍이다

상승 랠리의 지속으로 수익이 커지면 커질수록 '더 갈 거야' 또는 '지금 파는 건 바보짓이야'와 같은 심리가 강해진다. 이런 감정은 공교롭게도 폭락 직전에 극대화된다. 우리는 항상 욕심과 절제 사이에서 고민하고 줄다리기를 하다가 욕심에 이끌리는 경향이 강하다. 감정과 본능에 굴복하면 고점에서 사고 저점에서 파는 실수를 반복하게 된다.

특히 이런 실수는 계속 반복되는 경향이 있는데, 수익의 일정 비중을 의무적으로 매도하는 습관을 갖는 것도 실수를 피하는 방법이다. 일정 비율 상승 시 투자금의 일부 비중을 분할 매도하거나 일주일마다 주기적으로 현금 비중을 몇 퍼센트씩이라도 늘려가는 등의 기계적인 방법은 감정에 휘둘리는 투자자에게 유용하다.

저점 매수 인사이트

부정적 뉴스가 가장 많을 때를 매수 타이밍으로 삼아라

뉴스가 온통 주가 폭락, 사상 최대 하락폭, 역대급 경기 침체, 금리 인상 지속, 전쟁 리스크, 마이너스 성장, 실적 쇼크 등 부정적인 키워드로 가득할 때는 저점권일 가능성이 크다. 이 시점에 부정적 뉴스 속에서도 주가는 아이러니하게 추가 하락을 멈춘다.

실제로 뉴스 검색을 통해 주가가 최저점을 형성한 시점의 뉴스를 찾아보라. 대폭락 이후의 주가 반등은 뉴스가 반전된 이후가 아니라 악재가 극에 달했을 때 조용히, 서서히 시작됐다.

부정적 뉴스의 한가운데라면, 여러 분석을 통해 가능성이 큰 싼 구간에서 분할 매수를 시작할 수 있다. 공포와 부정이 강할수록 기대 수익률은 높아진다.

고점 대비 30~50% 이상 조정받은 우량주는 적극 매수를 준비해라

이는 매도세에 의한 단순 가격 조정이 아닌, 시장 전체가 우량주조차 외면하는 시기임을 의미한다. 하락장에서 상승장으로 전환되는 시점에 스마트머니는 가장 안전한 대형 우량주를 최우선으로 매수한다. 시장의 반등 과정에서 우량주는 빠르게 회복한다.

고점 대비 30~50% 이상 조정받은 우량주는 절대적인 언더슈팅 구간에 있는 것으로 간주하고 적극적으로 매수할 수 있다. 이런 실적 기반 우량주는 하락장이 이어지는 와중에도 리스트업해두어야 한다. 주기적으로 추적하면서 의미 있는 하락률이 발생한 시점부터 분할 매수로 접근하면 좋다.

과대 폭락으로 투매나 반대매매가 나오는 구간을 노려라

하락의 마지막 국면에서는 보통 투매와 반대매매가 이어지며 급락이 발생한다. 이때는 장대 음봉과 함께 거래량이 터지고 개인 투자자들의 투매, 손절 물량이 넘쳐난다. 이 시점의 공포·탐욕지수는 극단적 공포 구간에 위치하며, 투자자들의 심리는 최악의 절망 상태가 된다.

투매 장세 이후로는 거래량이 급격히 감소하는데, 대부분의 시장 참여자가 포기하거나 무관심해졌다는 의미다. 하지만 이 시점이 바로 주가의 최저점권일 가능성이 크다. 이런 시점에 우량주, 차기 주도주를 선별해 분할 매수로 접근하자.

기업 내부자 매수 공시를 체크해라

내부자 매도는 다양한 사유로 이뤄질 수 있으므로 단순히 부정적인 신호로 단정 짓기 어렵다. 전체 맥락과 다른 지표들을 함께 고려해야 하는 이유다.

그에 비해 내부자 매수는 주가에 긍정적이라고 볼 수 있다. 내부자는 회사 내부 정보를 가장 잘 아는 사람들이기 때문에 그들이 직접 자기 회사 주식을 사들인다는 것은 그만큼 앞으로의 성장이나 가치에 자신이 있다는 신호로 해석할 수 있기 때문이다.

CEO나 주요 임원이 자사주를 매입한다면 내부적으로 확신이 있다고 할 수 있다. 특히 악재 이후 큰 폭의 조정 구간에서 이례적으로 자사주를 매입한다면 강력한 저점 신호가 될 수 있다.

위기를 기회로 바꾸는 사람은 고점에서 욕심을 다스리고, 저점에서 공포를 다스릴 줄 아는 사람이다. 고점 매도와 저점 매수의 기준은 기술적 분석, 시장 심리, 기업 밸류에이션에 기반해 판단해야 한다.

레버리지 사용법

레버리지의 특성과 레버리지로 망하는 이유

레버리지는 타인 자본이나 그에 준하는 방식을 활용해 내 투자금의 규모를 늘리는 수단이다. 레버리지의 가장 큰 위험은 구조적 손실 가능성보다 중독성에 있다. 2배, 3배 레버리지로 단기 고수익을 경험해 본 투자자는 점점 더 강한 자극을 원하게 되고, 결국 일반적 투자로는 만족하지 못하는 상태에 이른다. 그 결과 레버리지, 인버스 레버리지, 선물·옵션과 같은 고위험 상품에만 의존하게 되고, 결국에는 도박이나 마약과 같은 보상 중독 메커니즘에 빠지게 된다.

이렇게 레버리지에 의존하는 투자자는 언젠가 한 번은 크게 무너지는 시점을 맞게 된다. 레버리지는 매우 무겁고 다루기 까다로운 양날의 검이다. 그 검을 다룰 만한 실력과 내공이 없다면 오히려 사용하지 않는 것이 낫다. 레버리지는 수익을 극대화할 수 있는 도구이지만, 잘못 사용하면 결국 나를 찌르는 무기가 된다. 다만, 저점권에서 적절한 비중으로 사용하는 레버리지는 매우 큰 투자 효율을 만들어낸다. 위기를 기회로 바꾸는 레버리지 사용법을 익힌다면 수익률을 극대화할 수 있다.

투자에서 레버리지란 말 그대로 지렛대 효과다. 내 자본금보다 더 큰 투자 효과, 즉 투자 결과의 확장 효과를 만드는 모든 방식이 이에 해당한다. 여기에는 타인 자본을 이용하는 방법과 레버리지 성격을 지닌 상품에 투자하는 방법이 있다.

이해를 돕기 위한 예로, 부동산 투자에서 흔한 갭 투자(전세를 끼고 매수하는 것)나 주택담보대출을 활용한 매수가 대표적인 레버리지 투자다. 주식 투자에서는 신용대출이나 주식담보대출, 신용·미수를 통해 원금을 확장하는 방식, 그리고 2배·3배 레버리지 ETF나 선물·옵션처럼 구조적으로 레버리지를 내장한 상품에 투자하는 방식이 있다. 다만 주식 투자에서 레버리지 사용은 절대적으로 주의해야 한다. 주식 자체가 이미 변동성이 큰 자산이기 때문이다.

레버리지는 특성상 한 번 추세를 타면 단기에 큰 수익을 거둘 수도 있다. 그러나 이는 얼어붙은 경사로를 전력으로 뛰어 올라가는 것과 같다. 출발은 빠를 수 있지만, 경사가 가파를수록 작은 흔들림 하나에도 올라온 거리보다 더 멀리 미끄러진다.

이런 현상을 변동성 끌림(volatility drag)이라고 부른다. 레버리지는

〈도표 12-1〉 안정적인 투자와 레버리지 투자의 차이

 시장을 꿰뚫는 주식 투자의 기술

수익을 증폭시키는 도구처럼 보이지만, 실제로는 손실을 포함한 변동성 자체를 증폭시키는 구조다. 상승과 하락이 반복될수록 투자자는 앞으로 나아가는 것이 아니라 출발점 또는 그보다 뒤로 끌려오게 된다.

반대로 레버리지가 아닌 안정적 투자는 빠르지 않을 수 있지만, 한 걸음씩 계단을 차곡차곡 밟아 올라가며 쉽게 무너지지 않는다. 적어도 큰 손실은 나지 않기 때문에 차근차근 앞으로 나아갈 수 있다. 결국 같은 목적지를 향해 가지만, 서로 다른 길을 가는 것이며 그 결과도 달라진다.

〈도표 12-2〉는 양자컴퓨팅 관련주 아이온큐의 차트다. 4개월간 무려 640% 상승했다. 아이온큐 주가의 일간 변동률을 3배로 추종하는 레버리

〈도표 12-2〉 아이온큐의 주가 추이(2024~2025)

지 상품이 있는데 단순히 3배만 적용해도 1,920% 상승이다. 그런데 아이온큐가 단 하루 만에 47%, 이틀 동안 52%가 하락하자 아이온큐 3배 레버리지 상품은 이 하락폭의 3배를 맞으며 하루아침에 상장폐지됐다.

또 다른 사례로, 대형 반도체 기업인 AMD의 3배 인버스 ETF 역시 하루 만에 청산됐다. AMD 주가가 하루 만에 37% 급등했기 때문이다. 대형주의 주가가 하루에 33% 이상 상승해 3배 인버스 상품이 청산되리라고 생각한 사람이 있을까? 하지만 이런 변동성조차 가능한 곳이 주식 시장이다.

이런 사례들을 통해 우리는 주식 투자에서 레버리지는 매우 신중하게 접근해야 하며 선별적이고 일시적으로만 사용해야 한다는 사실을 배울 수 있다.

주식 투자로 승승장구하다가 한 번에 실패하는 사람들은 대부분 비슷한 과정을 거친다. 계속되는 수익에 자신감이 생기고, '이 정도 벌었는데 여기에 레버리지까지 더해 베팅하면 인생역전 아니야?'란 생각에 레버리지를 더 키우는 것이다. 하지만 돈을 번 시기는 상승장이었고, 이런 생각을 하는 시기는 안타깝게도 상승장의 끝물이다. 이어지는 하락장에서 지금까지 번 돈은 물론 자신의 자본금까지 잃고, 심지어 빚만 남게 되는 악몽이 시작되는 것이다.

특히 3배 레버리지 ETF에 아무렇지 않게 투자해 장기 보유하는 사람들이 늘고 있는데, 이는 매우 위험한 투자 방식이다. 진입 시점에 따라서는 계좌가 전손될 수도 있고, 주가가 하락하지 않고 단순히 횡보만 하더라도 계좌는 녹아내릴 수 있다. 운 좋게 상승 국면에 진입했다고 하더라도, 작은 조정만으로도 수익이 순식간에 손실로 전환되는 경

〈도표 12-3〉 테슬라와 테슬라 3배 레버리지 상품 비교 차트

우가 적지 않다.

〈도표 12-3〉의 테슬라와 테슬라 3배 레버리지 상품을 비교한 차트를 보자.

2022년 초 이후 테슬라는 장기간 횡보하는 박스권 흐름을 보였다. 2025년 7월의 주가 수준은 3년 전과 큰 차이가 없다. 그러나 같은 기간 테슬라 3배 레버리지 상품은 2022년 고점 대비 99.7% 하락했다. 이는 높은 레버리지가 하락장이 아니라 진폭이 큰 횡보장에서도 계좌를 녹일 수 있다는 사실을 명확히 보여주는 사례다.

그렇다면 레버리지는 무조건 사용하면 안 되는 나쁜 도구일까? 그렇지 않다. 레버리지에도 분명 장점이 있으며, 사용해야 할 시점 또한 명확히 존재한다. 다만 전제 조건이 있다. 반드시 써야 할 구간에서, 제한된 비중으로, 단기적으로 사용해야 한다는 것이다. 이를 지킨다면 레버리지는 투자 효율을 크게 끌어올릴 수 있다.

레버리지의 특성

• 투자금 대비 수익과 손실이 확대된다

레버리지는 수익을 크게 확대시킬 수 있다는 특성 때문에 보통 환희가 가득한 고점에서 자주 사용된다. 레버리지는 주가 상승 시 높은 수익을 기대할 수 있지만, 주가 하락 시 더 큰 손실을 감수해야 한다. 수익과 손실의 확대는 정상적이고 이성적인 상태에서 투자 판단을 하지 못하게 한다.

• 강제 청산의 위험이 있다

아이온큐 사례와 같이, 투자 손실이 확대돼 레버리지 상품이 청산·상장폐지될 위험이 있다. 또한 증거금이 부족해지면 가격과 무관하게 강제 청산이 발생할 수 있다. 특히 선물·옵션 거래의 경우, 한순간의 변동으로도 투자금 전부를 잃을 수 있다.

• 레버리지 상품은 변동성 끌림 효과가 발생한다

레버리지 상품이 추종하는 지수가 단순히 횡보만 하더라도, 레버리지 상품의 수익률은 하락하는 음의 복리 효과가 발생한다.

• 저점에서 사용 시에는 평균 단가 하락 효과가 매우 크다

명확한 근거를 바탕으로 최저점권에서 레버리지를 활용할 경우, 하락에 의한 손실을 굉장히 빠르게 회복할 수 있다. 다만 저점이 확인되지 않은 상태에서의 레버리지 사용이나 근거 없는 물타기는 손실 규모를 기하급수적으로 확대시킬 수 있다.

• 운용 비용과 수수료가 높다

대출을 활용한 레버리지의 경우 이자 비용이 지속적으로 발생하고, 상환 압박으로 인해 조급한 매매와 왜곡된 판단으로 이어지기 쉽다. 또한 레버리지 ETF나 선물과 같은 상품은 운용 보수, 롤오버 비용 등 유지 비용이 구조적으로 높다.

이상의 특성만 봐도 알 수 있듯이 레버리지는 높은 수익을 기대할 수 있는 동시에 매우 큰 리스크를 동반한다. 그렇다면 레버리지를 어떻게 사용해야 할까?

레버리지 사용법과 주의점

• 지수 최저점에서 사용한다

지수가 고점 대비 30~50% 이상 하락한 구간에서 명확한 근거를 바탕으로 분할 방식의 레버리지 접근을 고려할 수 있다(상황별 지수 하락폭

참고).

또한 주가 파동상 상승 3파 초입과 같이 추세의 방향성과 힘이 동시에 확인되는 구간에서는 레버리지가 수익 확대에 도움을 줄 수 있다.

• 선물·옵션 거래는 되도록 피한다

특히 단기 고수익에 익숙해지면 그 자극에서 헤어 나오기 어렵고, 한두 번의 실수로 모든 투자금을 잃을 수 있다.

• 저점권, 가능성 큰 구간에서 단기적으로만 사용한다(장기 투자 부적합)

레버리지는 고비용, 변동성 끌림 효과 등의 특성이 있어 사용 기간이 길어질수록 불리하다. 그동안 아무리 높은 수익을 냈더라도 예상치 못한 한두 번의 하락으로 모든 것을 잃을 수 있다.

• 반드시 손절 기준점을 마련한다

레버리지 투자에서 손절을 미루는 순간, 심리와 계좌는 동시에 무너지기 시작한다. 레버리지는 상승·하락의 방향성 자체가 핵심이므로 주가의 방향이 내가 예상한 시나리오를 벗어날 경우 지체 없이 손절해야 한다.

• 되도록 인버스 레버리지(특히 곱버스)는 피한다

주식은 구조적으로 우상향 자산이다. 일반 주식이나 지수의 하락에 물린 경우 시간이 지나며 회복될 여지가 있지만, 곱버스(인버스 레버리지 2배 상품)에 잘못 물리면 영영 탈출하지 못할 수도 있다.

 시장을 꿰뚫는 주식 투자의 기술

• 저점권 맥점에서 사용한다

주가 하락으로 확률 높은 맥점에 도달했지만 이미 보유한 현금을 모두 사용해 추가 매수가 어려운 경우, 기존 1배 상품을 분할 매도해 레버리지 상품으로 교체해나갈 수 있다. 이 경우 투자금의 2배 현금으로 물타기한 것과 유사한 효과를 볼 수 있다. 다만 이러한 전략은 상황별 주가 최저점권에 한해 예외적으로 사용하는 것이 바람직하다.

• 하락장 초입에는 절대 사용하지 않는다

많은 투자자가 1~5파 상승이 끝나고 a파 조정이 시작되는 대세 하락의 초입에서 모든 현금을 투입해 물타기에 나선다. 그러나 이 구간에서 레버리지를 무분별하게 사용하면 계좌는 순식간에 붕괴된다. 예를 들어 레버리지 상품이 추종하는 본 지수가 10% 하락한 뒤 다시 본전으로 회복하더라도, 레버리지 상품은 여전히 손실 상태에 놓인다. 하물며 하락장의 한가운데처럼 지속 하락이 이어지는 구간이라면, 손실이 얼마나 빠르게 확대될지 쉽게 짐작할 수 있다.

• 작은 비중으로 운용한다

모든 자산을 레버리지로 운용할 경우 높은 변동성 때문에 수익률이 +30%, -20%처럼 요동치게 된다. 오늘은 3,000만 원 수익, 다음 날은 2,000만 원 손실 등 일반적인 투자자가 감당하기 어려운 변동성이 반복되면서 결국 냉정한 판단이 불가능해진다. 예를 들어 5,000만 원을 투자한 상태에서 레버리지 상품을 매수하자마자 추종 지수가 10% 하락하면, 2배 레버리지 상품은 20% 손실을 기록하며 손실금은 1,000만 원이 된다. 이후 하락이 이어질 경우 투자자는 손실을 확정 짓지 못한 채 손절을 미루다가 결국 -70~-80% 구간에서 뒤늦게 손절하는 상황에 놓이기도 한다. 고레버리지로 단일 종목에 풀 베팅하는 행위는 결과가 정해진 선택지에 스스로를 밀어넣는 것과 다르지 않다.

이처럼 레버리지를 사용할 수 있는 구간과 방법은 명확히 정해져 있다. 이는 단순한 이론이 아니라 수많은 사례와 통계, 경험을 통해 반복적으로 검증된 원칙이다. 이 범위를 벗어난 레버리지 사용은 수익이 아니라 위험의 극대화로 이어질 가능성이 크다.

일반적인 현물 투자에서는 저가 매수가 핵심이다. 싸게 사서 비싸게 파는 전략이 필요하다. 그러나 레버리지 투자는 본질적으로 다르다. 레버리지 투자에서는 내가 예상한 방향성이 맞아야만 수익이 난다. 주가가 예상과 다른 방향으로 움직이기 시작한다면, 미련 없이 즉시 끊어낼 수 있어야 한다. 이 판단을 미루는 순간, 손실이 기하급수적으로 확대된다.

특히 단기 고수익을 노리고 선물·옵션 시장에 뛰어드는 투자자들이 많지만, 그 시장에서 성공할 확률은 극히 낮다. 더 위험한 점은 단기 고수익과 조급함에 반복적으로 노출될수록 우리의 뇌가 그 자극에 점점 익숙해진다는 것이다. 그러면 장기적으로 돈을 벌 수 있는 정상적인 투자 방향성에서 점점 멀어질 수밖에 없다.

실제 레버리지 사용 사례

S&P500 지수는 2025년 2월부터 약 2개월간 21.8% 하락했다. 트럼

 시장을 꿰뚫는 주식 투자의 기술

〈도표 12-4〉 주가 최저점권에서 레버리지 전환 사례

프발 관세 충격에 따른 단기 급락이었고, 시장은 극도의 공포 국면에 진입해 있었다. 당시 최저점권에서 나는 함께 공부하는 투자자들에게 레버리지 상품으로의 전환 의견을 제시했다.

나는 당시 해당 구간을 증시 최저점권으로 판단했고, 그 시점의 레버리지 투자는 가장 높은 투자 효율을 기대할 수 있는 구간이라고 봤다.

일반 주식 종목을 2배 레버리지 상품으로 전환할 경우, 투자금의 2배 추가 매수 효과가 발생한다. 다만 이 전략은 어디까지나 증시 저점권에 대한 강한 확신이 있을 때, 그리고 일시적으로만 사용하는 전략임을 전제로 한다.

당시 −21.8%라는 최저점 구간은 단기 폭락으로 공포지수가 4포인트까지 내려간 '극단적 공포' 구간이었다. 손절 심리가 극대화되는 최악의 공포 국면에서 나는 어떻게 레버리지 전환에 대한 투자 판단을 할 수 있었을까? 그 근거는 다음과 같다.

- 2018년 9월과 유사한 환경: 이 시점과 유사한 상황이었던 2018년 9월 폭락 당시에도 S&P500은 −20.5%에서 반등했다. 해당 시점 역시 트럼프발 관세 충격으로 하락했으며, 이후 V자 반등이 이뤄졌다.
- 주요 피보나치 지지 구간 도달: 최저점인 4802포인트는 2022년 10월부터 시작된 상승폭의 2분의 1 되돌림 구간(피보나치 0.5)에 도달한 구간으로, 약 2년 반의 상승에 대해 반절을 되돌림하여 반등 가능성이 컸다.
- 파동 관점의 조정 종결: 파동상 abc 조정이 마무리되는 구간이었다. 매수 가능한 파동 구조라는 의미다. 기업과 시장의 근본적인 모멘텀을 훼손하는 이슈가 아니었기 때문에 V자 반등 가능성이 크다고 판단했다.

이런 근거들이 있었기에 레버리지 전환이라는 투자 판단을 할 수 있었다. 실제로 증시는 이후 V자 반등을 이뤘고, 최저점권에서 레버리지로 전환했기 때문에 작은 반등만으로도 전략의 유효성을 확인할 수 있었다.

이 사례가 의미하는 바는 분명하다. 공포가 극단으로 치닫고 손절 욕구가 가장 강해질 때가 오히려 레버리지를 사용할 수 있는 좋은 구간이라는 것이다. 적절한 구간에서의 레버리지 사용은 조정을 수익의 기회로 바꿔주며, 공포가 커질수록 기대 수익률은 오히려 높아질 수 있다. 레버리지는 환희의 한가운데가 아니라 공포의 한가운데서 사용해야 한다는 사실을 반드시 기억하자.

환율을 이용해 수익을 극대화하는 방법

안전자산인 달러와 위험자산인 주식의 관계를 통해 이중 수익, 복리 수익을 얻는 방법이 있다. 서로 반대성을 띠는 이 두 자산의 특성을 잘 이용한다면 각각의 저점과 고점에서 최대의 투자 효율을 낼 수 있다.

자산을 퀀텀점프시키는 달러 사용법

기회를 활용하는 기본적인 아이디어는 달러와 주식(특히 코스피)의 반대성에서 출발한다. 달러는 대표적 안전자산으로, 경제 침체 등 위기의 시점이 오면 사람들은 달러를 찾는다. 경기 침체가 오고 위기가 심화되는 국면에서 사람들은 만약을 대비해 위험자산인 주식을 팔고 안전자산인 달러를 사는 것이다. 즉, 위기에는 위험자산인 주식은 폭락하고 안전자산인 달러는 폭등한다. 물론 항상 그런 것은 아니며 상황에 따라 같은 방향으로 움직이는 시점도 있고, 등락에 시차가 생기는 경우도 있다. 하지만 시간이 지나면 결국 서로 반대 방향을 향해 각자의 길을 간다.

특히 달러와 같은 방향성을 갖고 움직이는 원/달러 환율을 기준으로, 국내 자산의 복리 수익을 얻는 방법을 알아보자.

〈도표 12-5〉에서 볼 수 있듯이 원/달러 환율과 코스피 지수는 시차는 있을 수 있지만, 보통 반대로 움직이는 경향을 보인다. 즉, 환율의 고점은 코스피의 저점이고 환율의 저점은 코스피의 고점이다.

우리는 이를 이용해 수익을 극대화할 수 있다. 특히 환율은 외국인

이 국내 증시에 투자할 때 환차익을 결정하는 핵심 변수다. 이 특성을 활용한 투자 아이디어는 다음과 같다.

- 증시의 고점에서 과열된 주식을 팔고 하락한 달러를 산다.

- 주가 피크 이후, 주가는 하락하고 달러는 상승하기 시작한다.

- 달러가 상승해 정점을 치며 주가는 하락한다. 신문은 경제위기에 관한 기사들로 가득 차며 부정론으로 도배된다.

- 이 시점에 달러를 고점에서 팔아 환차익을 실현하고, 폭락한 주식을 헐값에 산다.
- 주가가 점차 상승하며 시세차익이 발생한다. 반대로 달러는 하락 국면에 진입한다.
- 다시 증시가 고점에 근접하면 상승한 주식을 팔고 하락한 달러를 산다.
- 이 과정을 반복한다.

이 방법을 실행하는 데 가장 중요한 전제는 증시의 고점권에서 주식을 팔 수 있어야 한다는 점이다. 이것이 가능해야만 다음 단계로 넘어갈 수 있다. 만약 고점에서 매도하지 못했다면 저점권에서 살 수 있는 충분한 현금을 보유하고 있어야 한다. 즉, 고점권 매도나 저점권 매수 현금 확보, 이 2가지 중 최소 하나는 충족돼야 다음 전략을 실행할 수 있다.

그렇다면 달러와 주식을 사고파는 시점은 어떻게 잡아야 할까?

달러와 주식을 사고파는 시점

예를 들어 외국인이 환율 1,400원에 1,000억 원을 환전(달러 → 원화)하고 코스피에 투자했다고 하자. 이후 환율이 1,100원으로 하락하면 어떤 일이 생길까? 외국인은 환율 하락분인 21.4%(약 214억 원)의 환차익을 얻는다. 게다가 고환율 구간은 코스피 저점이며, 자산을 싸게 사는 효과로 시세차익까지 생긴다.

즉, 외국인은 환율이 높은 시점에 환전해 국내 주식을 사서 환율이 하락하면 환차익과 시세차익, 이중으로 돈을 번다. 외국인이 환율이

높은 시점에 국내 주식을 사는 이유가 바로 이것이다. 그리고 우리도 앞서 언급한 전략을 통해 그들과 똑같은 효과를 누릴 수 있다.

그렇다면 환율은 언제가 낮고 언제가 높은 것일까? 달러와 주식을 언제 사고팔아야 돈을 벌 수 있을까? 투자자인 우리에게 중요한 것은 바로 이것이다.

〈도표 12-6〉의 원/달러 환율 월봉 차트를 보자.

환율은 장기적으로 1,050~1,250원 박스권에서 움직여왔다. 큰 위기나 구조적 원화 약세 구간에서는 1,250원을 돌파했으며, 1,250원 이상에서 3개월 이상 머무른 경우에는 1,400원 부근까지 상승했다. 그렇다면 우리가 투자자로서 공략해야 할 구간은 어디일까?

- 환율이 1,250원 부근에 도달하는 구간
- 환율이 1,250원을 넘어 3개월 이상 유지 시 1,400원 구간

환율은 체온과도 같아 평균 수치로 회귀하려는 특성을 보인다. 이 사이클을 이용해 달러와 주식을 사고팔면 수익률이 극대화된다. 즉, 우리는 다음과 같이 트레이딩할 수 있다.

기본적으로 1,100~1,250원 박스권에서 대응하되, 1,250원을 3개월 이상 상회한 상태로 환율이 유지된다면 1,400원 이상의 환율 상승을 염두에 두고 전략을 세운다.

일반적으로 위기 국면에서는 달러 강세와 함께 환율이 상승한다. 웬만한 위기에서는 1,250원을 크게 넘지 않지만, 위기의 강도가 크거나 구조적 원화 약세 요인이 발생할 경우 환율이 1,250원 위에서 3개월 이상 머물고 이후엔 1,400원 이상으로 크게 상승하기도 했다(2008년 글로벌 금융위기, 2022년 금리 인상기, 2025년 구조적 원화 약세 등).

물론 시차나 정도의 차이는 존재한다. 따라서 1,400원 부근에서 코스피를 사더라도 환율이 더 오르거나 주가가 더 하락할 가능성도 있다. 특히 2025년 이후의 구조적 원화 약세 국면과 같이 환율과 증시가 동시에 상승하는 구간, 즉 주가의 반대성이 일시적으로 약화되는 구간도 존재하므로 예외 상황에 대한 고려가 필요하다.

하지만 장기적으로 보면 환율과 국내 증시는 시차를 두고 반대성을 유지해 왔다. 따라서 우리는 환율과 코스피의 일반적 특성을 기억해둘 필요가 있다.

일반적으로 1,400원을 넘어가는 고환율 구간은 주식 시장이 좋지 않거나, 증시가 이미 반등했더라도 추가 상승 여력이 있는 시점인 경우가 많다. 역사적으로 볼 때 환율 1,400원 부근에서 코스피를 분할 매수했을 때 의미 있는 손실 가능성은 매우 낮았다(고환율에 달러 분할 매도, 주식 분할 매수).

반대로 환율이 1,100원 부근이나 그 아래로 내려오는 시기는 주식 시장이 과열 국면에 진입했을 가능성이 높으며, 주식 분할 매도와 달러 분할 매수를 고려하기 좋은 구간이다.

다만 이 전략은 어디까지나 확률적 우위에 기반한 기준일 뿐, 절대적인 공식은 아니다. 경제 환경에 따라 예외가 발생할 수 있고, 시차나 공략 가격대 역시 달라질 수 있다. 중요한 것은 달러와 주식 각각의 저점권과 고점권을 인식하는 관점이다. 또한 예상치 못한 경제위기 등 최악의 상황에 대비해, 기본적으로 매도하지 않는 달러 비중을 일정 수준 유지하는 전략도 필요하다.

환율은 저점·고점을 가늠하는 하나의 지표일 뿐, 상황에 따라 지수 하락폭은 달라진다. 따라서 환율, 밸류에이션, 기술적 분석, 기타 저점·고점 지표와 함께 주식 매수 시기를 가늠해볼 수 있다면 더 가능성 큰 투자를 할 수 있을 것이다.

 시장을 꿰뚫는 주식 투자의 기술

12장의 액션 플랜

- 고점 매도 인사이트를 참고해, 현재 보유 종목 중에서 고점 매도 타이밍에 있는 종목을 추려보자.

- 저점 매수 인사이트를 참고해, 관심 종목 중에서 저점 매수 타이밍에 있는 종목을 선별해보자.

- 보유 중인 레버리지 상품이 있다면 해당 매수가 적절한 구간이었는지 점검하고, 어느 시점에 비중을 줄이거나 정리할지 명확한 계획을 노트에 적어보자.

- 원/달러 환율의 현재 위치를 확인하고, 지금이 한국 증시의 매수 구간인지, 매도 구간인지 자신의 판단을 정리해보자.

13장

주식 투자를 대하는 마인드셋

주식 투자를 대하는 관점

어찌 보면 이 책의 내용 중에서 가장 중요한 이야기일 수도 있다. 우리는 주식 투자를 어떤 관점으로 바라봐야 할까? 동서고금을 막론하고, 실제 주식 투자로 성공한 사람들은 꾸준히 투자해 장기간에 걸쳐 큰 성과를 이뤘다.

인터넷에는 과장된 성과나 잘된 사례만 부각되어 보이기 쉽다. 그래서 마치 단기간에 큰 성과를 내는 사람이 많은 것처럼 느껴지지만, 실제 시장의 모습은 전혀 다르다. 일시적으로 수익을 냈을 수는 있으나, 시간이 지나 다시 무너지는 경우가 훨씬 더 많다.

주식 투자에서 특히 경계해야 할 것은 일확천금에 대한 욕심과 자극적인 단기 고수익에 대한 환상이다. 이러한 요소들은 투자자의 태도와 성향, 감정을 흔들어 놓고 결국 장기적으로 지속 가능한 투자 구조를 무너뜨리는 방향으로 작용하게 된다.

주식 투자는 생존이다

주식 투자를 생존의 관점으로 바라보자. 주식 투자는 시장에서 살아남는 사람이 승리하는 구조다. 즉, 리스크와 원금 손실을 최대한 회피하면서 반복되는 상승장과 하락장을 여러 번 거치며 자산을 불려가는 과정이다.

이 과정에서 내 기준이 세워지지 않았고 리스크 관리도 하지 않는다면, 상승장에서 일시적으로 벌지 모르나 다음번 하락장 사이클에서 원점으로 돌아갈 가능성이 크다. 보통 10년이면 크고 작은 상승과 하락 사이클을 몇 번은 경험하게 되는데, 여기서 살아남는 사람은 앞으로의 수십 년도 살아남을 수 있다.

만약 당신이 주식 투자를 10년 이상 해왔지만 변화가 없고, 오히려 손실만 계속되고 있다면 이제는 선택의 순간이다. 즉 주식 투자를 멈추거나, 주식 투자와 관련된 관점과 방식을 모두 갈아엎거나 둘 중 하나를 택해야 한다.

결국 주식 투자는 중장기적 관점으로 지키고 살아남아야 하는 나 자신과의 처절한 싸움이다. 이 싸움에서 이기기 위해서는 기대 수익은 비록 낮을지라도, 최악의 상황에 대비하고 리스크 관리에 철저한 투자가 필요하다.

원금 손실은 기회를 잃는 것이다

　2000년 닷컴 버블과 2008년 글로벌 금융위기 직전의 버블장, 그리고 2020년 코로나19 팬데믹 버블장에서 대부분의 사람이 돈을 벌었고, 큰돈을 벌었다는 무용담이 여기저기서 쏟아졌다. 수억, 수십억 원을 벌었다는 사람들도 많았는데, 버블이 꺼지고 다가온 하락장에서 이들 대부분은 시장에서 사라졌다. 버는 것이 중요한 게 아니라 지키고 살아남는 것이 핵심이라는 얘기다.

　수익률보다 리스크 관리에 힘쓰고 원금을 지켜야 한다는 사실은 주식 시장에서 롱런하기 위해 지켜야 할 제1의 덕목이다. 전쟁터에서 총알이 바닥난 군인이 살아남지 못할 것은 자명한 사실이고, 주식 시장에서도 다를 바가 없다. 원금을 잃은 투자자는 전쟁터에서 총알을 다 쓴 군인과도 같으며, 무수히 다가올 다음 기회와 경제적 자유에 대한 가능성을 모두 잃었다고도 할 수 있다. 가장 두려운 것은 앞으로의 투자 인생에서 다가올 기회를 다시는 붙잡을 수 없을지도 모른다는 사실이다.

　이것은 단순히 돈에 대한 문제가 아니라 우리의 인생과 행복에 관한 문제이기도 하다. 반대로 하락장에서 아무리 많이 잃더라도 내 원금이 살아 있다는 것은 다음에 올 상승장에서 충분히 손실을 복구하고 재기할 기회를 얻는다는 의미다. 롱런하는 것과 살아남는다는 것의 의미, 그리고 지금 내 투자 방식에 대해 깊이 생각해볼 필요가 있다.

　남들이 하기 싫어하는 차근차근, 그리고 지속 가능성에 집중하며 꾸준히 수익을 쌓아가는 것, 우리가 진짜로 집중해야 할 방향은 바로 이것이다. 세계 최고의 투자자로 여겨지는 워런 버핏의 자산은 대부분

60세 이후에 형성됐다. 방향이 올바르다면, 결국 우리는 우리가 원하는 목표 그 이상에 반드시 도달하게 된다.

생존하자. 그리고 원금을 지키자.

주사위 이론

누구나 한 번쯤 주사위를 던져본 경험이 있을 것이다. 이 작은 주사위에서 주식 시장을 대하는 태도와 마인드셋의 본질을 배울 수 있다.

누군가가 주사위 게임을 하며 첫 번째 주사위를 던진다. 그리고 6이 나왔다. 이 순간, 결과는 6으로 확정되었다. 이것은 주식 투자에서 흔히 말하는 초심자의 행운과 같다. 이 사람은 자신의 승률이 100%라고 믿으며 자신감에 가득 차 있다. '난 운이 좋아. 이 기세로 베팅해보자. 다음에도 잘될 거야.' 그는 다음에도, 또 그다음에도 6이 나올 거라 믿는다. 그래서 더 많은 돈을 걸고, 주사위를 더 많이 던진다.

하지만 이 주사위 던지기 게임을 무한 반복한다면 어떻게 될까? 결국 6이 나올 확률은 정확히 6분의 1로 수렴한다. 즉, 많이 던질수록 확률은 약 16.7%에 가까워진다. 주식 투자로 운 좋게 벌었던 초심자의 행운도 마찬가지다. 투자가 반복될수록 운의 영향력은 점점 사라지고, 결국 실력과 기준에 의한 결과만 남게 된다.

반면 냉정한 투자자는 이렇게 생각한다. '이미 이 종목은 6이 여러 번 나온 구간이다. 추가 상승이 나올 수도 있지만, 이제부터는 기댓값이 점점 불리해지는 구간이다.' 그래서 그는 한발 물러서거나 자신이 미리 정해둔 철저한 가능성의 범주 안에서만 행동한다. 중요한 것은 어쩌다 한 번 버는 투자가 아니라, 반복해도 수익이 나는 투자로 나만의 기준을 만들어가는 것이다.

진짜 고수는 운에 기대지 않는다. 승률 60~80% 이상의 전략을 찾고, 그것을 무한 반복이 가능한 구조로 만든다. 내가 정한 조건이 동시에

시장을 꿰뚫는 주식 투자의 기술

이 시장에서 도태되는 사람은 운에 기대 한 번에 모든 것을 거는 도박을 하지만, 이기는 사람은 철저한 기준과 가능성에 근거한 투자를 한다.

충족될 때만 매수하고, 손절과 익절의 기준도 미리 철저히 계획한다.

그렇게 자신만의 주사위를 만든다. 그 주사위는 '한 번의 6'이 아니라 '100번 던졌을 때 70번 이상 승리할 수 있는 주사위'다. 이 주사위를 가진 사람만이 복리의 힘을 온전히 누릴 수 있다.

아무 기준 없이 운 좋게 한두 번 이기는 건 아무런 의미가 없다. 그 즉시 시장을 떠나지 않는 이상, 그 일시적 수익은 반드시 사라질 것이기 때문이다. 수십 번 던져도 이길 수 있는 구조를 만드는 것, 그것이 진짜 살아남고 성공하는 투자자의 길이다.

아무 근거나 기준도 없이, 운에 모든 것을 맡기고 판마다 전 재산을 베팅하며 6에 모든 것을 거는 사람의 계좌는 결국 0에 수렴하게 된다. 운과 투기의 영역에서 실력과 가능성의 영역으로 투자 방식을 바꾸는 순간, 당신의 투자 인생은 극적인 퀀텀점프를 이룰 것이라 확신한다.

운이 아니라 내가 만든 기준과 가능성에 투자해라.

시장을 꿰뚫는 주식 투자의 기술

투자가 잘 안될 때, 10가지 조언

누구나 투자가 잘 안될 때가 있다. 이때는 내 심리나 감정, 투자 원칙 등 어딘가에 문제가 생겼을 가능성이 있다. 주식 투자를 하다가 슬럼프가 왔을 때, 다음 10가지 조언을 되새겨보자. 반드시 솟아날 구멍은 있다.

반복적인 손실이 난다면, 원칙을 재점검해라

투자는 승률의 문제다. 투자를 반복할수록 손실이 커진다면 일단 투자를 멈추거나 투자금을 줄이고 내 원칙과 기준을 재점검해야 한다. 공부나 실전 경험이 쌓이지 않고 나만의 투자 원칙이 없는 상태에서는 승률이 올라가지 않는다. 수익이 나지 않는다면 가장 먼저 점검해야 할 부분이다. 내공이 쌓이고 승률이 올라가기 전까지는 작은 비중으로 투자하며 승률과 경험을 높이는 데 집중하는 것이 좋다.

타인의 성과는 나와 아무 관계가 없다

주변의 성공 사례가 정체된 내 상황이나 손실을 더 아프게 만들 수 있다. 하지만 타인의 결과는 나와 아무 상관이 없다. 타인의 매매나 투자 성과에 집착하는 순간 FOMO에 빠져 나만의 리듬을 잃어버릴 수 있다.

내 계좌와 투자 방식은 전적으로 독립적이며 중요한 것은 단 하나,

바로 자신의 투자 세계에 집중하는 것뿐이다. 외부 소음에서 벗어나는 순간 오히려 자유로워질 수 있다.

한 템포 느리게, 황소걸음으로 나아가라

성과가 나지 않거나 손실이 반복되고 있는가? 그 원인은 대부분 조급함에서 비롯된다. 좋은 매수 맥점을 기다리지 못해 고점에 사고, 수익 확정에 대한 욕심으로 빨리 팔아버린다.

매수 맥점이나 싼 자리를 분석해 알아낸다고 한들 그 자리까지 기다리지 못하면 수익은 없다. 올라갈 좋은 종목을 잘 선택했다고 해도, 급하게 사면 손실이고 빨리 팔면 수익이 없다.

우직한 황소걸음처럼 천천히 나아가며 때를 기다릴 줄 아는 사람만이 수익을 얻을 수 있다.

매매 횟수를 줄여라

손절과 손실이 반복된다면 매매 빈도의 문제일 수 있다. 매매 횟수가 많아질수록 실수도 잦아지고, 덜 좋은 자리에 진입하게 되며, 심리적으로도 덜 신중해질 수밖에 없다. 내 선택이 옳았는지 따지기 전에, 경솔하게 너무 자주 움직이고 있는 것은 아닌지 돌아봐야 한다. 매매 횟수를 줄이고, 좀 더 깊이 있게 분석하고, 더 좋은 종목을 더 좋은 자리에서 신중하게 매수하는 데 집중하자. 수익률은 분명히 개선될 수 있다.

계획된 손절만 해라

불필요한 손절이 반복된다면 감정에 따라 손절하는 경우가 생각보다 많을 가능성이 크다. 손절은 감정이 아닌 원칙에 의해 해야 하고, 매수하는 시점에 이미 손절 자리를 정해두어야 한다.

기준 없이 패닉 속에서 감정적으로 하는 손절은 반복적인 손실로 연결될 가능성이 크다. 손실의 고통을 줄이기 위한 감정적 손절이 아닌, 내 계좌를 살리기 위한 계획적 손절만 해라. 계획된 손절만이 내 계좌를 지킬 수 있다. 매수하는 시점에 손절 자리를 정할 수 없다면 차라리 매수를 보류하는 것이 낫다.

멘탈이 약한 것이 아니라 내 투자 원칙이 없는 것이다

심리가 흔들릴 때마다 '내가 멘탈이 약해서'라고 생각하지만 실은 매매의 기준, 자금 관리, 포트폴리오, 시나리오, 손절 기준과 같은 나만의 투자 원칙이 없는 경우가 대부분이다. 내 투자 기준만 확실하다면, 주가가 상승하든, 하락하든 어디서 매도하고 어디서 손절하며 어디서 분할 매수한다는 시나리오가 이미 정해져 있기 때문에 심리가 흔들릴 이유가 없다.

원칙을 세우지 못한 주식 투자자는 아무런 무기 없이 전쟁터에 나가는, 패배가 확정된 병사와 같다.

투자 원칙 없이 이 시장에서 살아남는 것은 불가능하다. 투자 원칙을 세우고 지속해서 정비하라.

본전 심리가 가장 위험하다

수익을 냈지만 팔지 못한 수익은 내 본전이 아니다. 한때의 수익금을 잊지 못해 결국 손실로 시장을 빠져나오는 경우는 수도 없다. 그리고 큰 손실이 났을 때, 그 손실을 빠르게 복구하겠다는 목표는 대부분 더 큰 손실로 이어진다.

원금 회복을 목표로 삼는 순간, 그 투자에서는 이성보다 복수심이 우선하게 된다. 큰 손실을 보면 볼수록 오히려 투자금을 줄이고 복구가 아닌 안정적·점진적 수익을 목표로 해야만 살아남을 수 있다.

큰 손실 이후에는 보통 '대출받고 레버리지 써서 투자금 확 늘리고, 30%만 수익 내면 본전 회복할 수 있어'와 같은 생각을 하게 된다. 하지만 오히려 그 반대다. 손실이 클수록 복구를 위한 투자 기간을 더 늘리고 투자금은 안정적으로 줄이면서 더 오랜 시간에 걸쳐 조금씩 복구한다는 마인드로 접근해야 한다. 원금은 아이러니하게도 이런 방식으로 접근할 때 더 안정적이고 빠르게 복구된다.

종목을 자주 바꾸지 마라

손실의 원인은 종목에 있는 것이 아니라 나에게 있다. 손절할 때마다 종목을 바꾸거나 오르지 않는다고 다른 종목으로 갈아타는 것은 손실의 책임을 외부로 돌리는 것이다. 이런 투자자는 종목을 바꿔도 같은 결과를 맞이한다. 오히려 기존 종목을 팔고 새로운 종목으로 갈아타는 순간, 기존 종목이 급등하는 낭패를 경험하기 십상이다.

같은 패턴의 손절이 반복되거나 수익이 나지 않을 때는 종목이 아니라 종목 선택의 이유, 매수 근거, 매수 자리 등 내 기준을 바꿔야 한다. 애초에 종목 선택은 분석으로 하는 것이지, 감정으로 하는 것이 아니다. 성과에 실망했다고 종목을 바꾸기 전에 내 기준부터 돌아보자.

작은 성공을 자산처럼 축적해라

크고 화려한 수익만이 성공은 아니다. 오히려 작은 성공이 쌓여 나의 투자 내공이 된다. 적은 수익이지만 내 기준과 시나리오대로 매매했고 원칙을 지켜서 얻은 수익이라면 매우 의미 있는, 훌륭한 성공이다.

많은 투자자가 수익률의 크기만을 따지다가 자신감을 잃고 조급해하며 실수를 반복한다. 그러나 진짜 실력자는 단 1%의 수익이라도 일관성 있게 반복할 수 있는 사람이다. 작은 성공을 통해 검증된 원칙은 이후 큰 기회가 왔을 때 빛을 발한다.

매매 일지를 쓰고, 성공했던 이유를 복기하며, 그 과정을 내 것으로 만들자. 그것은 나만의 무기이자 복리로 불어나는 나만의 투자 자산이 된다.

멈추는 것도 투자다

한 템포 멈추는 것은 도망이 아니다. 실전 투자에서 가장 중요한 것은 흐름이며, 그 흐름에 역행할수록 자존감과 계좌가 동시에 무너진다. 관망도 하나의 포지션이며, 쉬는 것 역시 전략이다.

무언가 잘 풀리지 않을 때 또는 큰 수익을 낸 직후나 큰 손실을 낸 직후에는 멘탈이 흔들려 이성적 판단이 어려워질 가능성이 크다. 이럴 때는 잠시 시장에서 물러나 취미나 여행, 일상 등 다른 무언가에 집중해보자.

얼마 후 다시 시장에 돌아왔을 때, 상처 입고 영향받았던 많은 부분이 회복되어 있음을 느낄 수 있을 것이다. 그리고 새로운 생각과 아이디어, 원칙에 충실할 수 있는 멘탈로 더 나은 성과를 만들어갈 수 있을 것이다.

시장을 꿰뚫는 주식 투자의 기술

주식 투자 절대 원칙 21가지

1. 주가는 실적, 경기를 선반영한다

주가는 실적이나 경기의 상승·하락보다 선반영해 먼저 움직이기 때문에 해당 시점의 상황만 보고 판단하면 잘못된 선택을 하기 쉽다. 주식 투자자는 '향후 6~12개월 안에 어떤 일이 일어날 것인가?'에 초점을 맞춰야 한다.

2. 주가에는 상승·하락 사이클이 존재한다

실적, 금리, 수요 공급 등의 사이클에 따라 주가는 상승과 하락을 반복한다. 특히 국내 증시의 시가총액 상위 종목들은 대부분 시클리컬 산업으로, 미국 증시에 비해 사이클을 만드는 경향이 훨씬 더 강하다. 즉, 국내 증시의 지수와 주요 종목들 또한 사이클을 타기 때문에 기준 없는 장기 투자가 아니라 저점·고점 트레이딩을 하는 것이 효율적이다.

3. 주가에는 추세가 존재한다

주가에는 방향성, 즉 매수가 이어지는 상승 추세와 매도가 이어지는 하락 추세, 변동성 없이 횡보하는 비추세 구간이 존재한다. 대규모 메이저 세력의 수익을 내기 위한 매집 이후 상승 추세가 나타나며, 메이저 세력의 수익 실현 과정에서 하락 추세가 나타난다. 이 과정에서 욕심과 탐욕을 좇는 투자자의 심리는 이 방향성을 더 강하게 만들어 한 쪽으로의 추세가 더욱 강화되는 방향으로 나타난다.

4. 주가에는 오버슈팅, 언더슈팅이 있다

주가에는 기업의 적정 가치보다 더 많이 하락하는 언더슈팅, 더 많이 상승하는 오버슈팅 구간이 있다. 이는 대중의 환희와 공포 심리가 해당 추세를 강하게 밀어내기 때문에 발생한다.

상승 추세(상승 채널)를 위로 뚫는 오버슈팅은 매도 기회, 하락 추세(하락 채널)를 아래로 뚫는 언더슈팅은 매수 기회가 된다. 하지만 대중의 투자는 보통 이와 반대로 이뤄진다.

5. 주가는 반드시 적정 가치를 찾아간다

구조적 위기, 경기 침체, 일시적 이벤트 등으로 언더슈팅이 발생해 주가가 적정 가치보다 낮아지더라도 기업의 본질 가치에 문제가 없다면 주가는 적정 가치를 반드시 회복한다. 적정 가치를 넘어 오버슈팅한 주가 역시 끝없이 오르지 않고 언젠가 적정 가치를 찾아 하락하는 시점이 온다. 이런 특성을 이용한 투자 방식이 가치 투자인데, 저밸류에이션(저PER, 저PBR 등)에 매수하고 고밸류에이션(고PER, 고PBR 등)에 매도하는 방식이다.

단, 투자 기간이 짧을수록 주가와 밸류에이션과의 상관성이 낮고, 투자 기간이 길수록 주가와 밸류에이션과의 상관성이 커지기 때문에 투자 기간이 몇 주, 몇 달 이내로 짧다면 가치 투자 방식이 큰 효과를 보지 못할 가능성이 크다. 투자 방식에 따라 투자 기간이 결정돼야 하는 이유다.

6. 아무리 좋은 기업도 높은 주가, 높은 밸류에이션을 계속 유지할 수는 없다

좋은 기업이 좋은 주식을 의미하지는 않는다. 좋은 주식이란, 단순히 훌륭한 기업이 아니라 수익을 낼 수 있는 구조를 가진 주식이다. 다시 말해서 지금 가격이 싸거나 앞으로 더 오를 가능성이 큰 주식이어야 한다.

어떤 주식이 강한 상승 모멘텀을 받아 크게 상승할수록 더 많은 자금과 투자자가 해당 주식에 유입된다. 하지만 적정 가치(밸류에이션)를 넘어선 고평가 구간은 계속 유지될 수 없다. 고평가 구간, 오버슈팅 구간에서는 추가 매수보다는 분할 매도로 대응하는 것이 좋다.

7. 주가 고점에서는 반드시 긍정론이 득세한다
(부정론마저 긍정론으로 바뀐다)

주가 고점에서는 살 사람은 이미 다 샀기 때문에 비싸게 사줄 사람이 더는 없다. 극단적인 주가 고점에서는 대부분 주식을 보유했고, 주식 보유자는 자신의 입장에서 주가가 오르기만을 바란다. 부정론자마저 FOMO에 휩싸여 주식을 매수하고 의견을 바꾼다. 이것이 천재 과학자 뉴턴도 주식 투자로 실패했던 바로 그 과정이다.

닷컴 버블 당시, 주가 폭락 직전까지도 월가의 수많은 애널리스트는 '닷컴 기업들의 미래가치는 지금도 저평가 상태다'라고 주장했다. 그리고 닷컴 버블의 최고점에서는 몇 년간 부정론을 유지하며 과열을 경고하던 많은 전문가가 '이번에는 다르다'며 긍정론으로 돌아섰고 주가는 이내 폭락했다.

8. 주가 저점에서는 반드시 부정론이 득세한다
(긍정론마저 부정론으로 바뀐다)

주가 저점에서는 팔 사람은 이미 다 팔아서 주가를 내릴 주체가 더는 없다. 많은 투자자가 손절했거나 이미 시장을 떠났다. 대중은 이미 주식을 팔았기 때문에 주가가 더 내려가길 바란다. 최후의 긍정론자마저 주식을 팔고 부정론으로 돌아선다.

글로벌 금융위기의 최저점에서 대부분의 언론과 전문가는 매일같이 터지는 악재 속에서 추가 붕괴 가능성을 경고했다. 그리고 마지막까지 긍정론을 외치던 이들마저 부정론으로 돌아선 후, 공포와 절망 속에서 주가는 바닥을 치고 급등했다.

9. 나와 주변 사람들이 지갑을 여는 곳이 곧 주가의 미래다

주식 투자는 곧 실적이며, 실적은 생산과 소비 활동의 결과다. 나와 주변 사람들이 관심을 가지고 많이 사용하기 시작하는 제품과 서비스

를 제공하는 기업의 주가는 오를 수밖에 없다. 특히 여성들의 대화 속에서 많이 오가는 제품과 서비스는 곧 유행과 트렌드를 만들어내고 주가 상승과 연결될 가능성이 크다.

10. 실적이 동반되지 않는 상승은 오래가지 못한다

한 종목의 주가가 급등하면 투자자들은 환희에 휩싸이고, 그 상승이 계속될 것으로 믿기 쉽다. 그러나 그 상승이 일시적인 테마성인지, 아니면 추세 상승으로 이어질 수 있는 흐름인지는 반드시 구분해야 한다. 이를 판단하는 기준은 단순하다. 해당 테마가 실적으로 바로 연결되는지, 아니면 실적이 가시화되기까지 상당한 시간이 필요한지를 확인하는 것이다.

태양광, 우주 산업, 메타버스 등의 과거 사례를 보면 실적으로 연결되지 못한 테마는 대부분 한 차례 큰 시세 상승 이후 상승분을 모두 되돌리는 하락으로 마무리됐다. 주가는 결국 실적을 따라가기 때문이다. 실적 연결성이 없는 테마주의 급등이 나타날 경우에는 추격 매수가 아니라 분할 매도로 대응해야 하며, 언제든 수익이 손실로 전환될 수 있는 급락이 뒤따를 수 있음을 반드시 염두에 두어야 한다.

11. 주식 시장의 역사는 반복된다

주식 시장을 움직이는 가장 근본적인 힘은 인간의 심리와 본능이다. 인간의 특성과 행동 양식이 변하지 않는 이상, 특정 상황에서 나타나

는 주가의 움직임은 미래에도 되풀이될 가능성이 크다.

금리 인상의 충격, 전염병의 확산, 전쟁의 발발, 금융 시스템의 붕괴와 같은 상황이 발생했을 때 시장이 어떻게 반응할지 궁금한가? 그렇다면 과거를 보라. 답은 역사 속에 있으며, 시장의 흐름은 반복된다.

특히 차트로 바라보면 이러한 유사성과 반복성은 한 시장의 과거와 현재뿐 아니라, A 종목과 B 종목, A 지수와 C 종목처럼 서로 다른 성격의 자산들 사이에서도 비슷한 패턴으로 나타나곤 한다. 이는 증시 환경, 하락폭, 차트 구조 등이 반복되는 현상, 즉 프랙탈이다. 이러한 프랙탈 구조가 만들어지는 근본적인 이유는, 시장 참여자들의 반응이 시대가 달라져도 크게 달라지지 않기 때문이다. 결국 주식 시장의 역사는 인간의 본능이 반복되면서 만들어진다.

12. 10회 중 6~8회 이상 수익을 낼 수 있는 수익 모델을 만드는 것이 투자 성공의 핵심이다

주식 투자와 도박·복권의 가장 큰 차이는 이길 확률을 스스로 만들어갈 수 있다는 점이다. 도박·복권은 돈을 벌 가능성이 이미 정해져 있으며, 그 확률도 극히 희박하다. 반면 주식 투자에서는 확신이 드는 종목, 내가 잘 아는 차트상 맥점, 과거 수익을 냈던 경험, '이런 상황에서는 이런 현상이 이어지더라' 같은 경험적 데이터들을 쌓아가며, 가능성 큰 곳에만 투자해 수익 확률을 높일 수 있다. 가능성이 작은 투자는 보류하거나 낮은 비중으로 베팅하면 된다. 반대로 가능성이 큰 투자라면 높은 비중으로 베팅할 수 있다.

이 과정을 반복한다면 수익 확률은 매우 높아지고 자산은 우상향하게 된다. 주식 투자는 평생에 걸쳐 공부하고, 경험하고, 시행착오를 반복하며 가능성 큰 나만의 수익 모델을 만들어가는 과정이다.

13. 주가 상승의 크기는 미래 기업 이익 증가 추세의 정도로 예상해볼 수 있다

주가는 기업 실적을 선행한다. 그리고 주가 상승의 크기는 미래에 일어날 실적 증가 추세의 기울기에 따라 결정된다. 실적이 계속 증가하더라도, 그 상승 추세의 기울기가 더 가팔라지지 않는다면 주가 상승은 더뎌지거나 오히려 하락할 수도 있다.

똑같이 실적이 증가하는 기업이라도, 어떤 기업은 실적 증가율이 점점 둔화되는 반면, 어떤 기업은 실적 증가율이 점점 가속화되는 구간에 진입한다. 주가는 바로 이처럼 증가율이 가속화되는 기업에서 크게 움직인다.

14. 주식 투자에서 100% 기법은 존재하지 않는다

중국 천하를 통일한 진시황은 영원히 살고 싶다는 욕망으로 불로초를 찾아 헤맸다. 그러나 끝내 그것을 찾지 못했고, 오히려 불사의 약이라고 믿었던 수은을 장복하다 결국 수은 중독으로 생을 마감했다.

주식 시장도 다르지 않다. 주식 시장에는 그대로 따라만 하면 돈을 버다는 기법으로 대중을 유혹하는 이들과, 절대적인 기법을 찾아 헤매는 사람들로 가득하다. 하지만 안타깝게도 그런 기법은 존재하지 않는다.

이런 기법을 찾아 헤매는 것은 시간 낭비일 뿐이며, 진시황이 불사의 약이라고 믿고 수은을 먹었던 것처럼 내 투자 인생의 정체기만 길어질 뿐이다. 본질과 원리가 아닌 기법으로 쉽게 수익을 내려 하지 말고, 실력과 내공을 차근차근 쌓으며 자신의 그릇을 키워가야 한다. 그리고 가능성에 기반한 투자를 해야 한다.

세상에 쉽게 버는 돈은 없다.

15. 내 위험을 가장 잘 지켜줄 수 있는 종목은 바로 '현금'이다

워런 버핏이 자산을 크게 불린 비결은 바로 현금이다. 물론 좋은 기업을 보는 눈과 쌀 때 과감히 투자하는 결단력도 있었지만, 위기가 왔을 때 좋은 기업을 헐값에 살 현금이 없었다면 지금의 워런 버핏도 없었을 것이다.

대부분의 투자자는 정작 위기가 왔을 때 매수할 현금을 가지고 있지 않다. 워런 버핏은 항상 일정 수준 이상의 현금을 보유했고, 고평가된 기업을 적절한 시점에 팔아 현금 보유량을 충실히 늘렸다. 그리고 위기가 찾아와 많은 사람이 주식을 팔고 시장을 떠날 때, 헐값에 좋은 주식들을 사들였다.

그리고 그 투자는 몇 배, 몇십 배의 수익으로 돌아왔다. FOMO나 조급함 때문에 현금을 보유하기가 어렵다면 현금도 종목이라고 생각해라. 조급함을 줄일 수 있을 것이다.

16. 지금이 주가 저점인지 고점인지 모르겠다면 '원/달러 환율'을 봐라

달러는 대표적 안전자산이고 주식은 대표적 위험자산이어서 둘은 서로 반대 방향으로 움직이는 경향이 있다. 또한, 환율은 우리 몸의 체온과도 같아서 지나치게 높아지거나 낮아질 경우 장기적인 평균 수준으로 되돌아가려는 특성을 가진다.

현재 주가의 위치가 궁금하다면 원/달러 환율을 함께 살펴볼 필요가 있다. 환율이 지나치게 높다면 향후 하락할 가능성이 커지고, 지나치게 낮다면 다시 상승할 가능성이 커진다. 그리고 한국 증시는 이와 반대로 움직이는 경우가 많다.

환율은 수출국인 우리나라의 기업 실적에 직접적인 영향을 준다. 또한 외국인 투자자 입장에서는 환율이 곧 환차익과 환차손으로 연결되기 때문에, 외국인 투자자의 비중이 높은 한국 증시에서는 환율의 영향력이 특히 크다. 실전에서는 환율의 흐름이 꺾이는 구간에 집중하는 것이 주가의 변곡점을 잡는 핵심이다.

17. 포트폴리오는 평균 수익률을 낮추지만, 리스크도 함께 낮춘다

포트폴리오의 목적은 "달걀을 하나의 바구니에 담지 말라"는 격언으로 간단히 표현할 수 있다.

포트폴리오는 서로 다른 자산과 다른 특성을 가진 종목을 함께 보유하는 분산 투자의 개념이다.

서로 반대 성향을 가진 자산으로 포트폴리오를 구성할수록, 그리고 분산한 종목의 수가 많아질수록 평균 수익률은 낮아지는 경향이 있다. 이 때문에 더 높은 수익을 기대하며 포트폴리오 구성 없이 한두 종목에 집중하는 투자자도 많다.

하지만 포트폴리오는 수익을 극대화하기 위한 도구라기보다, 리스크를 통제하기 위한 장치다. 특히 초보 투자자에게는 적정한 포트폴리오 구성이 필수적이다.

스스로 추적하고 관리할 수 있는 선에서 포트폴리오를 구성하고 주기적인 리밸런싱(종목 교체, 비중 조절)을 해주는 것은 리스크를 낮추면서도 꾸준한 수익을 추구하는 현명한 방법이다.

18. 집 팔고 대출받아 주식을 사고 싶어진다면, 주식 팔 준비를 해라

인간의 심리와 본능은 항상 시장과 반대로 움직인다.

시장의 사이클을 이해했다면, 내 심리가 욕심과 탐욕으로 가득 찰 때야말로 주식 비중을 줄이고 현금 비중을 늘려야 할 때라는 사실을 알게 될 것이다.

특히 집 팔고 대출받아 주식을 더 사고 싶은 욕망이 든다면, 여지없이 주가 고점일 가능성이 크다. 이제는 주식을 팔 준비를 하는 것이 좋다.

　　　　　　　　　　　　　　　시장을 꿰뚫는 주식 투자의 기술

19. 시장에 반대매매가 난무하고
시장을 떠나는 투자자가 많아지면 주식 살 준비를 해라

시장의 바닥 구간에서 주가가 꽤 많이 하락했음에도, 하한가에 던져지는 반대매매 물량과 공포에 질린 투매 물량에 의해 매도 거래량이 터지면서 하락 속도가 가팔라지는 구간이 온다. 반대매매의 공포는 당해본 사람만이 안다. 이 시점은 매우 고통스럽고 공포가 가득하며, 많은 투자자가 자의적·타의적 사유로 시장을 떠나게 된다.

하지만 공교롭게도, 이 시점은 서서히 매수를 준비해야 하는 시점이다. 반대매매가 실행돼 신용 물량과 레버리지가 감소했다는 것은 시장이 바닥에 다가왔음을 암시하는 지표다. 이제는 서서히 주식을 살 준비를 하는 것이 좋다.

20. 주가 추세 전환의 비밀은 거래량에 있다

주가의 흐름에서 세력이 속이지 못하는 것이 1가지 있다. 바로 돈의 흐름, 즉 거래량이다. 거래량이 폭발적으로 늘어나는 시점이 있는데, 이런 구간은 보통 시세가 반전되는 변곡점을 의미한다.

주가 폭락의 막바지 구간에서 발생하는 매도 거래량 증가, 바닥에서 오래 횡보한 이후 박스권을 돌파하며 상승할 때 나타나는 상승 초입의 매수 거래량 증가, 본격적으로 시세가 분출되며 강한 상승 랠리가 전개되는 구간의 거래량 증가, 그리고 세력이 보유 물량을 대중에게 넘기며 나타나는 주가 최고점 구간의 거래량 증가가 그러하다.

증시의 변곡점에서는 대부분 대규모 거래량이 동반된다. 이 거래량의 흐름을 통해 추세 전환 시점을 대략적으로나마 유추해볼 수 있다. 거래량은 미래 시세를 예측하는 데 참고할 수 있는 중요한 선행 지표 중 하나다.

21. 다른 사람에게 의지하는 투자는 반드시 망한다

인터넷과 유튜브의 대중화로 많은 투자자가 유튜버나 전문가의 리딩에 의존하는 투자를 하고 있다. 물론 양질의 정보를 선별해 활용할 수 있다면 유튜브는 좋은 정보와 노하우의 통로가 될 수 있다. 하지만 문제는 대부분 유튜브를 공부의 수단이 아니라 리딩방처럼 사용하고 있다는 점이다.

자신만의 의견이나 기준도 없이, 유튜버나 전문가가 추천하는 종목을 따라 사고 한두 번 수익을 본 뒤 결국 마지막에 크게 손실을 본다. 댓글로 욕을 해보지만, 결국 손실은 자신의 몫일 뿐 누구도 대신 책임져주지 않는다. 유튜버, 전문가, 리딩방 등에 의존하는 투자자 중에서 장기적으로 성공한 사람은 보지 못했다. 피땀 흘려 번 소중한 돈을 남의 말에 맡긴 채 허무하게 잃고, 그 책임을 타인에게 돌리는 것만큼 비참한 일도 없다.

13장의 액션 플랜

- 주식 투자의 지속 가능성 측면에서 목숨처럼 지켜야 할 나만의 투자 원칙 10가지를 만들어 노트에 직접 적어보자.

- 이 투자 원칙을 항상 보이는 곳에 붙여두고, 매수와 매도 버튼을 누르기 전에 항상 읽어보자.

- 이 책을 늘 가까이에 두고, 투자가 잘될 때와 잘 안될 때 모두 다시 펼쳐보며 투자 원칙을 지속적으로 보완하고 다듬어가자.

준비된 사람만이 위기를 기회로 바꿀 수 있다

성공적인 주식 투자를 위해 가장 필요한 것은 방향성이다. 평소 얼마나 많이 공부하고 준비하고 대비했느냐에 따라 크고 작은 성과들이 생겨나고, 성과와 수익 그리고 자신이 가진 부의 그릇이 점차 커진다.

그렇게 시간이 가고 위기가 찾아왔을 때, 당신이 준비돼 있다면 그 위기를 큰 기회로 바꿀 수 있을 것이다. 결국 위기를 기회로 바꾸는 사람은 준비돼 있는 사람이다.

쉽게 얻은 것은 쉽게 사라진다. 하지만 오랜 시간 정성껏 쌓아 올린 것은 쉽게 무너지지 않는다. 주식 투자의 내공도, 수익도 마찬가지다. 앞으로 수십 년 동안 시장에서 살아남을 수 있는 주식 투자의 본질을 이 책을 통해 얻어가길 바란다. 쉽게 사라지지 않는 '지속 가능성' 말이다. 책에서 공개한 핵심 노하우와 인사이트를 통해 당신도 올라운더로서의 기반을 다지고 한 단계 도약할 계기를 마련할 수 있으리라 믿는다. 욕심과 조급함을 버려 마음을 다스리고, 긴 호흡으로 나만의 방식과 투자 원칙으로 인내하며, 오래 살아남는 투자를 할 수만 있다면 주식 투자가 당신에게 경제적 풍요로움을 가져다줄 것으로 확신한다.

나는 이 책이 당신의 길고 험난한 투자 인생의 여정에서 좋은 동반자이자 지침서가 되길 바라는 마음으로, 변하지 않는 투자 원칙과 핵심 원리를 녹여내고자 했다. 책이라는 매체의 특성상 분량이나 내용 전달 측면에서 한계가 있다는 아쉬움도 있지만, 문자만이 지닌 깊이와 묵직함이라는 장점 또한 분명 존재한다고 믿는다. 여러 번 반복해서 읽으며 이 책의 내용을 당신의 것으로 만든다면, 반드시 큰 성장을 이룰 수 있으리라 믿는다.

내가 이 책을 통해 던진 화두를 바탕으로 당신 스스로 빈자리를 채워나가는 노력을 해나가기 바라며, 이 책 이후의 여정에서도 서로의 생각을 나누고 함께 고민할 수 있는 공간이 있다면 더없이 좋을 것 같다. 그런 소통의 장을 통해 혼자가 아닌 '함께 성장하는 투자'가 이어지길 바란다.

앞으로 당신의 투자 인생에서 수많은 우여곡절과 어려움을 만나더라도 지금보다는 다음 스텝에 집중하며 황소걸음으로 우직하게 나아간다면, 반드시 큰 성과를 거둘 것으로 믿는다. 끝까지 읽어준 당신께 감사드리며, 각자의 자리에서 각자의 속도로 시장을 마주하고 있을 모든 투자자를 응원한다.

이 책 이후의 더 깊은 인사이트를 완성하는 곳

fanding.kr/@sng_tv

26만 투자자가 선택한 3단계 올라운드 투자 전략

시장을 꿰뚫는 주식 투자의 기술

제1판 1쇄 인쇄 | 2026년 4월 15일
제1판 1쇄 발행 | 2026년 4월 22일

지은이 | 이주영(상승효과)
펴낸이 | 서정환
펴낸곳 | 한국경제신문 한경BP
출판본부장 | 이선정
책임편집 | 최승헌
교정교열 | 공순례
저작권 | 백상아
홍보마케팅 | 김규형·서은실·이여진·박도현
디자인 | 이승욱·권석중

주   소 | 서울특별시 중구 청파로 463
기획편집부 | 02-360-4556, 4584
홍보마케팅부 | 02-360-4595, 4562   FAX | 02-360-4837
H | http://bp.hankyung.com   E | bp@hankyung.com
F | www.facebook.com/hankyungbp
등   록 | 제 2-315(1967. 5. 15)

ISBN 978-89-475-0259-7 03320

책값은 뒤표지에 있습니다.
잘못 만들어진 책은 구입처에서 바꿔드립니다.